Kleine/Voeth
Fallstudien und Grundlagen der
Betriebswirtschaftslehre

HOLDT -85

Fallstudien und Grundlagen der Betriebswirtschaftslehre

Von Dipl.-Kfm. Dirk W. Kleine
und Dipl.-Kfm. Markus Voeth

Verlag Neue Wirtschafts-Briefe
Herne/Berlin

Die Deutsche Bibliothek — CIP-Einheitsaufnahme

Kleine, Dirk W.:
Fallstudien und Grundlagen der Betriebswirtschaftslehre / von
Dirk W. Kleine ; Markus Voeth. — Herne ; Berlin : Verl. Neue
Wirtschafts-Briefe, 1995
  ISBN 3-482-47081-2
NE: Voeth, Markus:

ISBN 3-482-**47081**-2
Druck: Druckerei Plump KG, Rheinbreitbach.

Geleitwort

Im Mittelpunkt des vorliegenden Buches stehen Fallstudien und Erläuterungen zu den güterwirtschaftlichen Prozessen eines Unternehmens sowie zu den für die Steuerung der Leistungsprozesse unverzichtbaren Kosteninformationen. Dabei richtet sich das Buch insbesondere an Studenten des wirtschaftswissenschaftlichen Grundstudiums.

Die vorangestellten Zusammenfassungen zu den jeweiligen Themenbereichen geben einen komprimierten Überblick zu den grundlegenden bereichsspezifischen Fragen des güterwirtschaftlichen Leistungsprozesses einer Unternehmung und bereiten somit den Rahmen für den anschließenden Fallstudien- und Lösungsteil. Durch die Diskussion eines breiten Spektrums von Aufgaben und Fallstudien aus den Bereichen Produktion, Absatz und Kostenrechnung wird eine Vielzahl unterschiedlicher Problemsituationen abgedeckt, was nicht zuletzt die Zusammenhänge zwischen den Bereichsproblemen und -entscheidungen von Unternehmen transparent macht. Ein ausführlicher Lösungsteil bietet schließlich die Möglichkeit zu einer intensiven Stoffüberprüfung und -erarbeitung.

Insgesamt erstreckt sich das Buch auf wesentliche Gebiete des betriebswirtschaftlichen Grundstudiums. Vor diesem Hintergrund wird im Sinne einer Ergänzung oder Hinführung zu den bereits vorhandenen, tiefgehenden bereichsspezifischen Lehr- und Übungsbüchern ein wertvoller Beitrag zum Verständnis grundlegender Fragestellungen innerhalb der betrieblichen Funktionsbereiche und bezüglich der betriebswirtschaftlichen Entscheidungsprozesse geleistet.

Münster, im September 1994

Prof. Dr. Klaus Backhaus

Vorwort

Hauptanliegen des vorliegenden Buches ist die Darstellung und Analyse der Grundlagen güterwirtschaftlicher Prozesse von Unternehmen. Dazu erfolgte eine Dreiteilung des Stoffes in die de facto interdependenten Funktionsbereiche Produktion und Absatz sowie den datenerzeugenden und informationsaufbereitenden Bereich der Kostenrechnung und -analyse. Damit wurde der Versuch unternommen, die dem einperiodigen betrieblichen Leistungserstellungs- und -verwertungsprozeß immanenten Entscheidungssituationen und -probleme im Zusammenhang zu reflektieren. Von einer prinzipiellen und parallelen Diskussion der miteinander in Verbindung stehenden Funktionsbereiche wurde jedoch aufgrund der damit kaum zu bewältigenden Komplexität und Intransparenz der Darstellungen sowie eines vermutlich tendenziell unspezifischen und eher grundlegenden Kenntnisstandes der Leserschaft abgesehen. Statt dessen ist es das Ziel, einer nicht durchweg gegebenen Trennschärfe der zu behandelnden Themenbereiche durch Anmerkungen, konkrete Hinweise und zum Teil auf die jeweiligen Teilbereiche rekurrierenden Fallstudien und kritischen Fragestellungen weitgehend zu entsprechen.

Das Buch richtet sich primär an Studenten des wirtschaftswissenschaftlichen Grundstudiums, aber auch an interessierte Praktiker, die sich mit den oben aufgezeigten Themenbereichen auseinandersetzen (wollen). Vor diesem Hintergrund erlaubt der Aufbau des Buches dem Leser sowohl die individuelle Stofferarbeitung als auch eine Verwendung im Rahmen der Stoffwiederholung und Prüfungsvorbereitung.

Den Ausführungen wurde dazu eine über die drei Themenbereiche konstante Vorgehensweise zugrunde gelegt. Nach einer übersichtartigen Einleitung, die versucht, elementare Zusammenhänge im Rahmen von Unternehmensprozessen (güterwirtschaftliche, finanzwirtschaftliche- und Steuerungsprozesse) sowohl nach der Fristigkeit als auch in sachlicher Zuordnung zu dimensionieren, folgt eine sukzessive Beschäftigung mit den Bereichen Kostenrechnung, Produktion und Absatz. Dazu werden jeweils zunächst die zentralen Zusammenhänge dieser Gestaltungsebenen verbal und mittels Schaubildern dargestellt und analysiert. Im Anschluß daran werden Aufgaben und Fallstudien vorgestellt, die einen komprimierten Abriß des betreffenden Themenbereichs zeigen. Ein letzter Teil enthält ausführliche Lösungsbeschreibungen für die oben genannten Aufgaben und Fallstudien. Die dem Ziel des Buches entsprechende, platzgreifende und sehr intensive Darstellung der Lösungswege soll den Leser in die Lage versetzen, gegebenenfalls diese Informationen als Ansatzpunkt eines Selbststudiums zu gebrauchen.

Zum Erscheinen dieses Buches hat die Unterstützung und Mitarbeit vieler Beteiligter und nicht zuletzt die Anregung und Hinweise von Studenten beigetragen, die damit im wesentlichen den Anstoß zur Aufnahme dieses Buchprojektes gaben. An erster Stelle möchten wir jedoch unserem wissenschaftlichen Lehrer, Professor Dr. Klaus Backhaus, für dessen Unterstützung und Hilfe danken, die uns in unserer Absicht zu der Veröffentlichung maßgeblich bestärkte. Weiterhin hervorheben möchten wir die Hilfsbereitschaft und das Engagement unseres Kollegen, Herrn Dipl.-Kfm. Christian Hahn, der mit gewichtigen Anmerkungen und Verbesserungsvorschlägen zum Gelingen dieser Arbeit beigetragen hat. Ebenfalls Dank zollen wir Herrn cand. rer. pol. Thomas Wiegand für die gründliche Durchsicht des Manuskriptes und die vorgenommenen Korrekturen.

Einer besonderen Erwähnung bedarf schließlich die unbürokratische und fachmännisch schnelle Abwicklung der verlagstechnischen Umsetzung und Verarbeitung der Manuskriptvorlage, wofür wir uns an dieser Stelle bei Herrn Dr. Hillmer ganz herzlich bedanken möchten.

Wir hoffen nun, daß dieses Buch für die Leser und Studenten nicht nur einen dem Studienverlauf förderlichen inhaltlichen Beitrag leisten kann, sondern darüber hinaus eine Anregung für die vertiefende Beschäftigung mit betriebswirtschaftlichen Fragestellungen ist. Für kritische Stellungnahmen, Hinweise auf inhaltliche und formale Fehler sowie Verbesserungsvorschläge sind wir jederzeit dankbar.

Münster, im September 1994   Dirk W. Kleine

                                                                 Markus Voeth

Inhaltsübersicht

Abkürzungsverzeichnis

Abb. .... Abbildung

Abschn. .... Abschnitt

AG .... Aktiengesellschaft

Aufl. .... Auflage

ÄZ... Äquivalenzziffer

BA... Beschäftigungsabweichung

BAB .... Betriebsabrechnungsbogen

Bd. .... Band

BDSP .... Bruttodeckungsspanne

bzgl. .... bezüglich

bzw. .... beziehungsweise

c.p. .... ceteris paribus

CIM... Computer Integrated Manufacturing

CNC... Computerized Numeric Control

DB... Deckungsbeitrag

DLZ .... Durchlaufzeit

DM.. Deutsche Mark

DSP... Deckungsspanne

EDV .... Elektronische Datenverarbeitung

EK... Einzelkosten

EStR.. Einkommenssteuerrichtlinien

f.(f.)... folgende

FCFS (-Regel)... Fist-Come-First-Serve (-Regel)

FE .... Faktoreinheit

FEK... Fertigungseinzelkosten

FGK .... Fertigungsgemeinkosten

g.. Gramm

GA .... Gesamtabweichung

GE... Geldeinheiten ggf. .... gegebenenfalls

GK .... Grenzkosten

GmbH .... Gesellschaft mit beschränkter Haftung

GMK .... Gemeinkosten

GuV (-Rechnung) .... Gewinn- und Verlust (-Rechnung)

HGB .... Handelsgesetzbuch

HK .... Herstellungskosten

Hrsg. .... Herausgeber

i.d.R. .... in der Regel

i.e.S. .... im engeren Sinne

ibL .... innerbetriebliche Leistungsverrechnung

incl. .... inclusive

Jhg. .... Jahrgang

kg .... Kilogramm

KG .... Kommanditgesellschaft

KST .... Kostenstelle

kWh .... Kilowattstunde

LE .... Leistungseinheiten

LP .... Lineare Programmierung

MDLZ .... mittlere Durchlaufzeit

ME .... Mengeneinheiten

MEK .... Materialeinzelkosten

MGDLZ .... mittlere gewichtete Durchlaufzeit

MGK .... Materialgemeinkosten

MKL .... Mengen-Kosten-Leistungsfunktion

o.g. .... oben genannt

OE .... Opportunitätserlöse

OK .... Opportunitätskosten

OPT .... Optimized Production Technology

p.a. .... pro anno

PA .... Preisabweichung

PAF..Preis-Absatz-Funktion

pk...Produktionskoeffizient

PPS ....Produktionsplanung und -steuerung

PR ....Public Relations

PUG ....Preisuntergrenze

qm..Quadratmeter

RBW ....Restbuchwert

RE..Rohstoffeinheit

S...Seite

SK..Selbstkosten

Stck. ....Stück

Std..Stunde

t..Tonne

TLE..Technische Leistungseinheit

TQM ....Total Quality Management

Tsd. ....Tausend

u.a. ....und andere

usw...und so weiter

VA ....Verbrauchsabweichung

vgl..vergleiche

VGM...Vertriebsgemeinkosten

VK ....Vertriebskosten

z.B..zum Beispiel

ZE ....Zeiteinheiten

ZfB...Zeitschrift für Betriebswirtschaft

ZKL ....Zeit-Kosten-Leistungsfunktion

Teil A   Einleitung

Ein zentrales Anliegen betriebswirtschaftlicher Untersuchungen ist die Analyse der funktionalen Zusammenhänge innerhalb des Konstrukts "Unternehmung". Ihre Bedeutung wird insonderheit bei der detaillierten Untersuchung der betrieblichen Funktionsbereiche evident. Eine Systematisierung der im weiteren zu behandelnden unternehmerischen Aktivitäten soll dabei der konkreten Problemdiskussion vorangestellt werden. Dazu werden die Unternehmensprozesse unterteilt in

- güterwirtschaftliche Prozesse,

- finanzwirtschaftliche Prozesse und

- Steuerungsprozesse (vgl. *Ahlert, D.*, 1991, S. 110ff.).

Mittelpunkt der Unternehmenstätigkeit und damit Kern der kurzfristigen Entscheidungsprobleme ist der güterwirtschaftliche (Umsatz-) Prozeß, verstanden als die Erstellung und Verwertung von Leistungen (incl. Dienstleistungen). Die güterwirtschaftliche Dimension betrieblicher Leistungsprozesse impliziert zunächst den Erwerb von Wirtschaftsgütern auf den Beschaffungsmärkten. Die Beschaffung produktiver Faktoren erstreckt sich auf die von Gutenberg differenzierten Bereiche (von Menschen erbrachter) Arbeitsleistungen, Betriebsmittel (Sachgüter, die bei der Leistungserstellung Anwendung finden, ohne in die Produkte einzugehen) und Werkstoffe, die beispielsweise in Form von Roh-, Hilfs- und Betriebsstoffen, Halb- und Fertigerzeugnissen in die Produkte eingehen beziehungsweise im Rahmen der Leistungserstellung verbraucht werden.

Die anschließende Be- und Verarbeitung wird dem Begriff der Produktion subsumiert. Die sogenannte Transformation in das Leistungsprogramm legt den Fokus der Betrachtung auf die Zusammenstellung von materiellen und immateriellen Faktoren mit dem Ziel das Leistungsprogramm der Unternehmung zu generieren (vgl. *Ahlert, D.*, 1991, S. 137ff.). Diese Umschreibung ist in ihrer Gültigkeit sowohl auf Sach- als auch auf Dienstleistungserstellung übertragbar.

Die Abläufe des güterwirtschaftlichen Leistungsprozesses werden komplettiert durch die Aktivitäten im Rahmen der "Absatzfunktion". Der Absatz stellt damit in Form der Leistungsverwertung die letzte Phase dieses Gesamtprozesses dar. Dabei ist der Endpunkt des betrachteten Realgüterflusses als Grundlage des reziproken Nominalgüterflusses - geldliches Äquivalent der abgesetzten Güter - gleichzeitig Basis einer neuerlichen Kreislaufentwicklung über die Funktionen Beschaffung, Produktion und Absatz. Im Mittelpunkt der Diskussion um die Leistungsverwertung (Absatz) stehen zunächst die Nachfragerbedürfnisse und die Informationen über den Wettbewerb. Aufbauend auf der sogenannten Situationsanalyse wird daraufhin die Frage nach einer potentiellen Marktbeeinflussung und der Gestaltung der Absatzpolitik gestellt (vgl. *Meffert, H.*, 1989, S. 25ff.). In diesem Zusammenhang erhalten die Bemühungen um einen optimalen Einsatz des absatzpolitischen Instrumentariums eine zentrale Bedeutung für die Unternehmensexistenz.

Ein Kernproblem der geschilderten Leistungsprozesse ist generell die Koordination der innerhalb der oben erläuterten Bereiche erforderlichen Aktivitäten. Dabei sind im Rahmen der Beschaffungsplanung beispielsweise die Lieferantenselektion, die Wahl der Beschaffungswege und die Frage der Beschaffungszeit zentraler Diskussionsgegenstand. Bei der Produktionsplanung sind demgegenüber unter anderem Fragen nach der optimalen Inanspruchnahme der Aggregate (Produktionsmaschinen), der Wahl der Losgröße, der zeitlichen Verteilung und der Reihenfolge, gemäß der die Fertigung für die zuvor definierten Aufträge erfolgen soll, zu klären. Für den Bereich der Absatzplanung muß schließlich unter Berücksichtigung der im Vorfeld eruierten marktlichen Gegebenheiten die zielgerichtete Koordination und Abstimmung der kontrahierungs-, produkt-, distributions- und kommunikationspolitischen Aktionsgrundlagen (vgl. *Meffert, H.*, 1989, S. 260ff.) erfolgen.

Für die innerhalb der Bereiche Beschaffung, Produktion und Absatz gegebenen Entscheidungsfelder und die daraus resultierenden Teil- bzw. Bereichspläne ergibt sich jedoch aufgrund eines breiten Spektrums feststellbarer gegenseitiger Abhängigkeiten das Postulat einer bereichsübergreifenden Plankoordination. Damit rückt die Unternehmung als einheitliches, betriebswirtschaftliches Gesamtsystem mit interdependenten Prozeßabläufen in den Mittelpunkt der Betrachtung. Schwerpunkt der betriebswirtschaftlichen Analyse sind somit neben den einzelnen Teilprozessen die sachlichen Beziehungsgeflechte zwischen den Prozessen und die Frage nach den Planungs- und Wirkungshorizonten.

Bei Zugrundelegung von Liquiditäts-, Zeit- und Qualitätsrestriktionen und des Ziels der Kostenminimierung ergibt sich eine Vielzahl von Abstimmungs- und Anpassungserfordernissen hinsichtlich der Teilpläne. So ist beispielsweise eine enge Koordination von Beschaffungslogistik (Bereitstellung der erforderlichen Güter zum gewünschten Zeitpunkt am richtigen Ort) und Produktionsplanung Voraussetzung einer kostenoptimalen Leistungserstellung. Weiterhin bedürfen Produktions- und Absatzplanung einer engen Abstimmung, um den Nachfragerbedürfnissen mit einem in qualitativer, quantitativer und zeitlicher Hinsicht adäquaten Leistungsspektrum zu entsprechen. Das beinhaltet sowohl eine kurzfristige Lieferbereitschaft als auch die Vermeidung überproportionaler, lager- und kapitalbindungskostenverursachender Reservehaltungen (z.B. von Halb- und Fertigerzeugnissen). Grundsätzlich ist dabei eine strikte Engpaßorientierung Voraussetzung einer effizienten, zielgerichteten Unternehmensplanung über die unterschiedlichen Prozesse hinweg.

Die Entscheidungsfindung bzw. die Erstellung von Teilplänen im Zusammenhang mit den o.g. güterwirtschaftlichen Prozessen wird maßgeblich determiniert von den dazu erforderlichen Informationsprozessen. Die Informationsgenerierung und -weitergabe ist dabei sowohl Element der Leistungsprozesse (Preiskalkulation usw.) als auch gleichzeitig die Basis für den gesamten Steuerungsprozeß mit den Komponenten Kontrolle, Planung, Entscheidung und Realisation (vgl. *Ahlert, D/ Franz, K.-P.*,1992, S. 22 ff.). Die aus der Kostenrechnung erhaltenen Informationen ermöglichen somit zunächst die Steuerung und Optimierung der Faktorkombinationsprozesse durch die Bereitstellung entscheidungsrelevanter Daten zu Planungs- und Kontrollzwecken (interne Aufgaben). Demgegenüber ergeben sich die externen Aufgaben der Kostenrechnung aus der Dokumentationsfunktion des Rechnungswesens (vgl. *Coenenberg, A.*, 1992, S. 36ff.).

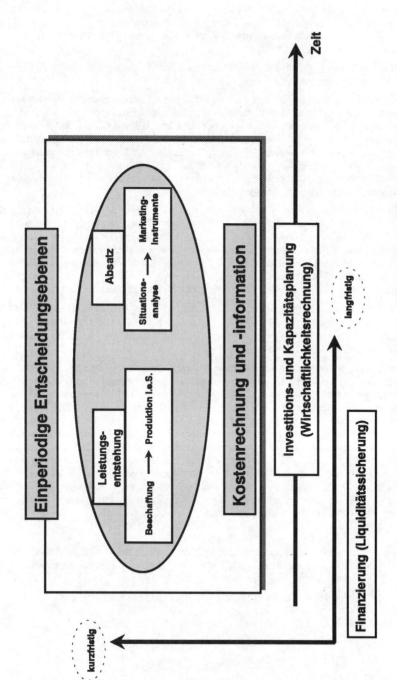

Abb. 1: Leistungs- und Steuerungsbereiche der Unternehmung

Bezogen auf die betrieblichen Teilbereiche der Leistungsentstehung und -verwertung ergeben sich daraus beispielsweise Ansatzpunkte für die Preisobergrenzen und make or buy Diskussion, die Preisuntergrenzenbestimmung im Rahmen der Absatzpolitik und die Ermittlung optimaler Bestellmengen.

Die Einordnung der bisher aufgezeigten Steuerungs- und güterwirtschaftlichen Prozesse in den gesamten Unternehmensprozeß geht aus Abb. 1 hervor.

Die im Zusammenhang mit dem güterwirtschaftlichen Unternehmensprozeß diskutierten Entscheidungsprobleme für die Bereiche Beschaffung, Produktion und Absatz werden überlagert durch langfristige Investitionsentscheidungen. Unter dem Zielkriterium der Gewinnmaximierung werden dabei mehrperiodig wirksame Entscheidungsalternativen verglichen (vgl. *Pinnekamp, H.-J.*, 1993, S. 343f.). Unterschieden werden hier grundsätzlich sogenannte Wahlentscheidungen (Vorteilhaftigkeit eines einzelnen Investitionsobjektes) und der Bereich der Investitionsdauerentscheidungen (Ersatz eines in Gebrauch stehenden Investitionsobjektes).

Während die Entscheidungsfindung im Bereich der kurzfristigen Umsatzprozesse generell auf Basis von Kosteninformationen (bei Betrachtungszeiträumen $\leq$ 1 Jahr) erfolgt und von der zeitlichen Verteilung von Ein- und Auszahlungen abstrahiert, stellen die (dynamischen) Verfahren der Investitions- bzw. Wirtschaftlichkeitsrechnung regelmäßig auf die konkreten Zahlungsreihen ab. Im Gegensatz zur Kostenrechnung, welche ihren Fokus auf eine klar abgegrenzte Abrechnungs- bzw. Planungsperiode richtet, sind Investitionskalküle dabei durch mehrperiodige Betrachtungen charakterisiert.

In einem direkten Bedingungsverhältnis zu den zuvor diskutierten güterwirtschaftlichen Prozessen (Beschaffung→Produktion→Absatz) incl. der übergeordneten lang-, mittelfristigen und jährlichen Investitionsplanung stehen die parallel ablaufenden finanzwirtschaftlichen Prozesse.

Sind im Rahmen der Beschaffungs- und Produktionsvorgänge (unmittelbare) Auszahlungen erwartbar, so induziert die Leistungsverwertung und somit insbesondere die Absatzpolitik den Eingang von Zahlungen, die zu einer (Teil-)Kompensation der zuerst genannten Zahlungsausgänge beitragen. Für die im Rahmen der Finanzplanung und Liquiditätssicherung angestrebte kurz-, mittel- und langfristige Zahlungsfähigkeit des Unternehmens bedarf es darüber hinaus jedoch der dezidierten Berücksichtigung bzw. Prognose potentieller Finanzierungslücken, die sich aufgrund zeitlicher und betraglicher Disparitäten von Ein- und Auszahlungsströmen ergeben können. Die Realisierung einer ständigen Zahlungsbereitschaft und somit des finanziellen Gleichgewichts muß unter paralleler Berücksichtigung der Rentabilitätsziele erfolgen (vgl. *Süchting, J.*, 1989, S. 14ff.). Eine auf die Vermeidung von Liquiditätsengpässen gerichtete Liquiditätserhaltung impliziert dabei die folgenden Teilaufgaben:

- situative Liquiditätssicherung (tägliche Abstimmung der Zahlungsströme unter Berücksichtigung der Ein- und Auszahlungen aus den güterwirtschaftlichen Prozessen),

- kurzfristige Finanzierung (Zufuhr von Eigen- und Fremdkapital) und

- strukturelle Liquiditätssicherung (Finanzierung von Investitionsvorhaben)
  (vgl. *Perridon, L./ Steiner, M.*, 1993, S. 6f.)

Zusammenfassend sind für die Beurteilung und Disposition der betrieblichen Finanzprozesse neben der Höhe des Liquiditätsbedarfs dessen Struktur und die zeitliche Entwicklung von maßgeblicher Bedeutung. In Anbetracht der hohen Relevanz finanzwirtschaftlicher Prozesse für alle Fristigkeiten der Unternehmenstätigkeiten handelt es sich bei der auf den gezeigten Teilaufgaben basierenden Liquiditätserhaltung um eine conditio sine qua non für die Bewahrung der Unternehmensexistenz. Wie bereits erwähnt müssen auch hier entsprechende Interdependenzen mit den güterwirtschaftlichen Prozessen berücksichtigt werden.

Vor dem Hintergrund der gezeigten Interdependenzen zwischen den einzelnen Unternehmensprozessen intendiert das betriebswirtschaftliche Grundstudium die Ableitung von Lösungsansätzen und -algorithmen für einzelne Entscheidungsprobleme. Im Sinne der Operationalisierbarkeit von komplexen Beziehungsgeflechten wird dazu eine (vereinfachende) Differenzierung des Gesamtproblems in einzelne voneinander möglichst getrennt zu lösende Teilprobleme gemäß der oben definierten Unternehmensprozesse vorgenommen.

Inhaltlicher Schwerpunkt dieser Arbeit ist der zunächst aufgezeigte, fundamentale güterwirtschaftliche Unternehmensprozeß mit den chronologisch verknüpften Modulen Beschaffung, Produktion und Absatz. Darüber hinaus wird der elementaren Bedeutung der auf Kostenrechnungsdaten basierenden Informationsbereitstellung für die hier weitgehend einperiodigen Entscheidungskalküle mit einem eigenen Kapitel Rechnung getragen.

Teil B   Erläuterungen und Fallstudien zu den Bereichen Kostenrechnung, Produktion und Absatz

1. Kostenrechnung

Die effiziente Planung und Kontrolle der vorgestellten Leistungsprozesse eines Unternehmens setzt, wie bereits gezeigt, die Bereitstellung und Verwendung eines dichten Informationsnetzes voraus. Die daraus resultierende Forderung nach der Existenz eines Informationssystems umfaßt den gesamten Leistungserstellungs- und -verwertungsprozeß eines Unternehmens. Vor diesem Hintergrund findet das kaufmännische Rechnungswesen, verstanden als ein System zur mengen- und wertmäßigen Ermittlung, Verarbeitung und Dokumentation wirtschaftlicher Zusammenhänge (vgl. *Busse v. Colbe, W.*, 1994, S. 522ff.), seine Legitimation hinsichtlich der Informationsgenerierung für die Planung, Steuerung und Kontrolle von Unternehmensprozessen. Die Kostenrechnung legt dabei als ein, neben weiteren (Finanz-, Finanzierungs-, Gewinn- und Verlustrechnung), bedeutsames Teilsystem des betrieblichen Rechnungswesens den Fokus auf die kostenmäßigen Auswirkungen der innerbetrieblichen Faktorkombinationsprozesse.

1.1 Grundbegriffe der Kostenrechnung

Wenn die Kostenrechnung als Informationsinstrument der Unternehmung quantitative Daten generieren soll, so sind zunächst die durch sie erfaßten Bezugsebenen zu beschreiben. Für die von der Kostenrechnung abzubildenden Zusammenhänge ergibt sich diesbezüglich sowohl in zeitlicher (Teilprozesse) als auch in sachlicher Hinsicht (Partialprozesse) eine Eingrenzung. Während die Notwendigkeit zur Definition von Teilprozessen aus der Langlebigkeit von Unternehmensabläufen resultiert, ist die Bestimmung von Partialprozessen aus Komplexitätsgründen und aufgrund auftretender Quantifizierungs-probleme erforderlich (vgl. *Schweitzer, M./ Küpper, H.-U.*, 1991, S. 22ff.). Im Gegensatz zu mehrperiodigen Entscheidungsproblemen, die wegen der Relevanz zeitlicher Aspekte auf konkrete Ein- und Auszahlungen (bzw. Einnahmen und Ausgaben) rekurrieren, wird bei der Betrachtung kurzfristiger Entscheidungskalküle auf die Begriffe Leistungen und Kosten zurückgegriffen. Kosten sind dabei generell als sachzielbezogener, bewerteter Güterverbrauch zu verstehen, dessen Bewertung vom jeweiligen Kostenrechnungszweck - Planung oder Kontrolle - abhängig ist (vgl. *Grob, L.*, 1993, S. 6ff.). Der Kostenbegriff erfährt in Abhängigkeit vom dahinterstehenden Rechnungszweck im Zusammenhang mit der Erfassung und Bewertung des Verbrauchs an Produktionsfaktoren zwei unterschiedliche Interpretationen. Während die pagatorische Bewertung auf die bei der Beschaffung von Produktionsfaktoren konkret zu zahlenden Entgelte abstellt, geht der wertmäßige Kostenbegriff sowohl bei den Wertansätzen als auch bei der Mengenerfassung von den zugrundeliegenden Verwendungszwecken (externe, interne Rechnungslegung) der Kosteninformationen aus. Damit können die grundsätzlich unbestimmten Wertansätze nur situationsspezifisch unter Berücksichtigung sogenannter Opportunitätskosten konkretisiert werden (vgl. *Ahlert, D./ Franz, K.-P.*, 1993, S. 18ff.).

Da in einzelnen Bereichen des betrieblichen Rechnungswesens je nach darstellbaren Zusammenhängen unterschiedliche Rechengrößen Verwendung finden, soll im folgenden exemplarisch eine terminologische Abgrenzung zu den Begriffen des offiziellen Rechnungswesens (GuV-Rechnung) erfolgen.

Im Gegensatz zu dem o.g. Kostenbegriff basiert der den periodenbezogenen Werteverzehr wiedergebende, GuV-relevante Aufwandsbegriff auf handels- und steuerrechtlichen Bewertungsvorschriften. Damit ergeben sich über den Bereich der aufwandsgleichen Kosten (z.B. Löhne und Gehälter) sog. kalkulatorische Kosten, die als bilanzieller Aufwand keine (Zusatzkosten wie kalkulatorischer Unternehmerlohn) oder eine betragsmäßig abweichende Bewertung (Anderskosten wie kalkulatorische Zinsen) erfahren. Daneben sind auch Aufwandspositionen denkbar, die als betriebs- und/oder periodenfremde Aufwendungen kein Kostenäquivalent haben und unter dem Begriff des neutralen Aufwands zusammengefaßt werden.

1.2 Teilgebiete und Aufgaben der Kostenrechnung

1.2.1 Anwendungsbereiche und Zwecke der Kostenrechnung

Das Gebiet der Kostenrechnung kann in interne und externe Aufgabenbereiche differenziert werden. Die externen Aufgaben der Kostenrechnung werden unter dem Begriff der Dokumentationsfunktion zusammengefaßt. Dabei kann eine weitere Unterteilung in die folgenden Bereiche erfolgen:

*   Informationen für die Kalkulation öffentlicher Aufträge (gem. der Vorschriften der Verordnung über die Preise bei öffentlichen Aufträgen und der Leitsätze über die Preisverordnung aufgrund von Selbstkosten),

*   Informationsbereitstellung aufgrund rechtlicher Vorschriften.

Die zuletzt genannte Aufgabe im Rahmen von (handels- und steuer-) rechtlichen Vorschriften erstreckt sich auf die Ermittlung von Herstellkosten hinsichtlich der Aktivierung von Eigenleistungen und Bestandsveränderungen (Abschn. 33 EStR, § 255 II HGB) und die Ermittlung von Konzernverrechnungspreisen (§ 304 I HGB).

Im Rahmen des internen Aufgabenspektrums sind grundsätzlich Kontroll- und Planungsaufgaben abzugrenzen. Unter den zuletzt genannten Bereich werden sämtliche den Leistungsprozessen (Beschaffung, Produktion und Absatz) zurechenbare Daten der Kostenrechnung sowie weitere gesamtprozeßorientierte Aufgaben (Koordination der Prozesse) subsumiert. Im einzelnen sind für den Beschaffungsprozeß beispielsweise Preisobergrenzenbetrachtungen und die Frage zu wählender Beschaffungswege relevant. Für den Produktionsbereich sind u.a. Daten hinsichtlich Losgrößenwahl und für die Optimierung der Fertigungsverfahren zu generieren. Im Absatzbereich schließlich sind reziprok zum Beschaffungsbereich Informationen für die Bestimmung von Preisuntergrenzen und die Vertriebswegewahl von Bedeutung. Die verknüpfenden gesamtprozeßorientierten Koordinationsaufgaben erstrecken sich unter anderem auf make or buy-Entscheidungen und die Bestimmung des Produktions- und Absatzprogramms der Unternehmung.

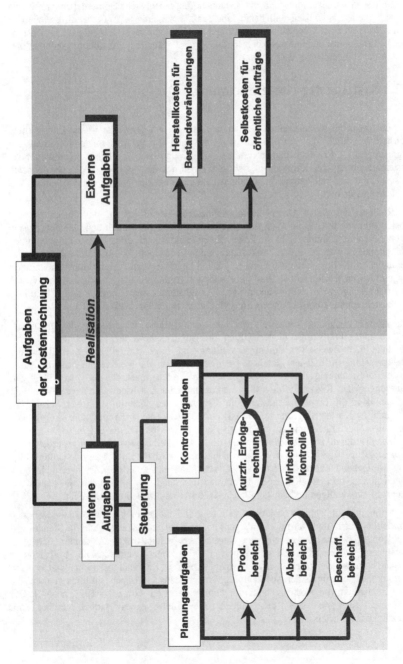

Abb.2: Aufgaben der Kostenrechnung

Abschließend wird deutlich, daß die genannten Aufgabenbereiche Interdependenzen und Abhängigkeiten aufweisen und damit eine funktionsorientierte Aufgabendifferenzierung keinen Anspruch auf Überschneidungsfreiheit erheben kann (vgl. *Coenenberg, A.*, 1992, S. 36ff.). Einen zusammenfassenden Überblick der erläuterten Anwendungsgebiete der Kostenrechnung soll Abb. 2 ermöglichen.

1.2.2 Systeme der Kostenrechnung

In Anbetracht der diversen oben genannten Kostenrechnungszwecke ist die Entwicklung alternativer, durch die Art der abzuleitenden und zu verarbeitenden Informationen abgrenzbarer Kostenrechnungssysteme zu erklären. Die grundlegenden Systematisierungskriterien ergeben sich zum einen aus dem Zeitbezug der verrechneten Kosten, zum anderen daraus, in welchem Umfang eine Zurechnung der Kosten auf die Kostenträger erfolgt.

Im Rahmen der ersten Unterscheidungsdimension ist zu klären, ob hinsichtlich der Kostenrechnung mit zukünftigen durchschnittlichen oder tatsächlich angefallenen Kosten zu operieren ist. Dahinter steht die Frage, ob die konkret realisierten Kosten aufgenommen und umgelegt werden sollen (Istkostenrechnung), oder ob Zufallseinflüsse durch das Heranziehen vergangenheitsorientierter Durchschnittsgrößen (Normalkostenrechnung) ausgeschlossen werden sollen. Eine weitere Option ergibt sich aus der Vorgabe von Kosten als Steuerungsgröße für zukünftige Aktivitäten, was durch den Terminus Plankostenrechnung umschrieben wird (vgl. *Zimmermann, G.*, 1992, S. 8ff.).

Die Istkostenrechnung fokussiert auf die nachträgliche Feststellung der in einem Zeitabschnitt effektiv angefallenen Kosten (mit Istpreisen bewertete Ist-Mengeneinheiten). Sie dient dem Zweck der Ergebnisermittlung und der nachträglichen Kalkulation der Erzeugniseinheiten und legt damit den Schwerpunkt auf die Verrechnungsfunktion, d.h. auf die Verrechnung der in einer Periode tatsächlich angefallenen Kosten. Die auf Änderungen der Kosteneinflußgrößen zurückführbaren Datenschwankungen gehen hier vollständig in die Ergebnisermittlung ein. Ergänzend sei noch auf die Relativierung des Terminus Ist-Kosten hingewiesen. So können diverse Kostenarten lediglich in Form von Prognose- oder Durchschnittswerten berücksichtigt werden. Dieses gilt insbesondere für Kosten, die durch zeitliche Abgrenzung (z.B. Abschreibungen) bestimmt werden (vgl. *Haberstock, L.*, 1987, S. 61ff.). Zusammenfassend wird für die Istkostenrechnung eine zwar weitgehend exakte Ermittlung der tatsächlich angefallenen Kosten erreicht, was jedoch nur ex post möglich ist und aufgrund des ständigen Aktualisierungsbedarfs mit einer sehr aufwendigen und umständlichen Kalkulationssatzbildung einhergeht.

Die Normalkostenrechnung basiert auf dem Durchschnitt der in den vergangenen Perioden ermittelten Preise (und Verbrauchsmengen) der eingesetzten Faktoren. Die für Steuerungs- und Kontrollzwecke herangezogenen Normal- bzw. Standardkosten können dabei als aktualisierte oder als statische Mittelwerte berechnet werden. Die beabsichtigte Normalisierung eigentlich schwankender Kosten, Kalkulationszuschlagssätze und Faktorpreise zielt mittels der Ausschaltung von periodenspezifischen Zufälligkeiten auf die Vergleichbarkeit von Kostenrechnungsergebnissen ab (vgl. *Grob, L.*, 1993, S. 64.). Der geringere Aufwand und die höhere Flexibilität gehen jedoch einher mit Genauigkeitsverlusten.

Im Mittelpunkt von <u>Plankostenrechnungen</u> steht die Bestimmung der für eine zukünftige Abrechnungsperiode geplanten Kosten unter Berücksichtigung von Planpreisen und Planverbrauchsmengen. Wichtige Anwendungsbereiche der Plankostenrechnung sind die Kostenkontrolle und die rechnerische Bestimmung unternehmenspolitischer Entscheidungen. Auf Grundlage der den geplanten Kosten am Periodenende gegenüberstehenden tatsächlich angefallenen Kosten wird eine (differenzierte) Analyse der Abweichungen zwischen Plan- und Istkosten ermöglicht.

So implizieren Systeme der Plankostenrechnung die Module Vorrechnung, Nachrechnung und Abweichungsanalyse (vgl. *Schweitzer, M./ Küpper, H.-U.*, 1991, S. 238f.) und stellen damit eine zielgerichtete Weiterentwicklung der Istkostenrechnung dar (vgl. *Plaut, H.G.*, 1971, S. 461ff.).

Die Plankostenrechnung kann in Systeme der <u>starren</u> und der <u>flexiblen</u> <u>Plankostenrechnung</u> unterteilt werden. Im erstgenannten Fall werden die Plankosten für durchschnittliche Beschäftigungen festgelegt. Eine spätere, eventuellen Beschäftigungsschwankungen Rechnung tragende Umrechnung auf die Istbeschäftigung erfolgt hier nicht. Damit ist zwar eine einfache Handhabung gewährleistet. Die Aussagefähigkeit der Ergebnisse wird damit jedoch (insbesondere bei größeren Abweichungen von Ist- und Planbeschäftigung) erheblich eingeschränkt, so daß eine sinnvolle Kontrolle der Wirtschaftlichkeit kaum möglich ist (vgl. *Haberstock, L.*, 1987, S. 65). Diesem Mangel begegnet die flexible Plankostenrechnung mit einer (flexiblen) Anpassung der Plankosten an die Beschäftigungsänderungen <u>(Sollkosten)</u>. Während die Differenz zwischen Soll- und Istkosten die Verbrauchsabweichung dokumentiert, ist die Beschäftigungsabweichung Ausdruck der im Verhältnis zur Planbeschäftigung zuviel (Überbeschäftigung) bzw. zuwenig (Unterbeschäftigung) verrechneten fixen Kosten. Darüber hinaus können weitere Abweichungen, wie Verfahrensabweichungen und Preisabweichungen, im Rahmen der flexiblen Plankostenrechnung im Sinne einer differenzierten Steuerungs- und Kontrollfunktion ermittelt werden.

Neben dem Zeitbezug als Systematisierungskriterium, ist der Sachumfang der zu verteilenden Kosten eine weitere Unterscheidungsgröße. In diesem Zusammenhang werden die Systeme der Voll- und Teilkostenrechnung voneinander abgegrenzt. Während bei <u>Vollkostenrechnungen</u> die gesamten Kosten (fixe und variable bzw. Einzel- und Gemeinkosten) auf die Kostenträger verteilt werden, sind <u>Teilkostenrechnungen</u> dadurch gekennzeichnet, daß nur ein Teil der anfallenden Kosten (variable- bzw. Einzelkosten) den Kostenträgern zugerechnet wird. Dabei können Teilkostenrechnungen in Abhängigkeit vom kostenrechnerischen Zweck auf Basis von variablen und/oder auf Grundlage von Einzelkosten konzipiert werden.

Für die Wahl des sachlichen Zurechnungsumfangs inclusive der zu wählenden Kostenkategorie (variable/fixe Kosten bzw. Einzel-/Gemeinkosten) muß der Grundsatz der relevanten Kosten zugrundegelegt werden. Die Entscheidungsrelevanz von Kosten ist situationsspezifisch für den jeweiligen Kostenrechnungszweck zu diskutieren. Dabei kann das Erfordernis der Entscheidungsrelevanz beispielsweise bei der Beurteilung für die Nutzung unausgelasteter oder vollausgelasteter Kapazitäten, die Bestimmung der kurzfristigen und der langfristigen Preisuntergrenze, oder der Wirtschaftlichkeitskontrolle zu vollständig unterschiedlichen Ergebnissen hinsichtlich der zugrundezulegenden relevanten Kosten führen.

Während im Rahmen der Teilkostenrechnung in Verbindung mit dem Ansatz wertmäßiger Kosten die Lenkungsfunktion (bei kurzfristigen Dispositionen) eine besondere Betonung erfährt, liegt der Anwendungsschwerpunkt der Vollkostenrechnung auf längerfristigen Betrachtungen (z.B. langfristige Preisuntergrenzen) und der Ermittlung des kurzfristigen (ggf. kunden- oder produktgruppenorientierten) Betriebserfolgs (vgl. *Schierenbeck, H.*, 1993, S. 578ff.).

Zusammenfassend ergeben sich für die betriebliche Anwendung je nach dem Rechnungszweck unterschiedlichste Kombinationsmöglichkeiten von festzulegendem Sachumfang (Teil- oder Vollkostenrechnung) und dem Zeitbezug der verrechneten Kosten (Istkosten-, Normalkosten- und Plankostenverrechnungssysteme).

1.2.3 Gestaltungsebenen der Kostenrechnung

Zur Erfüllung des kostenrechnerischen Aufgabenspektrums vor dem Hintergrund der oben erläuterten Kostenrechnungssysteme wird regelmäßig der folgende auf vier generelle Gestaltungsebenen zurückführbare Grundaufbau einer betrieblichen Kostenrechnung angenommen:

* Kostenartenrechnung,

* Kostenstellenrechnung,

* Kostenträgerzeitrechnung,

* Kostenträgerstückrechnung (Kalkulation).

Die Kostenartenrechnung erfaßt, evaluiert und systematisiert als Ausgangselement des betrieblichen Kostenrechnungssystems die bewerteten Faktoreinsätze für den betrieblichen Leistungserstellungsprozeß (Kosten). In ihren Aufgabenbereich fällt damit auch die Abgrenzung gegenüber der für die Finanzbuchhaltung maßgeblichen Aufwandsdaten. Die Fragestellung der Kostenartenrechnung lautet: "Welche Kosten sind in der betrachteten Periode angefallen?" Die Definition und Klassifikation der gesamten Kosten kann je nach erforderlichen Informationen beispielsweise nach den Kriterien Art der verbrauchten Produktionsfaktoren (Personal-, Werkstoffkosten usw.), dem verursachenden Betriebsbereich (Beschaffung, Fertigung usw.), der Art der Verrechnung (Einzel- und Gemeinkosten) und der Beschäftigungsabhängigkeit (variable Kosten und fixe Kosten) erfolgen.

Die anschließende Kostenstellenrechnung schafft als Verbindungselement von Kostenarten- und Kostenträgerrechnung (bei Mehrproduktunternehmen) die Voraussetzungen für eine Weiterverrechnung der ermittelten Gemeinkosten auf die gefertigten Kostenträger (vgl. *Coenenberg, A.*, 1992, S. 75ff.). Daneben ist sie Grundlage für die kostenstellenorientierte Wirtschaftlichkeitskontrolle und die Bewertung unfertiger Endprodukte. Zusammenfassend gibt sie somit Antwort auf die Frage, wo welche Kosten in welcher Höhe angefallen sind. Im Zusammenhang mit der Kostenstellenrechnung werden zunächst die primären Gemeinkosten auf die Haupt- und Hilfskostenstellen eines Unternehmens verteilt. Im Anschluß daran erfolgt im Rahmen der innerbetrieblichen

Leistungsverrechnung eine Verteilung der in den Kostenstellen entstandenen Kosten entsprechend der Leistungsinanspruchnahme auf die Hauptkostenstellen.

Im Rückgriff auf die Kostenarten- und -stellenrechnung erfolgt daraufhin die Kostenträgerrechnung. In Abhängigkeit vom verfolgten Rechnungszweck können hier Kostenträgerzeit- und -stückrechnung unterschieden werden. Die Kostenträgerzeitrechnung beantwortet die Frage: Wofür sind die in der Abrechnungsperiode angefallenen Kosten entstanden? Sie zielt damit als kurzfristige Erfolgsrechnung (auf Quartals- oder Monatsbasis) auf die permanente Wirtschaftlichkeitskontrolle und die Untersuchung der Erfolgsquellen des Unternehmens ab.

Die Kostenträgerstückrechnung, auch Kalkulation genannt, ermittelt demgegenüber die Kostengrundlagen für die Preispolitik des Unternehmens. Dieses geschieht durch eine Kostenzurechnung auf die jeweilige Produkt- oder Leistungseinheit unter Verwendung von Wert- oder Mengenschlüsseln. Im Rahmen der Vollkostenrechnung werden hier die sog. Selbstkosten, das heißt Einzelkosten plus anteiliger (zugeschlüsselter) Gemeinkosten ermittelt. Im Gegensatz dazu stellen Teilkostenrechnungssysteme die Preisunter- bzw. -obergrenzendiskussion und die Analyse relevanter Kosten in den Mittelpunkt der Betrachtung.

Zusammenfassend ist daher an dieser Stelle ein Hinweis auf die Probleme der vorgestellten Rechnungsebenen unverzichtbar. Neben einer Vielzahl von evidenten Schlüsselproblemen im Zusammenhang mit der Primärkostenverrechnung, der Sekundärkostenverrechnung und der Bildung von Gemeinkostenzuschlagsätzen ist (hier nochmals) für jede Entscheidungssituation die Relevanz der zugrundegelegten Kosteninformationen zu hinterfragen. Das gilt insbesondere für die Beurteilung des in diesem Abschnitt vorgestellten Ablaufs einer Vollkostenrechnung und dem damit verbundenen Problem nicht abbaubarer Fixkosten und bisweilen schwer zurechenbarer Gemeinkosten. Eine fallgestützte Diskussion dieser Problematik erfolgt im Abschnitt 1.3 dieses Kapitels.

1.3 Aufgaben und Fallstudien zur Kostenrechnung

Aufgabe 1.1:

Prüfen Sie die folgenden Aussagen auf ihre Richtigkeit!

a)   Gemeinkosten sind immer fixe Kosten!

b)   Die Aufgabe der Kostenrechnung ist die Kontrolle der Wirtschaftlichkeit von Unternehmensprozessen!

c)   Kosten für den Strom- und Wasserverbrauch sind immer Gemeinkosten!

d)   Wertmäßige Kosten entsprechen den mit der Leistungserstellung verbundenen Auszahlungen.

e)   Die Sicherung der Unternehmensliquidität ist eine zentrale Aufgabe der Kostenrechnung.

f)   Die Kostenstellenrechnung ermittelt, welche Kosten angefallen sind.

g)   Der Einsatz der Zuschlagskalkulation ist nur bei Einproduktunternehmen sinnvoll.

h)   Das Stufenleiterverfahren setzt einen einseitigen Leistungsfluß (keine Leistungsinterdependenz) zwischen den Hilfskostenstellen voraus.

i)   Im Mittelpunkt der Kostenträgerrechnung steht die Ermittlung des kurzfristigen Unternehmenserfolgs.

j)   Verluste aus der Spekulation mit Aktien fallen unter die Position "neutraler Aufwand".

k)   Echte Gemeinkosten verändern sich im Gegensatz zu unechten Gemeinkosten in Abhängigkeit von der Ausbringungsmenge.

l)   Die Methode der degressiven Abschreibung wird auch als leistungsabhängige Abschreibungsmethode bezeichnet.

m)   Im Rahmen der Plankostenrechnung werden Verbrauchsabweichungen als Differenz von Sollkosten und Istkosten ermittelt.

n)   Eine über die Planbeschäftigung hinausgehende Istbeschäftigung führt wegen der damit verbundenen höheren Ausbringungsmenge zwangsläufig zu einer negativen Verbrauchsabweichung.

o)   Die Sekundärkosten der Hilfskostenstellen werden auf Basis von Mengen- oder Wertschlüsseln auf die Kostenträger verteilt.

p)   Dem kalkulatorischen Unternehmerlohn stehen als Anderskosten auf der Aufwandseite betragsmäßig abweichende Positionen gegenüber.

q)   Die kurzfristige Preisuntergrenze stimmt immer mit den Grenzkosten des betrachteten Kostenträgers überein.

r)   Fixe Kosten haben keine Relevanz bei der Produktions- und Absatzprogrammplanung im Rahmen vorgegebener Kapazitäten.

Aufgabe 1.2:

Wirtschaftsingenieur Larose, der gerade beförderte Geschäftsführer der Tappe AG, eines auf die Herstellung von Trockenfrüchten spezialisierten Dortmunder Unternehmens bemängelte in der Vergangenheit wiederholt die unzureichende Informationsversorgung und die zum Teil willkürliche Begriffsverwendung hinsichtlich der von der Abteilung Rechnungswesen zur Verfügung gestellten Daten. Kaum zum neuen Geschäftsführer berufen, verlangt Herr Larose von Dr. Renner, dem Leiter des Rechnungswesens, "zukünftig eine saubere Zuordnung der Geschäftsvorfälle zu den Begriffen

- Auszahlung,

- Ausgabe,

- Aufwand und

- Kosten

zu gewährleisten".

Dr. Renner versucht diese Anweisung sogleich für die Geschäftsvorfälle des vergangenen Monats umzusetzen:

1. Herr Larose wies zur Unterstützung der diesjährigen Meisterschaftsambitionen des Fußballbundesligisten Borussia Dortmund eine Spende an den Fußballclub in Höhe von DM 15.000,- an.

2. Die Tappe AG erhält Warenlieferungen im Gegenwert von DM 15.000,-, die zu einem Drittel sofort und zu zwei Dritteln im nächsten Quartal für die Herstellung von Trockenfrüchten Verwendung finden. Die Waren werden sofort bar bezahlt.

3. Im vergangenen Monat wurden nutzungsbedingte Maschinenabschreibungen in Höhe von DM 4.500,- verrechnet.

4. Konkurs eines Kunden, demgegenüber Restverbindlichkeiten in Höhe von DM 1.500,-- bestehen.

5. Von den bereits vor drei Monaten aufgrund günstiger Einkaufsmöglichkeiten für 2,5 DM/kg bezogenen Früchten, verarbeitete die Tappe AG im vergangenen Monat 120 kg.

6. Für eine im vergangenen Monat angeschaffte EDV-Anlage (Wert: 120.000,- DM) wurde eine erste Rate über 25 % des Kaufpreises überwiesen. Die bilanziellen Abschreibungen erfolgen linear bei einer zugrundegelegten Nutzungsdauer von 5 Jahren. Demgegenüber wird im Rahmen der Erfolgsermittlung des internen Rechnungswesens mit einer realen Nutzungsdauer von insgesamt 8 Jahren gerechnet.

7. Für den vergangenen Monat wurden DM 32.000,- an Löhnen und Gehältern überwiesen. Darin enthalten war ein Vorschuß in Höhe von DM 2.000,- für den Vertriebschef.

8. Rechnungseingang von einem mit der Rechnungsprüfung des Unternehmens beauftragten Wirtschaftsprüfer über DM 1.200,- für den vergangenen Monat.

a)   Erläutern Sie die Unterschiede zwischen den oben genannten Begriffen.

b)   Ordnen Sie die Begriffe den Aufgaben- und Rechnungsbereichen des betrieblichen Rechnungswesens zu.

c)   Helfen Sie Dr. Renner bei dem Vorhaben, die angeführten Geschäftsvorfälle den jeweiligen Begriffen zuzuordnen.

Aufgabe 1.3:

Geben Sie einen zusammenfassenden Überblick über die "internen" und "externen" Aufgaben der Kostenrechnung.

Aufgabe 1.4:

Der Anschaffungspreis einer Anlage beträgt 155.000,- DM. Der am Ende einer mit 5 Jahren angenommenen Nutzungsdauer erwartbare Restverkaufserlös wird in seiner Höhe um DM 5.000,- höher als die Abbaukosten zu diesem Zeitpunkt geschätzt. Für Frachten und die Installation der Anlage fallen insgesamt 20.000,- DM an.

Das gesamte Nutzungspotential der Anlage wird auf 5.000 Einheiten geschätzt. Dabei wird vor dem Hintergrund der Absatzerwartungen von der folgenden Anlagennutzung ausgegangen:

Jahr	Beanspruchung [LE]
1	400
2	600
3	950
4	1600
5	1450

a)   Ermitteln Sie die Abschreibungen für das erste Nutzungsjahr nach den folgenden Abschreibungsmethoden:

1. lineare Abschreibung

2. geometrisch degressive Abschreibung

3. leistungsabhängige Abschreibung

b)   Wie sind die unter a) genannten Abschreibungsmethoden bezüglich ihrer Anwendung im Rahmen der Kostenrechnung zu beurteilen?

Aufgabe 1.5:

In der Kostenstelle eines Unternehmens wurde von einer Planbeschäftigung von 8.000 Produktionseinheiten und einem Plangemeinkostensatz von 4,- DM bei 20.000,- DM Fixkosten ausgegangen. Die Istkosten belaufen sich am Periodenende bei einer Istbeschäftigung von 6.000 Produktionseinheiten auf 40.000,- DM.

Bestimmen Sie rechnerisch und graphisch die Gesamt- und Einzelabweichungen!

Aufgabe 1.6:

Für die Kostenstelle "Stanzerei" eines blechverarbeitenden Unternehmens sind für die angestrebte Ausbringung von 500 Mengeneinheiten Gesamtkosten in Höhe von 65.000,- DM eingeplant, wobei die fixen Kosten DM 30.000,- und die verrechneten Plankosten DM 58.500,- betragen. Am Ende der Periode wurden Istkosten in Höhe von DM 68.000,- ermittelt.

a)   Ermitteln Sie die Verbrauchsabweichung und die Beschäftigungsabweichung!

b)   Stellen Sie die Ergebnisse aus Aufgabe a) unter Berücksichtigung der Soll-Kostenfunktion und der Funktion der verrechneten Plankosten graphisch dar.

Aufgabe 1.7:

Der Einkaufsabteilung eines Unternehmens sind für die Beschaffung von Zwischenprodukten folgende Daten gegeben:

Als tagesgenauer Beschaffungspreis je Zwischenprodukteinheit sind DM 680,- feststellbar. Für die betriebliche Verrechnung ist ein über die letzten Jahre unveränderter Verrechnungspreis in Höhe von DM 600,- vorgegeben. Als Anschaffungspreis der gegenwärtig genutzten Einheiten des Zwischenprodukts stehen DM 590,- "zu Buche". Die Beschaffung kann trotz einer für das nächste Jahr erwarteten Preissteigerung von durchschnittlich 15% p.a. aufgrund von Lagerengpässen voraussichtlich erst in 6 Monaten erfolgen.

Ermitteln Sie den für die Kalkulation der zukünftigen Preisuntergrenze maßgeblichen Faktorpreis und erläutern Sie Ihre Entscheidung!

Aufgabe 1.8:

Im Grundaufbau vollzieht sich das System industrieller Kostenrechnung entsprechend der in der Abbildung zu ergänzenden Grundelemente Kostenarten-, Kostenstellen-, Kostenträgerrechnung.

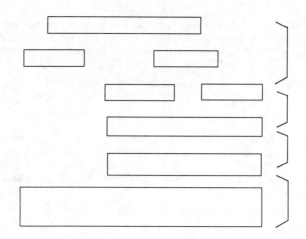

a)   Ergänzen Sie die vorliegende Abbildung um die jeweiligen
     Kostenrechnungsbegriffe.

b)   Diskutieren Sie für die jeweiligen "Rechnungsschritte", ob eine direkte oder
     indirekte Kostenverrechnung stattfindet.

Aufgabe 1.9:

Die Eisenbieger GmbH, ein Unternehmen der Press-, Zieh- und Stanzteilbranche
beabsichtigt den Kauf einer hochmodernen computergesteuerten Revolverstanze.
Aufgrund einer sehr ungleichmäßigen Auslastung (siehe Tabelle) und der für derartige
Werkzeuge häufig schwer taxierbaren Nutzungsdauer wird betriebsintern über die richtige
Abschreibungsmethode diskutiert. Dabei zeigen Erfahrungswerte des Verbands, daß der
Wiederverkaufswert gewöhnlich zu 60% durch Nutzungsintensität und lediglich zu 40%
altersbedingt beeinflußt wird. Vor diesem Hintergrund wird der Controller Adi
Schlaumüller mit der Entwicklung eines adäquaten Abschreibungsplans beauftragt.

Schlaumüller liegen dabei folgende Daten der anzuschaffenden Maschine vor:

Anschaffungsausgaben	120.000,- DM
Nutzungsdauer	5 Jahre
Restverkaufserlös	8.000,- DM
Abbaukosten	2.500,- DM
Fracht und Installation	10.000,- DM
Leistungseinheiten	4.000 LE

Inanspruchnahme:

Jahr	Beanspruchung [LE]
1	500
2	1200
3	400
4	900
5	1000

a) Erläutern Sie die lineare, geometrisch- degressive und leistungsabhängige Abschreibungsmethode und diskutieren Sie die Anwendungsvoraussetzungen bzw. die Vor- und Nachteile des jeweiligen Verfahrens.

b) Unterstützen Sie Schlaumüller in dem Versuch, für die beschriebene Maschine einen Abschreibungsplan zu erstellen.

Aufgabe 1.10:

Für ein Industrieunternehmen sind folgende Kosteninformationen gegeben:

Der Plankosten-Verrechnungssatz einer Kostenstelle "Stanzerei" beträgt 8,- DM. Bei der geplanten Ausbringung werden Basisplankosten in Höhe von 48.000,- DM erwartet, die sich im Verhältnis 1 zu 3 in Fixkosten und variable Kosten aufspalten lassen. Am Ende der Abrechnungsperiode beliefen sich die Istkosten auf 47.000,- DM. Die Beschäftigungsabweichung betrug zu diesem Zeitpunkt 5.000,- DM.

a) Ermitteln Sie die Planbeschäftigung!

b) Wie hoch ist die Verbrauchsabweichung?

c) Stellen Sie die Ergebnisse graphisch dar!

d) Interpretieren Sie die Ergebnisse aus den Aufgaben b) und c) und beurteilen Sie die Aussagekraft für den betrieblichen Steuerungsprozeß!

Aufgabe 1.11:

In einem Industriebetrieb wurden in der letzten Abrechnungsperiode für die Hilfs- und Hauptkostenstellen die folgenden primären Gemeinkosten und Leistungsbeziehungen festgestellt.

Kostenstellen	Primäre Stellenkosten [GE]	Kantine [Personen]	Raum [qm]
Kantine	2.000	3	220
Raum	3.800	-	60
Qualitätsprüfung	7.200	2	320
Material	38.600	6	800
Fertigung 1	62.000	20	500
Fertigung 2	95.000	12	250
Fertigung 3	78.200	18	400
Verwaltung	12.000	5	150
Vertrieb	21.800	8	300

In der Abrechnungsperiode wurden Materialeinzelkosten in Höhe von DM 64.000,- und Fertigungseinzelkosten in Höhe von DM 58.000,- ermittelt. Darüber hinaus konnten für die Fertigungskostenstellen die folgenden Beschäftigungszeiten festgestellt werden.

- Fertigungskostenstelle 1: 2.800 Stunden

- Fertigungskostenstelle 2: 3.000 Stunden

- Fertigungskostenstelle 3: 3.200 Stunden

Die primären Gemeinkosten der Kostenstelle Qualitätsprüfung sind zu einem Drittel der Fertigungskostenstelle 3, zur Hälfte der Fertigungskostenstelle 2 und mit dem verbleibenden Restbetrag der Fertigungskostenstelle 1 zuzurechnen.

a) Stellen Sie für die o.g. Daten einen Betriebsabrechnungsbogen ("BAB") auf, und führen Sie die innerbetriebliche Leistungsverrechnung nach dem Stufen-leiterverfahren durch.

b) Ermitteln Sie unter Berücksichtigung der Bearbeitungshinweise die Kalku-lationssätze.

Aufgabe 1.12:

In der stahlverarbeitenden Unternehmung Rabotti AG werden unter anderem Verbindungselemente hergestellt. Am Ende der Abrechnungsperiode liegen die folgenden Daten aus der Kosten- und Leistungsrechnung vor:

- Produktionsmenge (X_p)   7000 Stück
- Absatzmenge (X_a)   5000 Stück
- Absatzpreis (p)   250,- DM/Stück
- variable Herstellkosten (K_{Hv})   400.000,- DM
- fixe Herstellkosten (K_{Hf})   250.000,- DM
- fixe Vertriebskosten (K_{Vf})   120.000,- DM
- variable Vertriebskosten (K_{Vv})   240.000,- DM

Zu Beginn der Abrechnungsperiode war kein Lagerbestand vorhanden. Die Verwaltungskosten sind jeweils anteilig in den Herstellkosten bzw. Vertriebskosten enthalten.

Ermitteln Sie den Betriebserfolg nach dem

a)   Umsatzkostenverfahren auf Teilkostenbasis

b)   Gesamtkostenverfahren auf Vollkostenbasis

Aufgabe 1.13:

Ein Unternehmen stellt Klinker, Dachziegel und Backsteine auf einer Anlage her, wobei die Bearbeitungszeiten 6, 4 und 7 Minuten pro Stück betragen und als Maßstab der Kostenentstehung betrachtet werden. Im letzten Jahr wurden 201.000 Klinker, 90.000 Dachziegel und 185.000 Backsteine produziert. Dabei sind folgende Kosten angefallen:

- Personalkosten: 195.000,- DM
- Energiekosten: 184.530,- DM
- Roh-, Hilfs- und Betriebsstoffe: 84.300,- DM
- Fremdleistungen: 53.000,- DM
- kalk. Abschr.:   19.200,- DM
- kalk. Zinsen.:   12.360,- DM

a)   Stellen Sie die "typischen" Beziehungen zwischen Fertigungs- und Kalkulationsverfahren tabellarisch dar!

b)   Bestimmen Sie die Herstellkosten je Produktart und pro Produkteinheit!

Aufgabe 1.14:

Für die Kostenstelle "Gießerei" einer Unternehmung der Stahlbranche wurden für die angestrebte Ausbringung von 5.000 Mengeneinheiten Kosten in Höhe von 50.000,- DM eingeplant, wobei die fixen Kosten 20.000,- DM betragen. Die tatsächliche Beschäftigung konnte mit 3.000 Mengeneinheiten ermittelt werden, wobei Istkosten in Höhe von 39.500,- anfielen.

a)   Ermitteln Sie die Verbrauchsabweichung bei Ist-Beschäftigung!

b)   Wie hoch ist die Beschäftigungsabweichung bei Ist-Beschäftigung?

c)   Interpretieren Sie die Verbrauchs- und Beschäftigungsabweichung!

d)   Stellen Sie die Ergebnisse aus Aufgabe a) und b) unter Berücksichtigung der Soll-Kostenfunktion und der Funktion der verrechneten Plankosten graphisch dar.

Aufgabe 1.15:

In einer Kostenstelle ergeben sich bei einer Basisplanbeschäftigung von 12.000 Produktionseinheiten und einem Plangemeinkostensatz von 2,5 DM 10.000,- DM Fixkosten. Die Istkosten belaufen sich vor dem Hintergrund einer Istbeschäftigung von 9.000 Produktionseinheiten auf 29.000,- DM.

a)   Bestimmen Sie rechnerisch Gesamt- und Einzelabweichungen!

b)   Zeigen Sie an einer geeigneten Graphik die für diese Situation zugrundegelegten Soll- und Plankostenverläufe! Zeigen Sie die berechneten Verbrauchs- und Beschäftigungsabweichungen!

c)   Erläutern Sie mögliche Ursachen der von Ihnen festgestellten Einzelabweichungen; diskutieren Sie potentielle Verantwortlichkeiten.

d)   Erläutern Sie den Zusammenhang von Sollkostenkurve und einer dem ertragsgesetzlichen Verlauf entsprechenden Gesamtkostenkurve. Welchen Prämissen unterliegt die Sollkostenkurve?

Aufgabe 1.16:

Für eine neu angeschaffte Anlage sind folgende Daten relevant:

•   Abschreibungsausgangsbetrag: 50.000,- DM

•   Nutzungsdauer: 6 Jahre

•   Restverkaufserlös: 8.000,- DM

•   Entsorgungskosten: 3.000,- DM

Das Gesamt-Nutzungspotential der Anlage beträgt 1.500 Leistungseinheiten. Die Anlagennutzung wird entsprechend der folgenden Übersicht unterstellt:

Jahr der Nutzung	Beanspruchung [LE]
1	300
2	200
3	400
4	300
5	200
6	100

a) Stellen Sie die drei alternativen Abschreibungsmethoden

   • lineare Abschreibung,

   • geometrisch degressive Abschreibung und

   • leistungsabhängige Abschreibung

   im Abschreibungsplan dar.

b) Beurteilen Sie die Abschreibungsmethoden im Hinblick auf die Eignung für Anwendungen im Rahmen der Kostenrechnung!

c) Gehen Sie im folgenden davon aus, daß bei ansonsten unveränderten Daten kein Restverkaufserlös und keine Entsorgungskosten anfallen. Nach zwei Jahren wird (bei linearer Abschreibung) festgestellt, daß die Nutzungsdauer der Anlage statt der zunächst geschätzten 6 Jahre nur 5 Jahre betragen wird. Diskutieren Sie die Möglichkeiten der Abschreibungsverrechnung hinsichtlich der restlichen Nutzungsdauer!

Aufgabe 1.17:

Der Plankosten-Verrechnungssatz einer Kostenstelle "Stanzerei" beträgt 6,- DM. Bei der geplanten Ausbringung werden Basisplankosten in Höhe von 36.000,- DM erwartet, die sich im Verhältnis 2 zu 1 in Fixkosten und variable Kosten aufspalten lassen. Am Ende der Abrechnungsperiode beliefen sich die Istkosten auf 45.000,- DM. Die Verbrauchsabweichung bei Istbeschäftigung betrug zu diesem Zeitpunkt 5.000,- DM.

a) Ermitteln Sie die Planbeschäftigung!

b) Berechnen Sie die Sollkosten und die Istbeschäftigung!

c) Wie hoch ist die Beschäftigungsabweichung?

d) Stellen Sie die Ergebnisse graphisch dar!

e) Interpretieren Sie die Ergebnisse aus den Aufgaben b) und c) und beurteilen Sie die Aussagekraft für den betrieblichen Steuerungsprozeß!

Aufgabe 1.18:

Für zwei Hilfskostenstellen (KST A, KST B) mit gegenseitigem Leistungsaustausch sollen die innerbetrieblichen Verrechnungssätze gebildet werden.

In der abgelaufenen Rechnungsperiode konnten für die Hilfskostenstellen A und B die folgenden Daten festgestellt werden:

KST A:

Primäre Kosten:	5.000,-DM
erzeugte Leistungseinheiten:	110 LE
Leistungsabgabe an KST B:	10 LE

KST B:

Primäre Kosten:	3.600,-DM
erzeugte Leistungseinheiten:	60 LE
Leistungsabgabe an KST A:	15 LE

a)   Bestimmen Sie die Verrechnungspreise der Leistungen der Kostenstellen nach dem Stufenleiterverfahren! Welche Leistungsbeziehungen werden bei der Anwendung dieser Verrechnungsmethode vernachlässigt?

b)   Ermitteln Sie nun die innerbetrieblichen Verrechnungspreise nach dem Gleichungsverfahren!

Aufgabe 1.19:

In einem Unternehmen erfolgt die Kostenverrechnung über den Betriebsabrechnungsbogen. Der im folgenden abgebildete Betriebsabrechnungsbogen wurde für die vergangene Abrechnungsperiode auf der Grundlage einer Istkostenrechnung erstellt. Die innerbetrieblichen Leistungen der Kostenstellen sind ebenfalls der folgenden Darstellung zu entnehmen.

Kostenstellen:	Energie	Raum	Transport	Material	Fertigung	Verwal-tung	Vertrieb
Fertigungseinzel-kosten [GE]					180.000		
Fertigungsstunden					8.624		
Materialeinzel-kosten [GE]				546.000			
Summe der primären Gemeinkosten	69.050	32.120	26.000	20.795	160.570	89.575	44.755
Innerbetrieblicher Leistungstransfer:							
- Raumfläche [qm]	55	15	450	1.650	7.600	1.200	800
- Energieverbrauch [kWh]	320	300	1.400	970	134.500	1.950	1.440
- Transportleistung [Stunden]			25	65	460		90

a) Vervollständigen Sie den oben dargestellten Betriebsabrechnungsbogen durch die innerbetriebliche Leistungsverrechnung nach dem Stufenleiterverfahren! (Alle erforderlichen Angaben finden Sie im BAB)

b) Diskutieren Sie Aufgaben und Probleme der innerbetrieblichen Leistungsverrechnung!

c) Erläutern Sie die folgenden Verfahren der ibL!

   1.Anbauverfahren
   2.Stufenleiterverfahren
   3.Gleichungsverfahren

d) Unter welchen Voraussetzungen sind die Ergebnisse nach dem

   • Stufenleiter- und Anbauverfahren,

   • Stufenleiter- und Gleichungsverfahren,

   • Anbau- und Gleichungsverfahren

   identisch?

Aufgabe 1.20:

Der Anlagenbauer Zander GmbH will im Rahmen einer Angebotserstellung die Selbstkosten des Auftrages ermitteln. Für die Anlagenerstellung wird Material mit einem Gegenwert von DM 15.000,- benötigt. Die Fertigungslohnkosten (Einzelkosten) belaufen sich auf DM 23.000,-. Die Sondereinzelkosten des Vertriebs werden in einem Umfang von

DM 2.500,- erwartet. Als Bezugsbasis für die Ermittlung der Gemeinkostenzuschlagssätze werden die primären Gemeinkosten zugrunde gelegt:

	Energie	Transport	Fertigung	Material	Verwaltung / Vertrieb
Primäre Gemeinkosten [GE]	40.000	35.000	500.000	90.000	8.000

Bezüglich der innerbetrieblichen Leistungsverflechtungen konnten folgende Daten festgestellt werden:

	Empfangende Kostenstelle				
Leistende KSt	Energie	Transport	Fertigung	Material	Verwaltung / Vertrieb
Energie [kWh]	50	120	3.500	1.400	800
Transport [Std.]	20	5	120	150	20

Die insgesamt in der Periode angefallenen Kostenträgereinzelkosten werden bei der Zander GmbH wie folgt ausgewiesen:

Materialbereich   150.000,- DM

Fertigungsbereich   400.000,- DM

Die innerbetriebliche Leistungsverrechnung soll auf der Grundlage des Stufenleiterverfahrens erfolgen (Ergebnisse auf zwei Stellen nach dem Komma runden).

a)   Berechnen Sie die Selbstkosten des oben genannten Auftrags.

b)   Diskutieren Sie das Selbstkostenkriterium vor dem Hintergrund von Auftragsannahme und -verzicht.

Aufgabe 1.21:

Eine Unternehmung stellt Kühlschränke gleichen Typs her. Für die vergangene Abrechnungsperiode liegen die folgenden Kosten- und Leistungsinformationen vor:

- Produktionsmenge (X_p)   750 Stück
- Absatzmenge (X_a)   600 Stück

- Absatzpreis (p)   300 DM/Stück
- variable Vertriebskosten (K_{Vv})   36.000,- DM
- fixe Vertriebskosten (K_{Vf})   20.000,- DM
- variable Herstellkosten (K_{Hv})   75.000,- DM
- fixe Herstellkosten (K_{Hf})   45.000,- DM

Zu Beginn der Abrechnungsperiode war kein Lagerbestand vorhanden. Die Verwaltungskosten sind jeweils anteilig in den Herstellkosten bzw. Vertriebskosten enthalten.

Ermitteln Sie den Betriebserfolg nach dem

a)   Gesamtkostenverfahren auf Vollkostenbasis,

b)   Umsatzkostenverfahren auf Vollkostenbasis,

c)   Umsatzkostenverfahren auf Teilkostenbasis.

Aufgabe 1.22:

Für die Kostenstelle Dreherei eines Industriebetriebs werden am Ende der Abrechnungsperiode insgesamt Istkosten in Höhe von DM 50.500,- (davon Fixkosten: DM 10.000,-) bei einer Istbeschäftigung von 5.500 Mengeneinheiten ausgewiesen. Die Istkosten beinhalten dabei die auf Veränderungen von Einkaufspreisen für die Zulieferteile zurückführbaren Preisschwankungen. Am Periodenende konnte diesbezüglich festgestellt werden, daß für die zugelieferten Bestandteile ein durchschnittlicher Preis von 7,-- DM* realisiert wurde. Auf Basis einer geplanten Ausbringung in Höhe von 5000 Mengeneinheiten wurden zu Periodenbeginn Plankosten in Höhe von DM 40.000,- erwartet.

a)   Ermitteln Sie die Preis-, Verbrauchs- und Beschäftigungsabweichung.

b)   Stellen Sie die Ergebnisse der Aufgabe graphisch dar.

* Die variablen Kosten resultieren ausschließlich aus den Zulieferbestandteilen.

Aufgabe 1.23:

Eine Unternehmung hat Anfang des Jahres 1990 einen Stanzautomaten zur Blechbearbeitung mit einer Gesamtnutzungsdauer von 4 Jahren erworben. Die jährliche Abschreibung erfolgt auf Basis der linearen Abschreibungsmethode. Anfang des Jahres 1992 stellt die Unternehmung fest, daß die Nutzungsdauer falsch eingeschätzt wurde. Jetzt wird davon ausgegangen, daß der Stanzautomat zwei Jahre länger als ursprünglich angenommen genutzt werden kann.

a)   Zeigen und erläutern Sie alternative Möglichkeiten zur Berücksichtigung dieser Änderung bei der Bestimmung der Abschreibung.

b)   Beurteilen Sie die unter a) genannten Alternativen unter Berücksichtigung der Kriterien "richtige Periodenbelastung" und "Vergleichbarkeit der Planungsperiode".

Aufgabe 1.24:

In der Landmaschinenfabrik Weidenknecht wird die Abgabe eines Angebotes bzgl. einer vorliegenden Anfrage der Firma Schulze-Fleißig diskutiert. Bei der Ausschreibung handelt es sich um weitgehende Ersatzinvestitionen eines landwirtschaftlichen Betriebes mit einem maximalen Gesamtvolumen von DM 380.000,-. Die im Zusammenhang mit dem Auftrag für das nächste Quartal zu disponierende Kapazität könnte alternativ für einen anderen Auftrag verwendet werden, dessen Ablehnung einen Deckungsbeitrags-Verzicht von 52.000,- DM bedingt.

Bei Auftragserteilung durch Schulze - Fleißig ergeben sich die Selbstkosten des Auftrags aus den nachfolgend angegebenen individuellen Kostenpositionen:

• Variable Sondereinzelkosten des Vertriebs und der Fertigung.   30.000,- DM

• Unechte Gemeinkosten für Kleinteile.   15.000,- DM

• Gemeinkosten aus der Umlage von Hilfslöhnen und Kosten für
Produktionspatente, die bereits erworben wurden.   35.000,- DM

• variable Einzelkosten des Vertriebs und der Fertigung.   180.000,- DM

• Kosten für noch anzuschaffende Zwischenprodukte.   23.000,- DM

• Fertigungslohnkosten für diejenigen bereits eingestellten Arbeits-
kräfte, die den Auftrag bearbeiten sollen (davon entfallen 60% auf
speziell für diesen Auftrag eingestellte Mitarbeiter mit
Kündigungsfristen, die über $1/4$ Jahr hinausgehen und 40% auf
Mitarbeiter in der Probezeit).   60.000,- DM

• Kosten für eine der Ausschreibung folgende Kundenberatung bei
der Firma Schulze-Fleißig vor 2 Monaten (incl. der dabei
angefallenen Reisekosten in Höhe von DM 3.500,-).   5.000,- DM

• Kalkulatorische Abschreibungen auf eine nur für diesen Auftrag
einzusetzende und bereits angeschaffte Maschine. Dabei sind
jeweils 50% der Abschreibungen zeit- bzw. nutzungsabhängig.   12.000,- DM

Berechnen Sie die relevanten Kosten dieses Auftrages und erörtern Sie die jeweiligen Kostenpositionen auf ihre Entscheidungsrelevanz bei der Definition kurz- und langfristiger Preisuntergrenzen!

Aufgabe 1.25:

Die Geschäftsführung der Media GmbH, ein Unternehmen auf dem Gebiet der Unterhaltungselektronik, beabsichtigt, auf der Grundlage vorliegender Plandaten für das nächste Geschäftsjahr die Absatz- und Produktionsprogrammplanung durchzuführen. Die Produktion von Fernsehern ("Farbe" und "Schwarz-Weiß"), Videorecordern und Stereoanlagen erfolgt in einem 2-stufigen Fertigungsprozeß. Die Planungsabteilung der Unternehmung konnte folgende Daten ermitteln:

	Schwarz-Weiß-Fernseher	Farb-Fernseher	Stereoanlagen	Videorecorder
Absatzpreis [GE/ME]	1.200,-	2.400,-	1.600,-	1.400,-
maximale Absatzmenge [ME]	10	30	25	40
Stückkosten [GE/ME]	1.000,-	1.800,-	1.700,-	900,-
davon fix	600,-	800,-	1.000,-	250,-
Maschine 1* [ZE/ME] Kapazität:290 ZE	2	4	3	3
Maschine 2* [ZE/ME] Kapazität:650 ZE	4	5	6	5

* Nutzung der Maschine 1 und 2 zu variablen Kosten in Höhe von 2,- bzw. 3,- je ZE.

a)   Ermitteln Sie das "optimale" Produktionsprogramm und den Unternehmensgewinn auf der Grundlage von Selbstkosten- (Vollkosten) und Teilkosteninformationen. Nehmen Sie zu den alternativen Kostenrechnungsmodellen kritisch Stellung!

b)   Die Media GmbH könnte an ein benachbartes Unternehmen alternativ 90 ZE der Maschinenkapazität 1 oder 100 ZE der Maschinenkapazität 2 vermieten. Welchen Mietzins müßte die Media GmbH jeweils mindestens verlangen? Erläutern Sie die angeführten (Kosten-)Bestandteile!

c)   Im folgenden sei angenommen, daß die Media GmbH neben den selbsterstellten Produkten Videokameras zur Weiterveräußerung, fremdfertigen läßt und dadurch je veräußerter Videokamera einen zusätzlichen Stückdeckungsbeitrag von DM 330,- erzielt. In diesem Zusammenhang konnte ein Kaufverbund zwischen Videorecordern und Videokameras mit einer Relation von 2 ME zu 1 ME festgestellt werden. Bestimmen Sie das deckungsbeitragsmaximale Produktionsprogramm!

Aufgabe 1.26:

Der Maschinenbauer Hannesmann, ein Spezialanbieter für hitzebeständige Werkzeugmaschinen, beabsichtigt auf eine Anfrage der Münchener Bariwerke hin ein Angebot abzugeben. Da aufgrund der gegenwärtig schlechten Konjunkturlage mit preisgünstigen Konkurrenzangeboten zu rechnen ist, will die Hannesmann GmbH zunächst ihre absolute Preisuntergrenze bestimmen, um darauf aufbauend ein wettbewerbsfähiges Angebot zu offerieren. Dabei weist der Betriebsleiter darauf hin, daß mit der Annahme dieses Auftrags aus Kapazitätsgründen die Ablehnung eines Alternativauftrags und damit ein Deckungsbeitrags-Verzicht in Höhe von 21.000,- DM verbunden ist.

Bei Auftragserteilung ergeben sich die Selbstkosten des Auftrags aus den nachfolgend angegebenen individuellen Kostenpositionen:

- variable Einzelkosten des Vertriebs   3.800,- DM

- Kalkulatorische Abschreibungen auf eine bereits angeschaffte
Maschine (40% zeitabhängig, 60% nutzungsabhängig)   14.000,- DM

- Fertigungslöhne der Fertigungskostenstellen 1 und 2 (40 % der
Mitarbeiter werden nach variabler Stundenabrechnung bezahlt.
Von den Mitarbeitern mit einem Festgehalt könnten lediglich zwei
Drittel im Rahmen des Alternativauftrages eingesetzt werden)   70.000,- DM

- Unechte Gemeinkosten für Kleinteile und Verbindungselemente   4.000,- DM

- Gesamte Kosten der Kundeninformation der letzten 3 Monate.
Davon sind 50% im Rahmen dieser Auftragsakquisition angefallen   6.000,- DM

- Kosten für Zwischenprodukte, die nach Auftragsannahme gemäß
den Spezifikationen zu beschaffen sind   20.000,- DM

- Zukünftige Kosten für Patente und Lizenzen, wovon die Hälfte
für weitere, im Laufe des Jahres erwartete sonstige Aufträge
verwendet werden können   11.500,- DM

- Materialkosten für Asbesteinlagen, die trotz der restriktiven
Umweltauflagen für diese spezielle und selten nachgefragte
Maschinenart wegen der Hochtemperaturbelastung eingesetzt
werden müssen. Aufgrund eines Sonderangebotes erfolgte die
Beschaffung des Materials bereits. Die nur unter Auflagen
mögliche Lagerung kostet pro Jahr (incl. Kapitalkosten) 23% des
Materialwertes. Die Möglichkeit des Weiterverkaufs des nicht
verarbeiteten Materials ist aufgrund der Verwertungsbestimmungen
unwahrscheinlich. Neben einer eventuellen Sonderentsorgung zu
DM 4.000,- wäre die Materialverarbeitung erfahrungsgemäß im
Rahmen eines in den nächsten 10 Monaten erwartbaren Auftrags
denkbar.   12.000,- DM

- Das Unternehmen kalkuliert gewöhnlich mit einem Gewinnaufschlag von 7% auf die Selbstkosten.

a)   Erläutern Sie den Begriff der relevanten Kosten!

b)   Zeigen Sie die Probleme bei Zugrundelegung einer auf Vollkosten basierenden Entscheidungsfindung!

c)   Berechnen Sie die für eine Preisuntergrenzenbestimmung relevanten Kosten dieses Auftrages!

Aufgabe 1.27:

Die "Leuchte GmbH" hat in der vergangenen Periode 1.500 Kronleuchter der Marke "Protzig", 1.200 Stehlampen der Marke "Zeitgeist" und 500 Küchenleuchten der Marke "Hausfrau" produziert. Dabei lagen der Produktion und dem Verkauf folgende Kosten- bzw. Preisdaten je Stück zugrunde:

Typ	Material-einzelkosten	Fertigungs-einzelkosten	Vertriebs-einzelkosten	Preis
Protzig	30	40	3	180,-
Zeitgeist	25	36	4	40,-
Hausfrau	24	32	2	115,-

Vor dem Hintergrund mehrjähriger Erfahrungen hat die Kostenrechnungsabteilung folgende Gemeinkostenzuschlagssätze für die Kalkulation mit Vollkosten vorgegeben:

- Fertigungsgemeinkosten   60 % auf die Fertigungseinzelkosten

- Materialgemeinkosten   45 % auf die Materialeinzelkosten

- Verwaltungs- und Vertriebsgemeinkosten 50 % auf die Herstellkosten

Die Materialgemeinkosten der Produkte sind jeweils zu 30 % variabel. Die Fertigungs-gemeinkosten sind zu 25 % variabel. Darüberhinaus sind variable Verwaltungs- und Ver-triebsgemeinkosten in Höhe von 20 % der variablen Herstellkosten anzunehmen.

a)   Wie groß ist der kalkulatorische Stückgewinn und der kalkulatorische Gewinn aus dem Verkauf der o.g. Produkte?

b)   Ermitteln Sie die kurzfristigen Preisuntergrenzen für die drei Produkte der "Leuchte GmbH" unter der Voraussetzung, daß die Unternehmung über ausreichend freie Kapazität verfügt.

Aufgabe 1.28:

Die Schlafschön GmbH hat sich auf die Herstellung von Schlafzimmereinrichtungen spezialisiert. Dazu steht ihr eine Kapazität von 2000 Maschinenstunden monatlich zur Verfügung.

Die Zurechnung der anteiligen Fixkosten auf die Produkte erfolgte unter Annahme der unten genannten Absatzmengen (Lagerbestandsveränderungen sind nicht geplant). Bei der Planung wird von folgender Kostensituation (pro Stck.) ausgegangen:

Typ	Schlaf-mütze	Mond-schein	Wolke 7	Junges Glück
Absatzmenge [ME]	100	190	80	120
Preis [GE]	1.750,-	2.000,-	1.600,-	1.000,-
Produktionszeit je Stck. [ZE]	3	4	5	2
Rohstoffeinheiten je Stck. [RE]	5	5	4	3
Rohstoffkosten je Stück [GE]	550,-	500,-	300,-	300,-
Variable EK der Fertigung [GE]	600,-	850,-	580,-	420,-
Diverse fixe Gemeinkosten [GE]	300,-	100,-	300,-	150,-
Unechte Gemeinkosten für Kleinteile und Verbindungs-elemente [GE]	150,-	250,-	100,-	70,-
Fixe Fertigungslohnkosten [GE]	100,-	200,-	500,-	150,-
Gesamtkosten je Stck. [GE]	1.700,--	1.900,--	1.780,--	1.090,--

Aufgrund von Lieferproblemen eines Holz-Zulieferers reduziert sich die von der Schlafschön GmbH monatlich disponierbare Rohstoffmenge von ursprünglich 2200 RE auf jetzt 1520 RE.

a)   Die Schlafschön GmbH beabsichtigt, nicht erfolgreiche Warengruppen zu eliminieren. Erarbeiten Sie eine Entscheidungsgrundlage auf Basis der Vollkostenrechnung.

b)   Stellen Sie jetzt das nach Teilkostenrechnung günstigste Produktionsprogramm für die Schlafschön GmbH zusammen und ermitteln Sie das dazugehörige Unternehmensergebnis.

c)   Diskutieren Sie kritisch die Konzepte der Voll- und Teilkostenrechnung.

Aufgabe 1.29:

Ein Unternehmen der Unterhaltungselektronik fertigt Standard-Lautsprecher des gleichen Typs. Bei Produktion und Vertrieb fallen variable Kosten von 120 GE/ME an.

Das Aggregat, auf dem die Lautsprecher hergestellt werden, hat bei einer Restnutzungsdauer von 4 Jahren einen Buchwert in Höhe von 190.000 GE. Nach Ablauf der 4 Jahre wird mit einem Verschrottungserlös, nach Abzug sämtlicher Kosten, in Höhe von 10.000 GE gerechnet. Kurzfristig wäre die Maschine nur an ein benachbartes Unternehmen zu einem sofort zahlbaren Preis von 160.000,- GE veräußerbar. Ein befreundetes Unternehmen hat jedoch an einer einjährigen (befristeten) Übernahme des Aggregats zu einem Mietzins von 13.500 GE monatlich Interesse. In dem Profit-Center "Lautsprecher" fallen monatliche Personalkosten in Höhe von 54.000 GE an, die zur Hälfte unmittelbar abbaubar sind. Für den Rest des Personals wäre eine sofortige Verwendung im Rahmen anderer Fertigungsbereiche möglich.

Das Unternehmen hat die Möglichkeit, Geldanlagen und Kredite zu einem konstanten Zinssatz von 6% p.a. zu realisieren.

a) Im kommenden Jahr sind aufgrund einer kurzfristig rezessiven Entwicklung, verbunden mit zunehmender Billigkonkurrenz aus Asien, voraussichtlich nur 300 Lautsprecher monatlich absetzbar. Aufgrund langfristig positiver Absatzerwartungen kommt für die Unternehmensleitung ein Verkauf des Aggregats jedoch nicht in Betracht. Ermitteln Sie die kurzfristige Preisuntergrenze bis zu der eine Weiterproduktion gegenüber einer vorübergehenden Stillegung vorteilhaft ist.

b) Ermitteln Sie nun die langfristige Preisuntergrenze, zu der sich eine Weiterführung der Geschäftstätigkeit über die kurzfristige Rezession hinaus lohnt. Gehen Sie davon aus, daß nach der Rezession 450 Mengeneinheiten monatlich absetzbar sind.

Aufgabe 1.30:

Die "Waidmann GmbH" hat in der vergangenen Periode 2.500 Rasenmäher der Marke "Extra", 1.500 Sitzrasenmäher der Marke "Leichtgang" und 500 Handgeräte der Marke "Robust" produziert. Dabei lagen der Produktion und dem Verkauf folgende Kosten- bzw. Preisdaten je Stück zugrunde:

Typ	Material-einzelkosten	Fertigungs-einzelkosten	Vertriebs-einzelkosten	Preis
Extra	400	240	30	1.000,-
Leichtgang	650	250	50	1.200,-
Robust	340	120	40	950,-

Die Kostenrechnungsabteilung hat folgende auf Erfahrungswerte beruhende Gemeinkostenzuschlagssätze für die Kalkulation mit Vollkosten vorgegeben:

- Fertigungsgemeinkosten: 50 % auf die Fertigungseinzelkosten

- Materialgemeinkosten: 35 % auf die Materialeinzelkosten

- Verwaltungs- und Vertriebsgemeinkosten: 30 % auf die Herstellkosten

Die Materialgemeinkosten der Produkte sind jeweils zu 40% variabel. Die Fertigungsgemeinkosten sind zu 30% variabel. Darüber hinaus sind variable Verwaltungs- und Vertriebsgemeinkosten in Höhe von 20% der variablen Herstellkosten anzunehmen.

a)   Wie groß ist der kalkulatorische Stückgewinn und der kalkulatorische Gewinn aus
      dem Verkauf der o.g. Produkte?

b)   Ermitteln Sie die kurzfristigen Preisuntergrenzen für die drei Produkte der
      "Waidmann GmbH" unter der Voraussetzung, daß die Unternehmung über
      ausreichend freie Kapazität verfügt.

c)   Die "Waidmann GmbH" kann das Produkt "Robust" alternativ zur Eigenfertigung
      bei einem osteuropäischen Zulieferer für DM 800,-/Stück komplett fertigen lassen.
      Welche   Überlegungen   sind   anzustellen?   Erörtern   Sie   zusätzliche
      Entscheidungskriterien.

d)   Vorausgesetzt die Produktionskapazitäten der "Waidmann GmbH" ließen nur exakt
      die Herstellung der Produkte "Extra" und "Robust" in Höhe der Absatzmengen der
      letzten Periode zu, wobei jedes Endprodukt einheitlich eine ZE zur Herstellung
      benötigt. Wie hoch wäre die Preisuntergrenze für das in einem Zusatzauftrag zu
      fertigende Produkt "Leichtgang"?

2. Produktion

Wenn es - wie gezeigt worden ist - in erster Linie die Aufgabe des betriebswirtschaftlichen oder besser gesagt wirtschaftswissenschaftlichen Grundstudiums ist, Studierenden das "Rüstzeug" an die Hand zu geben, mit dessen Hilfe die komplexen und zusammenführenden Anforderungen des Hauptstudiums erfüllt werden können, dann läßt sich dies treffend für den Bereich "Produktion" nachvollziehen.

Führt man sich beispielsweise die Definition Gutenbergs für den Begriff Produktion vor Augen, wonach hierunter die Kombination der Elementarfaktoren Arbeit, Material und Maschinen durch die derivativen Faktoren Planung und Organisation zum Zwecke der Leistungserstellung zu verstehen ist (vgl. *Gutenberg, E.*, 1983, S. 1f.), so wird evident, welch' umfassendes Betätigungsfeld der Produktion zugrunde liegt. Gerade aber die Komplexität der dem Produktionsbereich zufallenden Aufgaben verbietet strenggenommen eine isolierte Betrachtung einzelner dieser Aufgaben und erfordert stattdessen einen ganzheitlichen, d.h. alle Felder berücksichtigenden Ansatz.

Aus didaktischen Gründen kann dies jedoch nicht das Ziel innerhalb des Grundstudiums sein. Vielmehr gehört es auch für den Bereich der Produktion zum "Grundstudiumsalltag", das Gesamtproblem der Produktionsplanung und -organisation so in isoliert nebeneinanderstehende Teilbetrachtungen zu zerlegen, daß sich die einzelne Sichtweise dem Studierenden noch erschließt.

Das Herauslösen einzelner Bestandteile der Produktionsplanung und -theorie hat dabei zugegebenermaßen recht wenig mit der eigentlichen betrieblichen Realität zu tun, in der sich der Fertigungsprozeß als Verbindung von Planung, Organisation und Steuerung bzw. Kontrolle als komplexes Problem darstellt und bei dem sich ein Abarbeiten einzelner isolierter Bestandteile wegen der zahlreichen und dominierenden Interdependenzen verbietet. Angesichts der oben skizzierten Aufgabe des Grundstudiums, den Studierenden mit dem quasi "Handwerkszeug" der Betriebswirtschaftslehre bzw. Wirtschaftswissenschaften auszustatten, um ihm im späteren aufbauenden Hauptstudium die kombinierte und umfangreiche (weil ganzheitliche) Anwendung dieses Handwerkzeugs zu ermöglichen, erscheint eine solche Zerlegung jedoch opportun.

Es stellt sich in bezug auf den Produktionsbereich nunmehr die Frage, wie sich die Gesamtproblematik so in Teilbereiche zerlegen läßt, daß einerseits alle möglichen Problemstellungen behandelt werden und andererseits trotzdem eine strukturierte Darstellung erfolgt.

Diese Anforderungen werden u.E. am ehesten dann erfüllt, wenn man die drei übergeordneten Blöcke

• der produktions- und kostentheoretischen Grundlagen,

• der eigentlichen Produktionsplanung und

• neuerer, den Produktionsbereich betreffender Managementkonzepte

unterscheidet.

Abb. 3 versucht, die Beziehung zwischen diesen drei Blöcken aufzuzeigen und einzelne Inhalte den Bereichen zuzuordnen.

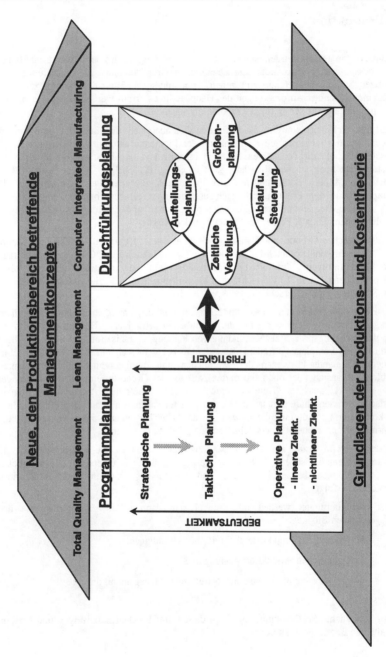

Abb. 3: Übersicht über die Bestandteile der Produktion

2.1 Grundlagen der Produktions- und Kostentheorie

Eine modellmäßige Beschäftigung mit Produktionsprozessen setzt voraus, daß es gelingt, Aussagen über den quantitativen und qualitativen Zusammenhang zwischen den in den Produktionsprozeß eingehenden Produktionsfaktormengen und den daraus resultierenden Ausbringungsmengen zu machen. Der gesamte quantitative Zusammenhang läßt sich dabei als sogenannte Produktionsfunktion abbilden (vgl. *Adam, D.*, 1993a, S. 136). Ebenso kann die Beziehung zwischen Faktoreinsatzmengen und der Ausbringungsmenge durch die Kennzahlen Produktivität und Produktionskoeffizient beschrieben werden. Während die Produktivität die Ausbringungsmenge pro eingesetzter Faktoreinheit wiedergibt (eigentlich Teilproduktivität), umschreibt der Produktionskoeffizient den Kehrwert der Produktivität und somit die eingesetzten Faktoreinheiten pro Ausbringungsmengeneinheit.

Geht man nun davon aus, daß in nahezu allen Produktionsprozessen mehr als ein Produktionsfaktor eingesetzt wird, so lassen sich Produktionsfunktionen durch die Betrachtung der Faktoreinsatzrelationen differenzieren. Liegt etwa zwischen den Faktoreinsatzmengen eine technische Kopplung vor, so spricht man von limitationalen Produktionsfunktionen (vgl. *Adam, D.*, 1993a, S. 142). Für den Fall, daß die technische Kopplung zu von der Ausbringungsmenge unabhängigen Produktionskoeffizienten führt und somit zu gleichbleibenden Faktoreinsatzrelationen, liegt eine (limitationale) Leontief-Produktionsfunktion vor. Im Gegensatz dazu sind alle diejenigen Produktionsfunktionen dem Typus der Gutenberg-Produktionsfunktion zu subsumieren, bei denen die technische Kopplung und somit auch die Produktionskoeffizienten von der Ausbringungsmenge (pro Zeiteinheit) abhängen.

Von substitutionalen Funktionen spricht man dagegen dann, wenn keine technische Kopplung zwischen den Faktoren vorliegt. Bei diesen Funktionen kann die Ausbringungsmenge erhöht werden, wenn man bei Konstanz aller übrigen Faktoren nur die Einsatzmenge eines Faktors erhöht; ebenso läßt sich die gleiche Ausbringungsmenge auch dann erzeugen, wenn man von einem Faktor weniger einsetzt, aber stattdessen die Einsatzmenge eines anderen Faktors entsprechend erhöht. Kann so ein Faktor vollkommen durch andere ersetzt werden, spricht man von "alternativer Substitution", ist dies nicht möglich, von "Randsubstitution".

Eine alleinige Betrachtung mengenmäßiger Wirkungszusammenhänge zwischen den in den Produktionsprozeß eingehenden Faktoren und den aus dem Prozeß resultierenden Ausbringungsmengen erlaubt jedoch noch keine zielgerichtete Planung, Steuerung bzw. Kontrolle. Erst die Verbindung der mengenmäßigen Abbildung der Produktion mit den damit verbundenen Kostengrößen macht es möglich, übergeordneten monetären Unternehmenszielen gerecht zu werden. Ohne die bereits im Kapitel "Kostenrechnung" gemachten einleitenden Bemerkungen wiederholen zu wollen, muß hier jedoch Erwähnung finden, daß erst die Abbildung mengenmäßiger Produktionszusammenhänge in entsprechende Kostengrößen eine ökonomische Steuerung und Planung möglich macht. Für die Belange der Produktionsplanung ist dabei insbesondere die aus der Kostenrechnung bekannte Unterteilung in variable und fixe Kosten von Bedeutung. Während die variablen Kosten in direkter Abhängigkeit zur entsprechenden Ausbringungsmenge stehen, fallen fixe Kosten unabhängig vom Niveau der Ausbringung an. Eine andere, für den Produktionsbereich relevante Unterteilung von Kostengrößen orientiert sich eher an dem zugrunde liegenden Kostenbegriff. Hiernach lassen sich pagatorische und wertmäßige Kosten unterscheiden. Berücksichtigen pagatorische Kosten allein die Beschaffungsmarktsituation und entsprechen in der Regel den für Einsatzfaktoren am Beschaffungsmarkt zu zahlenden Ausgaben, so ist der wertmäßige Kostenbegriff weiter gefaßt und nimmt darüber hinaus auf die Absatzmarktsituation Bezug. So berechnen sich beispielsweise die wertmäßigen Kosten eines Produktionsfaktors aus der Summe von pagatorischen Kosten (Was muß am Beschaffungsmarkt für eine Faktoreinheit bezahlt werden?) und Opportunitätskosten (Welcher zusätzliche Gewinn läßt sich mit einer Faktoreinheit erwirtschaften?). Mit anderen Worten ausgedrückt bedeutet dies, daß die wertmäßigen Kosten eines Produktionsfaktors den Betrag angeben, den ein Unternehmen maximal für eine zusätzliche Einheit eines Produktionsfaktors zu zahlen bereit ist.

2.2 Produktionsplanung

Auf dem theoretischen Gerüst der Produktions- und Kostentheorie baut die Produktionsplanung auf, die sich entsprechend der zugrunde liegenden Fragestellung in

• die Produktionsprogrammplanung und

• die Produktionsdurchführungsplanung

unterteilen läßt.

2.2.1 Produktionsprogrammplanung

Die Programmplanung versucht dabei, eine Antwort auf die Frage zu finden, welche Mengen der im Sortiment eines Unternehmens enthaltenen Produkte produziert und abgesetzt werden sollen. Die Programmplanung stellt dabei quasi das Bindeglied zwischen Produktions- und Absatzbereich dar, weil in ihr sowohl Informationen aus dem Fertigungsprozeß (mögliche Produktionsmengen, Produktionskosten, Lagermöglichkeiten, Lagerkosten etc.) als auch solche aus dem Absatzbereich (Absatzhöchstmengen/ Absatzpreise oder Preisabsatzfunktionen) benötigt werden. Die Planung des betrieblichen Produktionssortiments kann darüber hinaus einerseits bezüglich der mit ihr verbundenen Bedeutung für den Unternehmenserfolg als auch im Hinblick auf die Fristigkeit der Planungsergebnisse unterteilt werden (vgl. *Adam, D.*, 1993b, S. 269). Man unterscheidet so zwischen der strategischen (langfristig und äußerst bedeutsamen), der taktischen (mittelfristig und von mittlerer Bedeutung) sowie der operativen Planung (kurzfristig und von geringer Bedeutung). Während dabei gerade in der strategischen und taktischen Planung auf qualitative "Größen" Bezug genommen wird, läßt sich eine auf quantitativen Verfahren basierende Planung häufig allein im operativen Bereich durchführen. Allein für Planungssituationen, die wegen ihrer Kurzfristigkeit erlauben, die erforderlichen Preis- und Kostengrößen zu bestimmen, erscheint es sinnvoll und möglich, solche mathematische Verfahren zu verwenden, die eine Sicherheit der Datensituation erfordern; von einer einigermaßen gesicherten Datensituation kann dabei in erster Linie dann ausgegangen werden, wenn der Planungshorizont nicht allzu weit entfernt liegt, wie dies häufig innerhalb der operativen Planung der Fall ist.

Typische Fragestellungen für die drei Bereiche der Programmplanung sind so zum Beispiel:

• Welche Geschäftsfelder sollen in Zukunft bearbeitet werden? (strategische Frage)

• Aus welchen Produkten soll das Sortiment eines definierten Geschäftsfeldes bestehen? (taktische Fragestellung)

• Welche Menge soll von einem bestimmten Produkt in der kommenden Periode hergestellt werden? (operative Fragestellung)

Im Mittelpunkt der operativen Planung steht dabei zum einen die Beschaffung der zur Entscheidungsfindung notwendigen Informationen wie auch die Bestimmung des zu verwendenden Entscheidungskriteriums. Letzteres hängt dabei wesentlich von der mathematischen Struktur des Entscheidungsproblems ab und somit häufig von der Frage, ob sich das vorliegende Planungsproblem durch lineare oder nichtlineare Zielfunktionen und gegebenenfalls Nebenbedingungen beschreiben läßt.

2.2.2 Produktionsdurchführungsplanung

Eng mit der Programmplanung hängt die Produktionsduchführungsplanung zusammen. Im Mittelpunkt der Durchführungsplanung steht die Frage, wie sich ein vorgegebenes Produktionsprogramm kostenminimal herstellen läßt. Bereits an dieser grundlegenden Fragestellung der Durchführungsplanung läßt sich die elementare Interdependenz zur Programmplanung festmachen. Während die Programmplanung letztlich erst eine Entscheidung über das herzustellende Programm auf Basis der Kostendaten der Durchführungsplanung zuläßt, lassen sich diese Kostendaten in der Durchführungsplanung nur dann erzeugen, wenn die herzustellende Produktionsmenge bekannt ist; diese ist aber wiederum erst das Ergebnis der Programmplanung.

Die Produktionsdurchführungsplanung läßt sich dabei in vier separate, jedoch wiederum durch zahlreiche Interdependenzen miteinander verbundene Teilprobleme zerlegen (vgl. *Adam, D.*, 1993a, S. 38):

• Aufteilungsplanung,

• Größenplanung,

• Planung der zeitlichen Verteilung und

• Ablauf- und Steuerungsplanung.

Gegenstand der Aufteilungsplanung ist es dabei, festzulegen, auf welchen Aggregaten eine vorgegebene Gesamtmenge kostenminimal produziert werden kann. In diesem Zusammenhang gilt es, auch bei aggregatbezogenen Produktionsfunktionen (Gutenberg-Produktionsfunktionen) die jeweiligen Intensitäten und Einsatzzeiten der Aggregate festzulegen.

Im Gegensatz dazu beschäftigt sich die Größenplanung zum einen mit dem Losgrößenproblem, welches bei Sortenfertigung auftritt. Eine andere "Spielart" der Größenplanung ist die Bestellmengenplanung, bei der es festzulegen gilt, wie die gesamte, während der Planungsperiode benötigte Faktormenge beschafft werden soll. Bei beiden Ausprägungen des Größenproblems sieht man sich der Problematik gegenüber, daß gegenläufige Kostenentwicklungen zum Ausgleich gebracht werden müssen: Während so bei der Bestimmung von Losgrößen die Lagerkosten mit steigender Losgröße anwachsen, wohingegen die Rüstkosten sinken (da seltener umzurüsten ist), sind in der Bestellmengenplanung bestellfixe Kosten und Lagerkosten als Einflußgrößen zu beachten. Sinken so die bestellfixen Kosten bei ansteigenden Bestellmengen, müssen andererseits mehr Faktoreinheiten auf Lager genommen werden, wodurch die Lagerkosten ansteigen.

Eine wiederum andere Sichtweise steht hinter der Planung der zeitlichen Verteilung. Hier geht man der Frage nach, ob es kostengünstiger ist, die Produktionsmengen einzelner Teilperioden den zu erwartenden Absatzzahlen anzupassen (Synchronisation der Produktion), oder aber ob die Teilproduktionsmengen vom Absatz unabhängig gestaltet werden sollen (Emanzipation der Fertigung). Letzteres beinhaltet jedoch, daß zwischenzeitlich gegebenenfalls Lagerkapazitäten aufzubauen sind.

Der konkrete Ablauf mehrstufiger Produktionsprozesse, wie auch die Steuerung solcher Prozesse ist Inhalt der Ablauf- und Steuerungsplanung. Bei der Ablaufplanung sind Auftragsreihenfolgen zu bilden und konkrete Maschinenbelegungspläne zu entwerfen. Gerade die Ausgestaltung der Fertigungssteuerung hängt maßgeblich davon ab, welchen Komplexitätsgrad das zugrunde liegende Verfahren zuläßt. Hier ist zwischen vergleichsweise einfachen Verfahren auf der einen und EDV-gestützten, komplexen Verfahren wie den PPS (Produktionsplanungs- und Steuerungs)-Systemen auf der anderen Seite zu unterscheiden.

2.3 Neuere Managementkonzepte

Kaum mehr den skizzierten klassischen Bestandteilen der Produktionsplanung (Programm- und Durchführungsplanung) lassen sich moderne Managementkonzepte zuordnen, die aufgrund ihrer Aktualität und Bedeutung verstärkt Aufnahme in das wirtschafts-wissenschaftliche Grundstudium gefunden haben bzw. finden.

Diese zum Teil weit über den Produktionsbereich hinausgehenden Konzepte fallen so scheinbar aus dem eingangs erwähnten "Handwerkskasten", dürfen jedoch an dieser Stelle nicht unerwähnt bleiben, da ihnen die Aufgabe zukommt, die mitunter stark vereinfachende Modellbildung aufzuheben und erste ganzheitliche Betrachtungen anzustellen. Zu diesen über die ansonsten dem Grundstudium zukommende Funktion hinausgehenden Konzepten sind zum Beispiel

*   Total Quality Management,

*   Lean Management oder

*   Computer Integrated Manufactoring

zu rechnen. Während dabei CIM noch einen vergleichsweise engen Bezug zur Produktion aufweist, beziehen sich TQM oder Lean Management eher auf die übergeordnete Unternehmensphilosophie und berühren so nur u.a. den Fertigungsbereich.

2.4 Aufgaben und Fallstudien zum Produktionsbereich

Um in der mehrmals oben angeführten Begriffswelt zu verbleiben, erfordert die Beherrschung handwerklichen Rüstzeugs nicht nur ein grundlegendes Verständnis, sondern auch eine möglichst häufige Anwendung. Nochmals sei an dieser Stelle darauf hingewiesen, daß sich das vorliegende Casebook in keiner Weise zum Ziel gesetzt hat, das grundlegende Verständnis zu fundieren - hierzu ist auf die an vielen Stellen der einleitenden Zusammenfassungen verwiesene Literatur zurückzugreifen -, sondern stattdessen den Studierenden des wirtschaftswissenschaftlichen Grundstudiums zahlreiche verschiedenartige Möglichkeiten anzubieten, das an anderer Stelle erworbene grundlegende Wissen zu üben und dadurch zu vertiefen.

Die nachfolgenden Aufgaben und Fallstudien, deren Lösungsansätze und Kurzergebnisse auf den Seiten 138ff. zu finden sind, werden dabei den Bereichen "Grundlagen der Produktions- und Kostentheorie", "Programmplanung", "Durchführungsplanung" und "Managementkonzepte" zugeordnet. Innerhalb dieser vier Bereiche ist jedoch keine gezielte Struktur angestrebt worden, um den Studierenden somit ständig zu veranlassen, auf's Neue nach dem (den) adäquaten Vorgehen (Antworten) zu suchen.

Grundlagen der Produktions- und Kostentheorie

Aufgabe 2.1:

Überprüfen Sie die Richtigkeit der folgenden Aussagen und begründen Sie Ihre Antworten:

(1) Bei der substitutionalen Produktionsfunktion $M = f(r_1; r_2)$ ist die partielle Grenzproduktivität des Faktors r_1 stets unabhängig von der Einsatzmenge des Faktors r_2.

(2) Eine limitationale Gutenberg-Produktionsfunktion ist immer in t linear-homogen.

(3) Der pagatorische Kostenbegriff berücksichtigt allein die Situation des Beschaffungsmarktes, wohingegen der wertmäßige Kostenbegriff auch die Absatzmarktsituation beinhaltet.

(4) Bei der Gutenberg-Produktionsfunktion erreichen die Grenzkosten bei intensitätsmäßiger Anpassung an der Stelle ihr Minimum, an der die erste Ableitung der Zeit-Kosten-Leistungsfunktion K(x) null ist.

(5) Die Leontief- und die Gutenbergproduktionsfunktion haben gemeinsam, daß die jeweiligen Produktionskoeffizienten von der Intensität abhängen.

(6) Im Grundsatz lassen sich drei übergeordnete Typen von Produktionsfunktionen unterscheiden: substitutionale Produktionsfunktionen, limitationale Produktionsfunktionen und Niveau-Produktionsfunktionen.

Aufgabe 2.2:

Beim 4. Jahrestreffen der "Freunde des Heilfastens" soll den Teilnehmern in der Mittagspause ein fettarmer Auflauf gereicht werden. Die Organisatoren haben die Küche des Kongreßhotels darauf aufmerksam gemacht, daß der Auflauf einen Fettgehalt von genau 4% aufweisen solle. Die folgende Tabelle gibt den Fettgehalt der einzelnen Zutaten des Auflaufs wieder:

Zutat	Fisch	Tomaten	Kartoffeln	Lauch
Nr.	1	2	3	4
Fettgehalt in % des Gewichtes	8	2	0,5	5

a) Entwickeln Sie die Produktionsfunktion für die Zubereitung des Auflaufs.

b) Klassifizieren Sie Ihre Produktionsfunktion so genau wie möglich, wenn Ihnen bekannt ist, daß in einem kg des Auflaufs von jeder Zutat zumindest 100 g enthalten sein müssen.

c) Schlagen Sie dem Koch vor, welche Mengen der Zutaten er in 10 kg des Auflaufs einarbeiten soll.

Aufgabe 2.3:

Ein Aggregat zeichnet sich unter anderem durch die technische Verbrauchsfunktion

$$r(d) = 35 - 8,88 \cdot d + 0,888 \cdot d^2$$

in Abhängigkeit von der technischen Intensität d [TLE/ZE] aus.

Zwischen der technischen Leistung d [TLE/ZE] und der ökonomischen Leistung x [ME/ZE] besteht die Transformationsbeziehung x = 0,2·d.

Ermitteln Sie die ökonomische Verbrauchsfunktion in Abhängigkeit von der ökonomischen Leistung x [ME/ZE]. Erläutern Sie Ihr Vorgehen!

Aufgabe 2.4:

Erläutern Sie in aller Kürze die nachfolgenden Begriffe:

- Produktivität,

- substitutionale Produktionsfunktion,

- pagatorischer Kostenbegriff,

- Produktionskoeffizient,

- Limitationalität,

- Grenzrate der Substitution,

- Niveau-Produktionsfunktion und

- linear-homogene Produktionsfunktion.

Aufgabe 2.5:

Gegeben ist die Produktionsfunktion $M = 7 \cdot r_1^{0,5} \cdot r_2^{0,5}$. Des weiteren ist davon auszugehen, daß für die Produktionsfaktoren die Preise $q_1 = 3$ und $q_2 = 27$ [GE/FE] gelten.

a)   Welches sind die drei wesentlichen charakteristischen Merkmale dieser Produktionsfunktion?

b)   Bestimmen und interpretieren Sie eine Isoquante für M = 49 [ME].

c)   Durch Einsatz welcher Faktormengen läßt sich M = 49 [ME] kostenminimal herstellen. Wie hoch sind die gesamten Faktorkosten?

Aufgabe 2.6:

a)   Skizzieren Sie die wesentlichen Merkmale der Gutenberg-Produktionsfunktion.

b)   Beschreiben Sie die den Stufenaufbau dieser Produktionsfunktion.

c)   Eine Unternehmung sieht sich folgenden technischen Verbrauchsfunktionen in Abhängigkeit von der technischen Intensität d [TLE/ZE] gegenüber:

Faktor 1: $r_1(d) = 3 - 0,06 \cdot d + 0,0016 \cdot d^2$ [FE/TLE],

Faktor 2: $r_2(d) = 8 - 0,12 \cdot d + 0,0032 \cdot d^2$ [FE/TLE].

Ermitteln Sie die Mengen-Kosten-Leistungsfunktion, wenn die Transformationsbeziehung $x = 4 \cdot d$ und die Faktorpreise $q_1 = 10$ und $q_2 = 20$ bekannt sind.

Aufgabe 2.7:

Die industrielle Produktion unterlag in den vergangenen Jahren einem kontinuierlichen Wandel. Dieser Wandel kann als notwendige Anpassung an sich verändernde Marktbedingungen aufgefaßt werden. Zeigen Sie zum einen auf, inwieweit sich die grundlegenden Marktbedingungen geändert haben, und erläutern Sie anschließend den sich hieraus ergebenden Wandel der in der Produktion vorherrschenden Zielsetzungen. Verdeutlichen Sie schließlich Maßnahmenkomplexe, die Unternehmen als Folge der geänderten Zielsetzungen ergreifen können.

Aufgabe 2.8:

Gegeben seien folgende ökonomische Verbrauchsfunktionen:

$\bar{r}_1 = 0,1 \cdot x^2 - 4 \cdot x + 42$

$\bar{r}_2 = \dfrac{625}{x}$

$\bar{r}_3 = 18$

Für die drei Faktoren gelten Beschaffungspreise von $q_1 = q_2 = q_3 = 1$ [GE/FE].

Bestimmen Sie nun die Mengen-Kosten-Leistungsfunktion, die Zeit-Kosten-Leistungsfunktion sowie die Gesamtkostenfunktion bei Optimalverhalten, wenn des weiteren bekannt ist, daß Intensität und Einsatzzeit zwischen 0 und 40 variiert werden können.

Produktionsprogrammplanung

Aufgabe 2.9:

Ein Unternehmen stellt die Produkte P1 - P4 auf einer speziellen Maschine her. Eine Zeiteinheit auf dieser Maschine verursacht dabei variable Kosten von 3 [GE/ZE]. Darüber hinaus lassen sich die Produkte wie folgt kennzeichnen:

Produkt	1	2	3	4
Absatzpreis [GE/ME]	50	70	40	90
variable Kosten (ohne Maschine) [GE/ME]	18	26	14	65
Maschinen-produktions-koeffizient [ZE/ME]	4	6	2	10
max. Absatzmengen	100	50	100	50

a) Bestimmen Sie das deckungsbeitragsmaximale Produktions- und Absatzprogramm für den Fall, daß die Maschine 1.000 [ZE] einsetzbar ist.

b) In der Folgeperiode muß die Maschine gewartet werden, so daß hier allein 500 ZE zur Verfügung stehen. Bestimmen Sie das deckungsbeitragsmaximale Produktionsprogramm sowie den zugehörigen Gewinn.

c) Durch gezielte Marketing-Maßnahmen ist es dem Unternehmen gelungen, die maximalen Absatzmengen für eine dritte Periode deutlich zu erhöhen. Insgesamt lassen sich nunmehr von P1 (P2) 200 ME (150 ME) und von P3 (P4) 150 ME (100 ME) absetzen. Zusätzlich hat die Unternehmung eine weitere Maschine angeschafft, die bei gleichen Produktionskoeffizienten pro Periode 500 ZE einsetzbar ist, aber nur variable Kosten pro ZE von 7,5 GE verursacht (Das alte Aggregat ist wieder 1.000 ZE einsetzbar). Bestimmen Sie auch für diesen Fall das deckungsbeitragsmaximale Produktions- und Absatzprogramm.

Aufgabe 2.10:

Die Revisionsabteilung eines Großunternehmens fordert die Mitarbeiter der Unternehmenskantine auf, sich ökonomischer in Bezug auf Angebot und Bestellung von Speisen zu verhalten.

Als Praktikant - zur Zeit dem zuständigen Mitarbeiter der Kantinenleitung zugeteilt - werden Sie aufgefordert, Preise, Kosten und Wochenabsatzmengen zu bestimmen. Das Ergebnis Ihrer Bemühungen gibt nachfolgende Tabelle wieder.

Produkt	Teller- gericht	Salat	Eintopf	Belegte Brötchen	Kuchen	Baguette
Preis	3,50 DM	2,50 DM	2,80 DM	1,50 DM	1,50 DM	3,80 DM
k_v	5,30 DM	2,80 DM	2,50 DM	1,50 DM	1,80 DM	4,00 DM
Wochen- absatz	1.000	300	750	1.500	250	500

Die Revisionsabteilung fordert nun weiter, daß die Wochenbestellmengen zwar so ausgestaltet sein sollen, daß möglichst wenige Essenswünsche unbefriedigt bleiben, jedoch andererseits kein höherer negativer Deckungsbeitrag pro Woche als DM 1.000 erzielt werden darf. Was soll die Kantinenleitung für die kommende Woche an Mengen bestellen?

Aufgabe 2.11:

Die Lauffit GmbH versucht für 1995, den Einstieg in den Sportartikelmarkt zu schaffen. Hierzu sind vier Sportschuhe entwickelt worden, die verschiedene Zielgruppen ansprechen sollen. Das Modell "Hopsi" ist dabei speziell für Kinder entwickelt worden, das Modell "Senior" ist auf die Bedürfnisse des Fußes eines älteren Menschen zugeschnitten, "Hygiene I" soll den anspruchsvollen Dauerläufer ansprechen und "Luxlauf" die moderne Frau der 90er Jahre durch ein spezielles Design.

Die nachfolgende Tabelle gibt die den Modellen zugehörigen variablen Kosten (pro Schuhpaar) und die in die Modelle eingehenden Mengen des Basismaterials "Spezialleder" wieder:

Modell	Luxlauf	Hygiene I	Hopsi	Senior
variable Kosten	65	50	60	50
Koeffizient "Spezialleder"	0,2	0,1	0,1	0,4

Die Marketingabteilung hat in einer breitangelegten Marktuntersuchung für die Modelle Preis-Absatzfunktionen ermittelt:

$x_L = 230.000 - 1.000 \cdot p_L$

$x_H = 85.000 - 500 \cdot p_H$

$x_{Hb} = 72.000 - 600 \cdot p_{Hb}$

$x_S = 15.000 - 100 p_S$

Ermitteln Sie das deckungsbeitragsmaximale Produktions- und Absatzprogramm für den Fall, daß vom Basismaterial in der nächsten Periode allein 25.000 FE zu beschaffen sind.

Aufgabe 2.12:

Ein Unternehmen, dessen Ziel es ist, den Deckungsbeitrag zu maximieren, stellt die Produkte P1 und P2 her, die jeweils eine DSP von 300 [GE/ME] bzw. 500 [GE/ME] erwirtschaften. Eine ME von P1 muß dabei 1 ZE auf Maschine A und 1 ZE auf Maschine B bearbeitet werden; eine ME von P2 erfordert dagegen Bearbeitungszeiten von 2 ZE auf A, 1 ZE auf B und 3 ZE auf Maschine C.

Die Maschinen lassen sich jedoch in der kommenden Periode nur begrenzt einsetzen. Auf Maschine A steht so nur eine Kapazität von 170 ZE, auf B von 150 ZE und auf C von 180 ZE zur Verfügung. Daneben kann für die nächste Periode davon ausgegangen werden, daß sich beliebige Mengen von P1 und P2 am Markt absetzen lassen.

a) Stellen Sie für das beschriebene Problem einen LP-Ansatz auf und begründen Sie, warum sich kein einfacheres Planungsinstrument anwenden läßt.

b) Der von Ihnen (hoffentlich richtig) aufgestellte LP-Ansatz ist mit Hilfe der Simplex-Methode gelöst worden, dessen Ergebnistableau der untenstehenden Tabelle zu entnehmen ist (Y_A, Y_B und Y_C sind die Schlupfvariablen der Maschinenrestriktionen).

	Y_A	Y_B	"Rechte Seite"
X_1	-1	2	130
Y_C	-3	3	120
X_2	1	-1	20
D_B	200	100	49.000

Interpretieren Sie das Optimaltableau vollständig, indem Sie die Zeilen und Spalten des Tableaus analysieren.

c) Das oben beschriebene Problem läßt sich nicht nur mittels der Simplex-Methode lösen, sondern auch über eine graphische Lösung. Führen Sie die graphische Lösung durch und erläutern Sie die Grenzen dieser Lösungsmethode.

Aufgabe 2.13:

Innerhalb der Produktionsprogrammplanung wird in der Literatur eine Unterteilung in strategische, taktische und operative Planungsebenen vorgeschlagen.

a) Nennen Sie die Unterscheidungskriterien, anhand derer eine solche Unterteilung sinnvoll erscheint.

b)   Konstruieren Sie ein zusammenhängendes Beispiel, um die Abgrenzung der drei Planungsebenen deutlich zu machen.

Aufgabe 2.14:

Die Paul Putz GmbH stellt die drei Produkte "Wischlappen", "Wischeimer" und "Wischschrubber" her, in die ein nur begrenzt vorhandener Kunststoff als Rohstoff eingeht. Aus dem Rechnungswesen, der Arbeitsvorbereitung und der Marktforschung sind der Geschäftsleitung nachfolgende Informationen für die nächste Periode bekannt:

	Produkte		
	Wischlappen	**Wischeimer**	**Wischschrubber**
Preis [DM/ME]	4	12	18
max. Absatzmenge [ME]	1.000	500	300
variable Stückkosten [DM/ME]	2	9	8
Rohstoffkoeffizient [Gramm/ME]	100	250	400

a)   Welches deckungsbeitragsmaximale Produktions- und Absatzprogramm und welcher maximale Deckungsbeitrag ergibt sich, wenn in der kommenden Periode allein 350 kg Wischi beschafft werden können? Erläutern Sie Ihre Vorgehensweise!

b)   Aus nicht nachvollziehbaren Gründen kann Ihnen der Kunststoff-Lieferant anstatt der zugesagten 350 kg nun doch nur 300 kg dieses Rohstoffes liefern. Welches Programm ist nun optimal und welcher maximale Deckungsbeitrag läßt sich so erzielen?

Aufgabe 2.15:

Die Ast GmbH hat sich auf die Fertigung von Schuhen spezialisiert, die eine besondere Holzsohle haben. Man bietet dabei die zunehmend beliebteren Produkte "Holzheim" (Pantoffeln), "Holzlauf" (Turnschuhe) und "Holz-Elegant" (Abendschuhe) an. Leider hat sich herausgestellt, daß der erforderliche Rohstoff, eine besonders biegsame Holzart, in nur begrenzter Menge zu bekommen ist. Alle drei Modelle werden auf einer speziellen Maschine gefertigt, deren Kapazität ebenfalls begrenzt ist.

Der nachfolgenden Tabelle sind darüber hinaus verschiedene andere Informationen zu entnehmen (eine ME entspricht einem Schuhpaar).

Produkt	Holzheim	Holzlauf	Holz-Elegant	maximale Kapazität	variable Kosten
Spezialmaschine [ZE/ME]	2	4	5	4.000 [ZE]	10 [GE/ZE]
Holzrohstoff [FE/ME]	1	3	0,5	3.000 [FE]	10 [GE/FE]
Preis [GE/ME]	48	76	94		
max. Absatz [ME]	800	1.000	500		

a)   Beschreiben Sie die hier adäquate Vorgehensweise zur Bestimmung des gewinn-maximalen Produktionsprogramms.

b)   Welches optimale Produktionsprogramm ergibt sich bei der von Ihnen vorgeschlagenen Vorgehensweise?

c)   Nun soll davon ausgegangen werden, daß sich der Verkaufspreis von "Holz-Elegant" am Markt nicht durchsetzen läßt und die Ast GmbH den Preis reduzieren muß. Bis zu welchem Preis des Modells "Holz-Elegant" besitzt das unter b) von Ihnen bestimmte Produktionsprogramm Gültigkeit?

d)   In der Betriebswirtschaftslehre wird zwischen dem pagatorischen und dem wertmäßigen Kostenbegriff unterschieden. Erläutern Sie den Unterschied zwischen den Kostenbegriffen und bestimmen Sie die pagatorischen und wertmäßigen Kosten einer Maschinenzeiteinheit und einer Rohstoffeinheit für das in b) bestimmte Produktionsprogramm.

e)   Warum ändert sich Ihr Entscheidungskriterium, wenn die Ast GmbH in der Folgeperiode eine zusätzliche funktions- und kostengleiche Spezialmaschine anschafft und alle übrigen Daten weiterhin Gültigkeit haben?

Aufgabe 2.16:

Zur Fertigung zweier Produkte P1 und P2 müssen vier Maschinen benutzt werden. Die zur Herstellung pro ME jeweils einzusetzenden Maschinenzeiten seien der nachfolgenden Tabelle zu entnehmen, wobei die letzte Spalte die Maschinenkapazitäten angibt.

Maschine	Einsatzzeit bei P1 [ZE/ME]	Einsatzzeit bei P2 [ZE/ME]	Maschinen-kapazität
A	2	3	180
B	2	1,5	150
C	0	3	120
D	2	0	190

a) Stellen Sie für das oben skizzierte Planungsproblem einen LP-Ansatz auf, wenn ihnen zusätzlich bekannt ist, daß P1 eine Deckungsspanne von 200 [GE/ME] und P2 von 500 [GE/ME] aufweist, die Unternehmung das Ziel der Deckungsbeitragsmaximierung verfolgt und die Absatzmengen der Produkte unbeschränkt sind. Überführen Sie den Ansatz des weiteren in ein Eröffnungstableau der Simplex-Methode.

b) Stellen Sie die Maschinennebenbedingungen in einem x_1/x_2-Koordinatensystem dar und identifizieren Sie den Lösungsraum.

b) Die nachfolgende Abbildung stellt das Optimaltableau des mit Hilfe der Simplex-Methode gelösten oben genannten LP-Problems dar.

	Y_A	Y_C	"Rechte Seite"
x_1	0,5	-0,5	30
Y_B	-1	0,5	30
x_2	0	0,33	40
Y_D	-1	1	130
DB	100	66,67	26.000

Interpretieren Sie das Optimaltableau, indem Sie auf folgende Fragen eingehen:

• Wie hoch ist der Deckungsbeitrag im Optimalfall?

• Wieviel wird im Optimalfall von P1 und P2 hergestellt?

• Welche Maschinen sind im Engpaß?

• Welche Maschinenkapazitäten verbleiben bei den Maschinen, die keinen Engpaß bilden?

Aufgabe 2.17:

Eine bayerische Molkerei hat es in den vergangenen Jahren geschafft, hohe Marktanteile im Streichkäse-Segment zu erringen. Die Produkte "Streich-Sahne", "Streich-Kräuter", "Streich-Lachs" und "Streich-Schnittlauch" sind zu dermaßen attraktiven Verkaufsrennern geworden, daß sich die Geschäftsführung gezwungen sieht, ein zusätzliches Produktionsaggregat anzuschaffen. Während die alte Maschine, die weiterhin im Einsatz bleibt, durch variable Kosten von 2 [GE/ZE] gekennzeichnet ist (max. Kapazität 85.000 ZE), verursacht die neue Maschine bei gleichen Produktionskoeffizienten variable Kosten von 3 [GE/ZE] und ist 120.000 ZE pro Periode einsetzbar.

Darüber hinaus sah man sich bislang (bezogen auf die alte Maschine) folgender Datensituation gegenüber:

Produkte	Streich-Sahne	Streich-Kräuter	Streich-Lachs	Streich-Schnittlauch
Preis [GE/ME]	6	10	20	6
Gesamte variable Stückkosten [GE/ME]	5	7	14	3
Maschinen-beanspruchung [ZE/ME]	2	3	3	1
max. Absatz [ME]	70.000	30.000	20.000	30.000

a) Bestimmen Sie auf Basis dieser Daten das gewinnoptimale Produktionsprogramm für die kommende Periode. Erläutern Sie Ihr Vorgehen.

b) Zeigen Sie grafisch, daß es günstiger ist, zuerst die alte Maschine und dann die neue Maschine einzusetzen als umgekehrt.

Aufgabe 2.18:

Bei Produktionsprogrammentscheidungen hängt die Relevanz von Informationen wesentlich von der zugrundeliegenden Zielsetzung ab. Zeigen Sie anhand eines Beispiels, daß sich bei einem Wechsel der Zielsetzung auch die Relevanz einzelner Informationen verändern kann.

Aufgabe 2.19:

Eine nach maximalem Gewinn strebende Unternehmung kann im Rahmen eines einstufigen Fertigungsprozesses die drei Produkte A, B und C herstellen. Aus dem Rechnungswesen sowie der Arbeitsvorbereitung der Unternehmung erhält die Geschäftsleitung folgende Informationen:

	Erzeugnisse		
	A	B	C
Absatzpreis [DM/ME]	50	80	40
max. Absatzmenge [ME]	1.000	800	2.000
variable Stückkosten [DM/ME]	10	30	44
Produktionskoeffizient [ZE/ME]	4	10	6

Die maximal zur Verfügung stehende Produktionskapazität beträgt 25.000 [ZE]. Die variablen Stückkosten enthalten Fertigungskosten in Höhe von 2,- DM je beanspruchter Kapazitätseinheit.

Ermitteln Sie das gewinnmaximale Produktions- und Absatzprogramm sowie den zugehörigen Deckungsbeitrag und erläutern Sie Ihre Vorgehensweise!

Aufgabe 2.20:

Die Haed GmbH ist ein weltweit führender Hersteller von Tennisschlägern. Im Salzburger Werk werden die Modelle "Graphite Contra", "Genesis", "Electro" und "Lady like" hergestellt. In die Herstellung aller Schläger geht der spezielle Grundstoff "Graphit" ein. Für die Folgeperiode sieht sich die Unternehmensleitung folgender Datensituation gegenüber (In den variablen Stückkosten sind die Kosten für den Grundstoff "Graphit" nicht enthalten!).

	Tennisschläger			
	Graphite Contra (1)	Genesis (2)	Electro (3)	Lady like (4)
Ladenpreis [GE/ Stück]	350	600	400	200
max. Absatzmenge [Stück]	80.000	50.000	60.000	20.000
variable Stückkosten [GE/ Stück]	80	150	120	100
Graphit [Gramm/Stück]	500	500	500	500

Der Geschäftsführung ist bekannt, daß der einzige verfügbare Graphitlieferant in der kommenden Periode maximal 70 Tonnen dieses Materials zu liefern in der Lage ist. Da der Grundstoff "Graphit" einer sehr kostspieligen Aufbereitung durch den Lieferanten bedarf, fordert dieser pro Tonne einen Preis von 20.000 [GE]. Des weiteren ist bekannt, daß der Einzelhandel, über den der gesamte Vertrieb abläuft, eine Handelsspanne von 20 % des Ladenpreises fordert.

Der Geschäftsführer möchte von Ihnen wissen, welches Produktionsprogramm in der nächsten Periode gewinnmaximal sein wird. Erläutern Sie genau, welches Entscheidungskriterium hier angebracht ist.

Aufgabe 2.21:

Ein Unternehmen stellt auf einer Maschine die Produkte P_1 bis P_4 in den noch zu bestimmenden Mengen x_1, x_2, x_3 und x_4 her. In alle Produkte geht der knappe Rohstoff R ein. Gesucht wird das deckungsbeitragsmaximale Produktionsprogramm für die nächste Periode.

Die erforderlichen Informationen sind der nachfolgenden Tabelle zu entnehmen.

Produkt	P_1	P_2	P_3	P_4	maximale Kapazität	variable Kosten
Maschine M [ZE/ME]	2	4	2	6	200 [ZE]	5 [GE/ZE]
Rohstoff R [FE/ME]	6	6	12	15	300 [FE]	3 [GE/FE]
Verkaufs- preis [GE/ME]	46	50	94	90		
max. Absatz [ME]	25	20	10	10		

a) In welcher Situation entspricht ein deckungsbeitragsmaximales Produktionsprogramm nicht dem gewinnmaximalen Produktionsprogramm?

b) Bestimmen Sie das gewinnmaximale Produktionsprogramm für die in der Aufgabenstellung dargestellte Information.

c) Nun soll davon ausgegangen werden, daß der Absatzpreis des Produktes P_2 Schwankungen unterliegt. In welchem Intervall darf sich der Preis von P_2 am Markt ändern, ohne daß sich die für P_2 im Rahmen des Aufgabenteils a) errechnete Menge ändert?

d) Erläutern Sie den Unterschied zwischen pagatorischen und wertmäßigen Kosten. Bestimmen Sie die wertmäßigen Kosten einer Maschinenkapazitätseinheit und einer Rohstoffeinheit für die Daten des Aufgabenteils a).

e) Die im Aufgabenteil c) angeführten Schwankungen außer Acht lassend erhöht der Rohstofflieferant in der Folgeperiode den Preis pro Rohstoffeinheit auf 3,5 [GE/FE]. Er bietet nun jedoch 400 [FE] pro Periode an. Stellen Sie einen Ansatz der Linearen Programmierung auf, wenn ansonsten alle Angaben des Aufgabenteils a) Gültigkeit behalten.

Aufgabe 2.22:

Die Hamburger Fischkonserven KG stellt seit Gründerzeiten auf 3 funktions- und kostengleichen Maschinen die Fischkonserven "Lachs", "Rollmops", "Hering" und "Thunfisch" her. Wegen der stark expandierenden Nachfrage nach diesen Produkten beschließt die Unternehmensleitung, eine moderne neue Maschine anzuschaffen, die zwar funktionsgleich aber kostenverschieden im Vergleich zu den alten Maschinen ist. Während die alten Maschinen variable Kosten pro eingesetzter Zeiteinheit von 9 [GE/ZE] verursachten, beläuft sich dieser Betrag bei der neuen Maschine auf 15 [GE/ZE]. In der nachfolgenden Tabelle sind die der Unternehmensleitung zur Verfügung stehenden Informationen zusammengetragen, wie sie für den Produktionsprozeß auf den alten Maschinen gültig waren.

	"Lachs" (1)	"Rollmops" (2)	"Hering" (3)	"Thunfisch" (4)
Preis [GE/ME]	10	6	8	3
gesamte Stückkosten [GE/ME]	8	2	3	2
Maschinenbe-anspruchung [ZE/ME]	0,5	0,1	0,2	0,1
max. Absatzmenge [ME]	40.000	70.000	50.000	10.000

Bekannt ist auch, daß jede der alten Maschinen 9.000 [ZE] pro Periode eingesetzt werden kann. Die neue Maschine weist eine Kapazitätshöchstgrenze von 5.000 [ZE] pro Planperiode auf.

Bestimmen Sie auf Basis dieser Daten das gewinnmaximale Produktionsprogramm für die kommende Periode der Hamburger Fischkonserven KG.

Aufgabe 2.23:

Die Löwe GmbH stellt neuerdings auch Endgeräte für den Telekommunikationssektor her. Zum einen bietet man das Mobilfunk-Telefon "Handy" und andererseits das Satellitentelefon "World" an. Da andere Anbieter zur Zeit noch keine marktfähigen Produkte in diesen Bereichen anbieten, hält die Löwe GmbH bei "Handy" und "World" quasi eine Monopolstellung inne. Zur Fertigung der Endgeräte wird ein spezieller Microchip eingesetzt, der von einem koreanischen Lieferanten zum Stückpreis von 3 [GE/FE] erworben wird. Leider sieht sich der Lieferant nicht in der Lage, mehr als 6.000 Chips in der Folgeperiode auszuliefern. Bekannt ist ebenso, daß in ein "Handy" 2 und in ein "World" 4 dieser Chips eingebaut werden müssen. Neben den Chipkosten fallen bei "Handy" variable Kosten von 394 [GE/ME] und bei "World" von 488 [GE/ME] an.

Ein Marktforschungsinstitut hat im Auftrag der Löwe GmbH herausgefunden, daß bei den Produkten in Abhängigkeit vom Preis folgende Absatzmengen zu erwarten sind.

Preis	Handy	World
500 [GE]	900 [ME]	2.750 [ME]
1.000 [GE]	800 [ME]	2.500 [ME]

Das Marktforschungsinstitut glaubt weiterhin, daß die Preisabsatzfunktionen relativ gut durch die Annahme der Linearität erfaßt werden.

a) Bestimmen Sie das deckungsbeitragsmaximale Produktionsprogramm, indem Sie zuerst die Preisabsatzfunktionen der Produkte "Handy" und "World" aufstellen.

b) Welchen Preis wird die Löwe GmbH maximal für einen weiteren Chip zu zahlen bereit sein?

Aufgabe 2.24:

In einer Maschinenfabrik werden Umbauarbeiten im Maschinenbereich erforderlich. Die zur Verfügung stehende Kapazität von 682 Zeiteinheiten [ZE] wurde für die Monatsproduktion vor dem Umbau vollständig benötigt. Dabei konnten nicht einmal die Absatzhöchstmengen aller Produktarten aufgrund fehlender Kapazität hergestellt werden. In den Folgemonaten stehen bis zum Abschluß der Umbauarbeiten, die der Kapazitätserweiterung dienen sollen, nur noch 341 [ZE] monatlich zur Verfügung. Der Produktionsprogrammplaner schlägt vor, einfach vorübergehend im Vergleich zur Situation vor dem Umbau nur noch jeweils die halbe Menge der produzierten Einheiten herzustellen. "Dann kommt man mit der reduzierten Kapazität doch genau aus!", argumentiert er. Die Verkaufsabteilung mißtraut dem Vorschlag, bittet Sie um Hilfe und stellt für die Produktionsprogrammplanung folgende Daten zur Verfügung:

Produktart	Absatzhöchst-menge [ME/ Monat]	Verkaufspreis [GE/ ME]	Variable Kosten [GE/ ME]	Produktions-koeffizient [ZE/ ME]
1	80	4.400	2.200	4
2	50	3.900	1.900	2
3	150	5.000	3.200	1
4	100	3.500	1.900	2

a) Begründen Sie verbal, warum der Vorschlag des Produktionsprogrammplaners nicht dem Prinzip der Gewinnmaximierung entspricht (Keine Berechnung).

b) Machen Sie dem Produktionsprogrammplaner einen Vorschlag für das während des Umbaus geltende optimale Produktionsprogramm. Wie hoch ist der dabei erzielbare Deckungsbeitrag?

c)   Diskutieren Sie absatzpolitische Probleme Ihres Vorschlages zur Optimierung des
      Produktionsprogramms.

Aufgabe 2.25:

Eine nach maximalem Gewinn strebende Unternehmung kann im Rahmen eines 2-stufigen
Fertigungsprozesses die vier Produkte 1, 2, 3 und 4 herstellen. Aus dem Rechnungswesen
sowie der Arbeitsvorbereitung der Unternehmung erhält die Geschäftsleitung folgende
Informationen:

	Erzeugnisse			
	1	**2**	**3**	**4**
Absatzpreis [GE/ME]	20	25	12	8
max. Absatzmenge [ME]	10	10	20	20
variable Stückkosten [GE/ME]	4	10	8	10
Produktionskoeffizient in Stufe 1 [ZE/ME]	5	4	2	1
Produktionskoeffizient in Stufe 2 [ZE/ME]	4	3	2	1

Die maximal zur Verfügung stehende Produktionszeit beträgt 200 [ZE] in Stufe 1 und 100
[ZE] in Stufe 2.

a)   Ermitteln Sie das gewinnmaximale Produktions- und Absatzprogramm sowie den
      zugehörigen Deckungsbeitrag! Erläutern Sie Ihre Vorgehensweise und nennen Sie
      Ihr Entscheidungskriterium.

b)   Gehen Sie nunmehr davon aus, daß die Produkte 2 und 4 nur im Set verkauft
      werden können, also ein Absatzverbund besteht. Ein Set enthält jeweils eine
      Mengeneinheit von 2 und 4. Bestimmen Sie auch für diesen Fall das
      gewinnmaximale Produktionsund Absatzprogramm.

c)   Wie tief darf der Absatzpreis von Produkt 4 maximal fallen, damit das Set noch in
      Höhe der maximalen Abatzmenge gefertigt wird?

Produktionsdurchführungsplanung

Aufteilungsplanung

Aufgabe 2.26:

Ein Unternehmen verfügt über zwei funktions- und kostengleiche Aggregate A_1 und A_2, die jeweils in folgenden Intervallen zeitlich und intensitätsmäßig anzupassen sind:

$$8 \leq x_{1,2} \leq 12,5;$$

$$0 \leq t_{1,2} \leq 40.$$

Bei optimalem Anpassungsverhalten zeichnet sich jedes Aggregat durch nachfolgende Gesamtkostenfunktion aus:

$$K_{Topt}(M) = \begin{cases} \text{für } 0 \leq M \leq 400; & 50 \cdot M \\ \text{für } 400 \leq M \leq 500; & \dfrac{1}{320} \cdot M^3 - \dfrac{5}{2} \cdot M^2 + 550 \cdot M \end{cases}$$

a)   Bestimmen Sie die Mengen-Kosten-Leistungsfunktion k(x) und die Zeit-Kosten-Leistungsfunktion K(x) aus den obigen Angaben.

b)   Aus der Vertriebsabteilung wird bekannt, daß ein Absatzpreis von 310 [GE/ME] erwartet werden kann. Bestimmen Sie die optimale Ausbringungsmenge für jedes Aggregat. Welcher Deckungsbeitrag ist durch ein solches Produktionsprogramm zu erzielen?

Aufgabe 2.27:

Ein Betrieb besitzt zwei funktionsgleiche, aber kostenverschiedene Aggregate, für die folgende Mengen-Kosten-Leistungsfunktionen gelten:

$$k(x_1) = 6 \cdot x_1^2 - 48 \cdot x_1 + 120$$

$$k(x_2) = \frac{1}{10} \cdot x_2^2 - 0,5 \cdot x_2 + 19$$

Die Aggregate sind jeweils in den Intervallen

$$0 \leq t_{1,2} \leq 10$$

$$0 \leq x_{1,2} \leq 8$$

zeitlich und intensitätsmäßig zu variieren.

a)   Skizzieren Sie den optimalen Anpassungsprozeß für alternative Mengen.

b)   Welche Produktionsmengen sollte die Unternehmung auf den Aggregaten erzeugen, wenn am Markt ein Preis von 30 [GE/ME] erzielt werden kann?

Aufgabe 2.28:

Ein Unternehmen verfügt über ein Aggregat, das sich durch folgende Gesamtkostenfunktion auszeichnet:

$$K_T(M) = \begin{cases} \text{für } 0 \leq M \leq 100; & 10 \cdot M \\ \text{für } 100 \leq M \leq 200; & \dfrac{1}{1.000} \cdot M^3 - \dfrac{2}{10} \cdot M^2 + 15 \cdot M \end{cases}$$

a) Bestimmen Sie die Zeit-Kosten-Leistungsfunktion für den Fall, daß gilt:

$0 \leq x \leq 20$

$0 \leq t \leq 10$

b) Mit welcher Intensität, welchen Grenz- und Gesamtkosten wird eine Ausbringungsmenge von M = 150 hergestellt.

Aufgabe 2.29:

Ein Betrieb verfügt über zwei funktionsgleiche, aber kostenverschiedene Aggregate, die sich durch folgende Mengen-Kosten-Leistungsfunktionen beschreiben lassen:

$k_1(x_1) = 0,5 \cdot x_1^2 - 2,5 \cdot x_1 + 95$

$k_2(x_2) = 0,1 \cdot x_2^2 - 2 \cdot x_2 + 34$

a) Leiten Sie den optimalen Anpassungsprozeß für alternative Mengen ab, wenn intensitätsmäßige, zeitliche und quantitative Anpassungen erlaubt sind und zusätzlich gilt:

$5 \leq x_{1,2} \leq 10$ und $0 \leq t_{1,2} \leq 10$

b) Welche Gesamtkosten sind für eine Ausbringungsmenge von M=120 [ME] zu erwarten?

c) Gehen Sie nun davon aus, daß zusätzlich beim Einschalten der Aggregate einmalige Kosten in Höhe von 70 [GE] bei Aggregat 1 und 354 [GE] bei Aggregat 2 anfallen. Welche Auswirkungen ergeben sich für den Anpassungsprozeß der Aufgabe b) ?

Aufgabe 2.30:

In einer Unternehmung können zur Herstellung eines Produktes zwei funktionsgleiche, aber kostenverschiedene Aggregate eingesetzt werden.

Aggregat 1 kann dabei nur zeitlich im Bereich $0 \leq t_1 \leq 10$ [ZE] bei einer konstanten Intensität von x_1 = 10 [ME/ZE] angepaßt werden. Die Stückkosten $k_1(x_1)$ betragen während der normalen Arbeitszeit (bis zu 8 ZE) einheitlich 20 [GE/ME] und erhöhen sich um 25 % für alle Mengeneinheiten, die im Rahmen von Überstunden produziert werden.

Aggregat 2 kann sowohl zeitlich im Bereich $0 \le t_2 \le 8$ [ZE] als auch intensitätsmäßig im Bereich $5 \le x_2 \le 10$ angepaßt werden. Die Mengen-Kosten-Leistungsfunktion lautet für Aggregat 2:

$k_2(x_2) = 0,5 \cdot x_2{}^2 - 8 \cdot x_2 + 57$ [GE/ZE].

a) Skizzieren Sie den Verlauf der Grenzkosten bei kostenminimaler Anpassung der beiden Aggregate und erläutern Sie verbal den optimalen Anpassungsprozeß.

b) Wie hoch sind die minimalen Kosten für 170 [ME]?

Aufgabe 2.31:

Ein Betrieb besitzt zwei funktions- und kostengleiche Aggregate, die jeweils durch die Mengen-Kosten-Leistungsfunktion

$k_{1,2}(x) = 0,1 \cdot x^2 - 0,5 \cdot x + 20$

gekennzeichnet sind. Die Intensitäten und Einsatzzeiten der Aggregate sind dabei in den Grenzen

$3 \le x \le 10,$

$0 \le t \le 10$

zu variieren.

Skizzieren Sie den Anpassungsprozeß für alternative Mengen.

Aufgabe 2.32:

Ein Unternehmen verfügt über zwei funktionsgleiche, aber kostenverschiedene Aggregate, die folgende Mengen-Kosten-Leistungsfunktionen aufweisen:

$k_1(x_1) = 0,01 \cdot x_1{}^2 - 0,1 \cdot x_1 + 10,$

$k_2(x_2) = 0,2 \cdot x_2{}^2 - 3 \cdot x_2 + 22$

Beide Aggregate sind intensitätsmäßig in den Grenzen

$0 \le x_{1,2} \le 20$

zu variieren. Ebenso kann eine zeitliche Anpassung im Bereich

$0 \le t_{1,2} \le 10$

vorgenommen werden.

a) Skizzieren Sie den Anpassungsprozeß für alternative Mengen.

b) Welche Produktionsmengen sollte die Unternehmung auf welchen Aggregaten fertigen, wenn aus der Vertriebsabteilung die Preis-Absatz-Funktion für das Produkt

$p(M) = 200 - 4 \cdot M$

bekannt ist? Welcher Gewinn läßt sich realisieren?

Größenplanung

Aufgabe 2.33:

a) Leiten Sie die klassische Losgrößenformel für den Fall her, daß von einer Identität
    von Absatz- und Produktionsbeginn ausgegangen werden kann.

    Verwenden Sie dabei folgende Symbole:

    y   Losgröße [ME]

    V   Lagerabgangsgeschwindigkeit [ME/ZE]

    T   Länge des Planungszeitraumes [ZE]

    X   Fertigungsintensität [ME/ZE]

    Cl   Lagerkostensatz [GE/ME/ZE]

    Cr   Rüstkostensatz [GE]

b) Nennen Sie die Ihnen bekannten Prämissen der klassischen Losgrößenformel.

c) Die Stecker AG gilt als international führender Anbieter von Elektrokleinteilen.
    Vom Mikrostecker DIN TD 876 können pro Tag 10.000 Stück gefertigt, jedoch nur
    2.000 abgesetzt werden. Des weiteren ist bekannt, daß der Lagerkostensatz bei
    diesem Mikrostecker 0,1 [GE/ME] beträgt und pro Umrüstung Kosten in Höhe von
    320 [GE] anfallen.

    Die Stecker AG hat in der Vergangenheit jeweils von diesem Mikrostecker
    Losgrößen in einer Höhe von 3.000 Stück hergestellt. Von Ihnen möchte man nun
    wissen, ob sich die Kosten pro Mikrostecker durch eine Umstellung der Losgröße
    auf die optimale Losgröße um mehr als 3 % senken lassen (Annahme: Absatz-
    gleich Produktionsbeginn).

Aufgabe 2.34:

Zur Auftragsgrößenplanung läßt sich einerseits die Losgrößenplanung als auch andererseits
die Bestellmengenplanung rechnen. Zeigen Sie, daß es sich bei diesen Planungsabläufen im
Grundsatz um die gleiche Problematik handelt.

Aufgabe 2.35:

Die Hubert Hahn GmbH ist einer der größten deutschen Eierlieferanten. Für das Jahr 1995
hat die Geschäftsführung einen Bedarf an Eier-Papp-Umverpackungen von 120.000 Stück
ermittelt. Bislang bezog die Hahn GmbH sämtliche Verpackungen von der Kister AG, die
unabhängig von der Bestellmenge pro Verpackung 0,1 [GE/ME] verlangte. Für das Jahr
1995 stellt sich für die Hahn GmbH die Frage, ob man nicht den Verpackungslieferanten
wechseln soll, weil die Kister AG ein neues Preissystem - bestehend aus bestellfixen und
variablen Preisen - installiert hat. In Frage kommt als Lieferantenalternative allein die
Brecht KG, die liebend gerne die Hahn GmbH beliefern würde und allein variable Kosten

pro Verpackung von 0,10 [GE/ME] geltend macht. In der nachfolgenden Tabelle sind die relevanten Größen für die Lieferantenauswahl zusammengefaßt worden.

	Kister AG	Brecht KG
Preis pro Verpackung	0,08 [GE/ME]	0,10 [GE/ME]
Bestellfixer Preis (unabhängig von der Liefermenge)	60 [GE]	0 [GE]
Lagerkosten für Verpackungen	20 % des jeweils gebundenen Kapitals	Fallen nicht an, da nach Bedarf bestellt und angeliefert wird.

Wie soll sich die Hahn GmbH entscheiden, wenn allein Kostengründe für die Lieferantenauswahl ausschlaggebend sind?

Aufgabe 2.36:

Ein Betrieb verfügt über folgende Rüst- und Lagerkostenfunktion:

$$K_T(y) = \frac{Cr \cdot V \cdot T}{y} + \frac{y}{2} \cdot \left(1 - \frac{V}{x}\right) \cdot Cl \cdot T,$$

(Vgl. zur Symbolik Aufgabe 2.33)

a) Zeigen Sie, daß im Falle der optimalen Losgröße die gesamten Rüst- und Lagerkosten pro Planperiode gleich sind. Gilt eine analoge Aussage auch für die Grenzrüst- und Grenzlagerkosten?

b) Wie verändert sich die optimale Losgröße, wenn der Rüstkostensatz Cr vervierfacht wird?

Aufgabe 2.37:

a) Leiten Sie die klassische Losgrößenformel für den Fall her, daß davon ausgegangen werden kann, daß der Verkauf des Loses erst dann beginnt, wenn das gesamte Los hergestellt worden ist.

b) Die Buchse GmbH stellt Elektro-Kleinteile in Serienfertigung her. Vom Produkt "Telefonanschlußbuchsen" sollen pro Tag 3.000 [ME] hergestellt werden. Bekannt ist, daß im gleichen Zeitraum 1.500 [ME] abgesetzt werden können. Unterstellt wird des weiteren, daß Produktion und Verkauf des Loses zum gleichen Zeitpunkt beginnen. An Lagerkosten fallen täglich 0,8 [GE/ME] an. Bei jeder Umrüstung fallen Kosten in Höhe von 300 [GE] an. Bestimmen Sie die optimale Losgröße.

Aufgabe 2.38:

Die Pharmaka AG hat sich in der Vergangenheit als bedeutender Anbieter einen Namen gemacht. Für das Jahr 1995 hat man einen Bedarf an Medikamentenverpackungen (m) für das Kreislaufstärkungsmittel "Bortex" von 12.000.000 Stück ermittelt. In der Vergangenheit bezog die Pharmaka AG diese Verpackungen von der Pappax GmbH, die der AG 0,12 [GE/FE] in Rechnung stellte. Der Lieferant hat jedoch durchblicken lassen, daß er ab 1995 ein neues Preissystem installieren möchte, das nunmehr nicht mehr allein aus variablen Kosten, sondern auch aus bestellfixen Kosten bestehen soll. Es ist dabei an folgende Konditionen gedacht:

Preis/ Packung   0,10 [GE/FE]

Lieferkosten (unabhängig von der Bestellmenge)   50.000 [GE]

Geben Sie in Abhängigkeit vom Lagerkostensatz (l) an, inwieweit diese Umstellung für die Pharmaka AG vorteil- oder nachteilhaft ist (Es ist zu unterstellen, daß in der Vergangenheit so bestellt wurde, daß kein Lagerbestand aufgebaut wurde).

Ablaufplanung und Fertigungssteuerung

Aufgabe 2.39:

a)   Grenzen Sie die Zykluszeit von der Durchlaufzeit ab!

b)   Die nachfolgende Abbildung zeigt eine gängige Untergliederung der Durchlaufzeit.

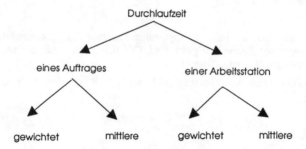

Konstruieren Sie ein einfaches Fallbeispiel, anhand dessen sich die verschiedenen Arten von Durchlaufzeiten berechnen lassen.

Aufgabe 2.40:

Die Boris Bäcker GmbH hat ein dreistufiges Verfahren entwickelt, um gebrauchte Tennisschläger zu recyceln. In einer ersten Produktionsstufe werden dabei die Tennisschläger bezüglich ihrer Beschaffenheit (Holz, Graphit und Aluminium) sortiert. Eine zweite nachgelagerte Maschine übernimmt es, die Schläger in deren Grundstoffe zu zerlegen. Schließlich werden in einem dritten Schritt neue Schläger aus den erhaltenen Grundstoffen gefertigt. Die gebrauchten Tennisschläger werden der Boris Bäcker GmbH von Tennisschulen angeliefert.

Am 15.06.1995 liegen der Boris Bäcker GmbH Aufträge von fünf Tennisschulen vor. Entsprechend der Auftragsgrößen und der Zusammensetzung beanspruchen die Aufträge in allen Produktionsstufen unterschiedliche Bearbeitungszeiten, wie der nachfolgenden Tabelle zu entnehmen ist.

Auftrag	Stufe 1	Stufe 2	Stufe 3
A	3	2	1
B	6	6	3
C	2	2	5
D	1	3	7

Erstellen Sie ein Gantt-Diagramm, wenn Ihnen bekannt ist, daß einerseits die in Stufe 2 eingesetzten Maschinen am 17. und 18.6.1995 nicht zur Verfügung stehen, weil diese dann überholt werden müssen, und andererseits als Bearbeitungsbeginn für das Auftragsprogramm der 16.6.1995 festgelegt worden ist. Benutzen Sie als Prioritätsregel die "Kürzeste-Operationszeit-Regel".

Aufgabe 2.41:

a) Nennen Sie die Ihnen bekannten Konzepte der Fertigungssteuerung. Beschreiben Sie kurz den Grundgedanken der von Ihnen identifizierten Verfahren.

b) Was versteht man unter dem

- Durchlaufzeitensyndrom und dem

- Dilemma der Ablaufplanung?

Aufgabe 2.42:

Die Blumoplast KG hat sich darauf spezialisiert, vollkommen natürlich wirkende Plastik-Blumengestecke zu fertigen. Der Produktionsprozeß läuft dabei in drei aufeinanderfolgenden Stufen ab.

Am 16.1.1995 geht bei Blumoplast ein Auftrag des Großhändlers A ein, für den 17.1.1995 soll ein Auftrag von Händler B und für den 18.1.1995 ein Auftrag von Großhändler C eingehen. Alle Händler fordern, daß die bestellten Gestecke am 6.2.1995 ausgeliefert werden, damit sie noch vor dem Valentinstag in die Blumengeschäfte gelangen können.

Entsprechend der Auftragsgrößen ermittelt der zuständige Sachbearbeiter Willi Welk am 16.1.1995 die in den einzelnen Produktionsstufen erforderlichen Bearbeitungszeiten:

Händler	Stufe 1	Stufe 2	Stufe 3
Großhändler A	3	6	4
Großhändler B	3	3	5
Großhändler C	3	3	3

Überprüfen Sie, ob die Annahme der am 17. und 18.1.1995 zu erwartenden Aufträge für die Blumoplast KG möglich ist, wenn von folgenden weiteren Annahmen ausgegangen werden kann:

• Produktionsstart des Auftrags von Händler A: 16.1.1995,

• notwendiges Produktionsende 5.2.1995,

• Fertigungstage pro Woche: 7 Tage,

• Maschine in Stufe 3 muß am 1. und 2.2.1995 gewartet werden und fällt daher an diesen Tagen aus,

• es soll die Prioritätsregel "First-Come-First Served" unterstellt werden.

Aufgabe 2.43:

Im Mittelpunkt der Ablaufplanung stehen mitunter die Durchlaufzeiten, deren Verkürzung zu den zentralen Aufgaben der Ablaufplanung zählt. Diskutieren Sie verschiedene Methoden zur Verringerung betrieblicher Durchlaufzeiten.

3. Absatz

Im Anschluß an den betrieblichen Leistungserstellungsprozeß gilt es, sich mit der Fragestellung der Leistungsverwertung und somit dem Absatz der erstellten Güter und Leistungen auseinanderzusetzen. Zeichnen sich die in den skizzierten Bereichen Kostenrechnung und Produktion im wirtschaftswissenschaftlichen Grundstudium vermittelten Inhalte zwar einerseits durch eine isolierte Darstellung einzelner Teilprobleme, andererseits jedoch tendenziell weniger durch die Ausgrenzung ganzer Themenkomplexe aus, so gilt letzteres in hohem Maße für den Bereich der Leistungsverwertung. Der fundamentale Unterschied zwischen den im Grund- und Hauptstudium im Rahmen leistungsverwertungsspezifischer Fragestellungen diskutierten Inhalten läßt sich dabei schon allein an der häufig gewählten verschiedenartigen Begrifflichkeit festmachen: Während so im Grundstudium die Leistungsverwertung vielfach unter dem Label "Absatz" diskutiert und nicht selten auf eine instrumentelle Betrachtung eingeschränkt wird, steht im weiteren Studium die integrative und bereichs- bzw. funktionsübergreifende Denkhaltung der Kunden- oder Marktorientierung im Vordergrund. Die instrumentelle Absatzpolitik des Grundstudiums geht dabei in ein auf Kundenbedürfnisse ausgerichtetes Marketing des Hauptstudiums über.

Die bewußte Trennung der Begrifflichkeiten Absatz und Marketing kann auf einfache Weise anhand der verbreiteten und überzeugenden Definitionen von *Meffert* nachvollzogen werden. Nach *Meffert* ist so unter der Absatzpolitik die Entwicklung, Abwägung, Auswahl und Durchsetzung der auf Absatzmärkte gerichteten Handlungs- und Entscheidungsalternativen eines Unternehmens zu verstehen (vgl. *Meffert, H.*, 1989, S. 27), wohingegen Marketing die Planung, Koordination und Kontrolle aller auf die aktuellen und potentiellen Märkte ausgerichteten Unternehmensaktivitäten bedeutet (vgl. *Meffert, H.*, 1989, S. 31).

Versteht man nun die Absatzpolitik als den instrumentellen und handlungsorientierten Teilaspekt des Marketings, so darf sich eine - wenn auch nur auf den Absatzbereich fokussierte - Betrachtung nicht auf die Darstellung der einzelnen Absatzentscheidungen beschränken. Vielmehr gilt es, die Absatzpolitik im Gesamtzusammenhang des Marketings zu begreifen, da sich allein so absatzrelevante Entscheidungsprozesse erschließen.

3.1 Einordnung der Absatzpolitik in das Gesamtkonstrukt des Marketings

Wird Marketing im o.g. Sinne definiert und letztlich als ein Denken in den Relationen des Marketing-Dreiecks bestehend aus Nachfrager, Konkurrenten und eigenem Unternehmen verstanden (vgl. *Backhaus, K.*, 1992, S. 17), so ist die hierdurch implizierte Denkhaltung greifbar zu machen und zu operationalisieren. Eine solche Konzeptionierung von Marketingaktivitäten kommt dabei einem systematischen Marketing-Planungskonzept gleich, das nach *Backhaus/ Weiber* in folgende Planungsschritte zerlegt werden kann (vgl. *Backhaus, K./ Weiber, R.*, 1989, S. 6ff.; *Backhaus, K.*, 1992, S. 39):

- Situationsanalyse

Unter der Situationsanalyse ist die zielgerichtete Beschaffung, Strukturierung und Auswertung aller für das Marketing relevanten Informationen zu verstehen. Um die Unternehmenssituation umfassend zu beschreiben, muß die Situationsanalyse relevante Daten zu aktuellen und potentiellen Nachfragern und Konkurrenten, aber auch zu den eigenen Ressourcen und Potentialen liefern. Daher ist sie in die Bestandteile der Nachfrager-, Konkurrenz- und Ressourcenanalyse zu unterteilen.

- Ziele

Marketingstrategien oder Maßnahmen können nur dann effizient und erfolgreich eingesetzt werden, wenn zuvor eine Entscheidung über die die Aktivitäten steuernden Ziele einer Unternehmung gefällt wird. Daher sind im Vorfeld der Festlegung aktionsorientierter Konzeptbestandteile die Marketingziele zu formulieren. Diese leiten sich i.d.R. aus den Unternehmensoberzielen ab.

- Strategien

Die Marketingstrategien stellen das Steuerungskonzept dar, in dessen Rahmen die Marketingmaßnahmen eingesetzt werden. Die Strategien können sich dabei auf die anzustrebenden Geschäftsfelder, die Marktstimulierung, das Timing, das Marktareal oder auf Kooperationsfragen beziehen.

- Maßnahmen

Die konkreten Marketingmaßnahmen finden ihren Niederschlag im Instrumenteneinsatz, also der Produkt-, Distributions-, Kommunikations- und Preispolitik. Sie sind strategisch so zu gestalten, daß die angestrebten Marketingziele bestmöglich erreicht werden.

- Kontrolle

Letztlich gehört zu einem erfolgsorientierten Marketing-Konzept auch die Kontrolle des mit Hilfe des strategischen Maßnahmeneinsatzes Erreichten. I. d. R. mündet eine Marketingkontrolle wiederum in eine neuerliche Situationsanalyse und den sich anschließenden Konzeptschritten, sofern die ursprünglich formulierten Ziele (noch) nicht erreicht werden konnten.

Es stellt sich im weiteren die Frage, welche der oben skizzierten Bestandteile einer Marketingkonzeption der Absatzpolitik zuzurechnen sind. Berücksichtigt man in diesem Zusammenhang die enge Beziehung der Absatzpolitik zum modellhaften betrieblichen

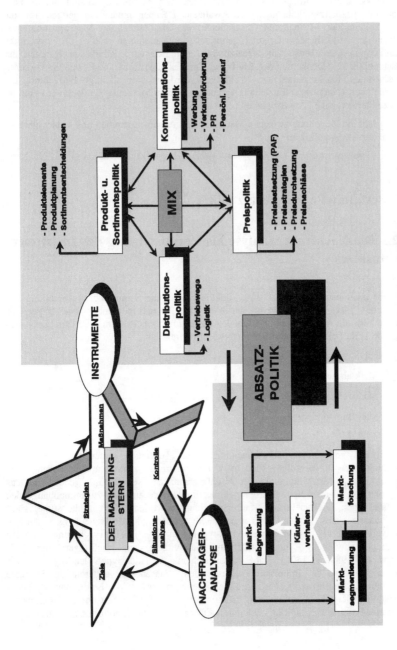

Abb. 4: Absatzpolitik als Bestandteil des Marketings

Leistungsverwertungsprozeß (also zum "Absetzen" von Produkten), so sind hier in erster Linie die Marketingmaßnahmen zu erwähnen. Darüber hinaus ist jedoch für die Ausgestaltung der Maßnahmen (Instrumente) ein Mindestmaß an Marktinformationen notwendig. Aus diesem Grunde gehören strenggenommen Teile der erwähnten Nachfrageranalyse ebenso zur Absatzpolitik. Letztlich wird jedoch im Rahmen der Absatzpolitik kein Denken im o.g. Marketing-Dreieck angestrebt. Die Beziehung zwischen Unternehmen, Konkurrenten und Nachfragern wird auf eine alleinige Betrachtung der Unternehmen - Nachfrager-Beziehung verkürzt. Aus dem Marketing-Dreieck wird - um im Bild zu bleiben - eine "Absatzgerade".

Abb. 4 faßt die Beziehung zwischen Marketing und Absatz zusammen und ordnet einzelne Inhalte der Absatzpolitik zu.

3.2 Bestandteile der Absatzpolitik

3.2.1 Die Nachfrageranalyse als Voraussetzung des Instrumenteneinsatzes

Aufgabe einer nachfragerorientierten Marktanalyse ist die Sammlung, Aufbereitung und Auswertung derjenigen Informationen über aktuelle und potentielle Nachfrager, die Relevanz für die Ableitung eines optimalen Marketingmix haben. Im einzelnen lassen sich folgende Teilaspekte der Nachfrageranalyse subsummieren:

• Käuferverhalten,

• Marktabgrenzung,

• Marktforschung und

• Marktsegmentierung.

Diese (nicht vollkommen überschneidungsfreien) Teilfragen stehen dabei in keiner chronologischen Reihenfolge, sondern weisen vielmehr zahlreiche Interdependenzen zueinander auf. Als Mittelpunkt der Nachfrageranalyse ist jedoch in jedem Fall das Käuferverhalten anzusehen. Hierbei geht es im Grunde um die zusammenhängenden Fragestellungen, wie Nachfrager Kaufentscheidungen treffen (Kaufverhaltenstypologien) und warum sie gerade so und nicht anders Kaufentscheidungen treffen (Kaufverhaltenserklärung). Kaufverhaltens-typologien (Wie?) richten sich zumeist an den Informationsgewinnungs- und -verarbeitungs-aktivitäten von Nachfragern aus (vgl. *Meffert, H.*, 1989, S. 140f.). Dabei lassen sich als Verhaltenstypen der kognitive, der habitualisierte und der Impulskauf unterscheiden. Während bei ersterem das rationale Verhalten den Kaufprozeß steuert, wird dieser beim Impulskauf von Emotionen dominiert. Der habitualisierte Kauf setzt basiert Erfahrungen der Vergangenheit und ist i.d.R. weder durch eine besondere Kognition noch durch außergewöhnliche Emotionen gekennzeichnet.

Seit jeher galt das verstärkte Interesse der Marketingtheorie jedoch auch der Kaufverhaltenserklärung (Warum?) und hierbei insbesondere der Ableitung verhaltensrelevanter Bestimmungsfaktoren (vgl. *Meffert, H.*, 1989, S. 138). Prinzipiell lassen sich dabei ökonomische, psychologische und soziologische Faktoren unterscheiden, die isoliert nur jeweils einen Teil des Kaufverhaltens erklären können. Da jedoch eine gleichzeitige Berücksichtigung aller Erklärungsdimensionen in einem Totalmodell wegen der einhergehenden Komplexität scheitert, sind in der Vergangenheit zahlreiche Partialmodelle entwickelt worden, die jeweils eine Erklärungsdimension in den Vordergrund stellen (z.B. Einstellungsmodelle).

Die Erkenntnisse über das Käuferverhalten beeinflussen nunmehr wesentlich die Aktionen der Nachfrageranalyse. So ist das Käuferverhalten - wie im folgenden zu zeigen sein wird - Grundlage einer notwendigen Marktabgrenzung, steuert wesentlich die Vorgehensweise der Marktforschung, ist jedoch zugleich auch deren Zieldimension. Ebenso steuert das identifizierte Kaufverhalten die Segmentierung des Marktes.

Unter einer Marktabgrenzung ist der Versuch zu verstehen, den relevanten Markt festzulegen und somit das "Gebilde" näher zu identifizieren, auf das sich die Absatzanstrengungen einer Unternehmung richten sollen. Der relevante Markt umfaßt dabei nach *Backhaus* (1992, S. 151) alle für die Kauf- und Verkaufsentscheidungen bedeutsamen Austauschbeziehungen zwischen Produkten in räumlicher, zeitlicher und sachlicher Hinsicht. Letztlich wird eine solche angestrebte Abgrenzung nur dann erfolgreich sein, wenn es gelingt, die Abgrenzung aus Sicht der Nachfrager zu vollziehen, da allein der Nachfrager festlegen kann, welche Leistungen er als substituierbar ansieht (zeitlich, räumlich, sachlich). Aus diesem Grunde ist von den zahlreichen in der Literatur entwickelten Ansätzen zur Abgrenzung des relevanten Marktes (vgl. hierzu *Backhaus, K.*, 1992, S. 153) allein das Konzept der verwenderorientierten, subjektiven Austauschbarkeit (vgl. *Dichtl u.a.*, 1983, S. 435) erfolgversprechend, wonach diejenigen Leistungen zu einem relevanten Markt gehören, die in den Augen der Nachfrager substituierbar sind.

Ist es so gelungen, den relevanten Markt abzugrenzen, stellt sich in einem nächsten Schritt die Frage, durch welche kaufverhaltensrelevanten Merkmale sich die Nachfrager in diesem Markt auszeichnen. Die Beschaffung und Auswertung diesbezüglicher Informationen ist die vornehmliche Aufgabe der Marktforschung. Sie sollte sich dabei im Rahmen der Informationsbeschaffung allgemein zugänglicher Informationsquellen bedienen (sekundäre Informationen) und die darüber hinaus notwendigen Daten durch Befragungen, Beobachtungen oder Experimente generieren (primäre Informationen).

Sofern mit Hilfe der Marktforschung ausreichendes Datenmaterial über die zum relevanten Markt gehörenden Nachfrager gesammelt und aufbereitet worden ist, kann es sich mitunter herausstellen, daß die Nachfrager keine gleichartigen (homogenen) Verhaltensweisen und Präferenzsysteme aufweisen. Daher ist in einem letzten Schritt der gesamte relevante Markt so in Teilmärkte und somit in Segmente zu zerlegen, daß die Nachfrager eines Segmentes vergleichsweise homogen sind, die Segmente untereinander jedoch möglichst heterogen. Die Marktsegmentierung sollte dabei anhand zentraler kaufrelevanter Dimensionen erfolgen, die darüber hinaus zeitstabil sowie meßbar sein sollten und die zudem zu ausreichend großen Marktsegmenten führen sollten (vgl. *Meffert, H.*, 1989, S. 244).

3.2.2 Marketing-Instrumente

Kern der für das Grundstudium relevanten Absatzpolitik ist das Maßnahmenbündel, das einer Unternehmung zur operativen Marktbearbeitung zur Verfügung steht. An einzelnen zu ergreifenden Maßnahmen und damit auch einzusetzenden Instrumenten sind

• die Produkt- und Sortimentspolitik,

• die Distributionspolitik,

• die Kommunikationspolitik und

• die Preispolitik

zu unterscheiden. Da zwischen den einzelnen Instrumenten zahlreiche, wechselseitige Abhängigkeiten bestehen, führt eine isolierte Optimierung häufig zu suboptimalen Ergebnissen und Wirkungen. Daher ist es vielmehr von Interesse, das optimale Maßnahmenmix zu bestimmen, zu dessen Festlegung aber die erwähnten Abhängigkeiten berücksichtigt werden müssen, was aufgrund der entstehenden Komplexität nicht immer gelingt.

3.2.2.1 Die Produktpolitik

Die Produktpolitik umfaßt nunmehr alle Maßnahmen, bei denen eines oder mehrere Produkte als absatzwirtschaftliche Instrumente eingesetzt werden (vgl. *Sabel, H.*, 1971, S. 47). Diese Definition macht jedoch noch keineswegs deutlich, was letztlich unter einem Produkt zu verstehen ist. Zweifelsohne gehören so zu einem Produkt nicht allein die Leistungsbestandteile, die beim Nachfrager einen Grundnutzen stiften, sondern auch diejenigen, die darüber hinaus einen zusätzlichen Nutzen generieren. Die Produktbestandteile lassen sich dabei den Bereichen Produktkern, Verpackung, Markierung oder Produktdienstleistungen zuordnen. Während zum Produktkern die Eigenschaften gehören, die den skizzierten Grundnutzen stiften, dient die Verpackung nicht nur dem Schutz des Produktes, sondern u.a. auch als Träger zusätzlicher Eigenschaften (Name, Werbung, Gebrauchsanleitung etc.). Den Produktdienstleistungen sind Kundenservice, Garantien und ähnliches zuzuordnen.

Im Mittelpunkt der Produkt- und Sortimentspolitik stehen folgende Entscheidungstatbestände:

• Neuproduktplanung,

• Produktdifferenzierung/ -variation,

• Produktelimination,

• Sortimentsplanung.

Gerade der Neuprodukteinführung wird dabei von seiten der Praxis eine hohe Bedeutung beigemessen, da sie als Voraussetzung für eine auch zukünftig zufriedenstellende Umsatz- und Rentabilitätsstruktur angesehen wird (vgl. *Brockhoff, K.*, 1993, S. 1). Die

Neuproduktplanung läßt sich in die zum Teil vorgelagerten Schritte der Ideengewinnung, der -bewertung, der -auswahl und der Neuproduktverwirklichung unterteilen (vgl. *Meffert, H.*, 1989, S. 379ff.). Sollen dagegen bestehende Produktangebote neu positioniert werden, bietet sich eine Variation (Veränderung des bestehenden Produktes) oder Differenzierung (zusätzliches Anbieten veränderter Produkte) an. Schließlich mündet der Lebenslauf eines Produktes zwangsläufig in eine Eliminationsphase, in der unter Einbeziehung qualitativer Kriterien (Unternehmensimage etc.) entschieden werden muß, wann das betreffende Produkt vom Markt genommen wird. Streng genommen müssen Neuproduktplanung, Variations- und Differenzierungsentscheidungen, wie auch die Produktelimination in eine umfassende Sortimentsplanung integriert werden. Ziel der Sortimentsplanung ist es, die genannten Einzelentscheidungen unter Berücksichtigung zeitlicher Aspekte zusammenzuführen.

3.2.2.2 Die Distributionspolitik

Nach *Ahlert* umfaßt die Distributionspolitik "die Planung, Durchführung und Kontrolle von Maßnahmen zur zielkonformen, strategiegeleiteten Gestaltung der Distributionsprozesse" (*Ahlert, D.*, 1991, S. 8). Die Distribution erstreckt sich dabei auf alle Entscheidungen, die sich auf den physischen Weg eines Produktes zum Endkonsumenten beziehen. Somit ist es letztlich das Ziel der Distributionspolitik, einerseits die Vertriebswege und andererseits die unternehmenseigene Logistik zu optimieren. Die Wahl des Vertriebsweges setzt in einem ersten Schritt voraus, daß Entscheidungen über Eigen- oder Fremdvertrieb, über direkten oder indirekten Vertrieb bzw. über den konkret auszuwählenden Absatzweg getroffen werden. Daneben gehört es aber auch zur Aufgabe der Absatzkanalproblematik, daß ausgewählte Distributionskanäle betreut und regelmäßig neu bewertet werden. Schließlich muß im Rahmen von Logistikentscheidungen sichergestellt werden, daß die von den Distributionskanälen oder Endabnehmern benötigten Produktmengen jeweils zeit-, mengen- und qualitätskonform geliefert werden.

3.2.2.3 Die Kommunikationspolitik

Inhalt der Kommunikationspolitik ist die zielgerichtete, bewußte Gestaltung der auf den Markt gerichteten Informationen eines Unternehmens (vgl. *Meffert, H.*, 1989, S. 443). Im einzelnen sind der Kommunikationspolitik die Entscheidungsbereiche

- Werbung,

- Verkaufsförderung,

- Persönlicher Verkauf und

- Öffentlichkeitsarbeit

zuzurechnen.

Während es dabei das Ziel von Werbung ist, "Menschen durch den Einsatz spezifischer Kommunikationsmittel zu einem bestimmten, absatzwirtschaftlichen Zwecken dienenden Verhalten zu bewegen" (*Nieschlag, R./ Dichtl, E./ Hörschken, H.*, 1993, S. 1035), wobei die Wirkung eher mittelfristig angelegt ist, kommt der Verkaufsförderung die Aufgabe zu, der Zielgruppe kurzfristig Anreize zu geben, um damit die Absatzmengen z.B. in der gleichen Periode zu erhöhen. Zielen Werbung und Verkaufsförderungsmaßnahmen, wie auch bei erklärungsbedürftigen Produkten der Persönliche Verkauf, direkt auf den Absatz ab, so hat die Öffentlichkeitsarbeit eine andere Funktion. Sie richtet sich nicht allein an die konkrete Zielgruppe eines Produktes, sondern vielmehr an die gesamte Unternehmensumwelt. Imagepflege, Vertrauensschaffung etc. haben dabei eine (ungewisse) langfristige Wirkung, sind jedoch mitunter unerläßlich, um die Unternehmung im umgebenden Sozialsystem zu positionieren.

3.2.2.4 Die Preispolitik

Die <u>Preispolitik</u>, die strenggenommen Teil der Kontrahierungspolitik ist, beinhaltet nach *Meffert* "die Definition und den Vergleich von alternativen Preisforderungen gegenüber potentiellen Abnehmern sowie die Entscheidung für eine Alternative und deren Durchsetzung unter Ausschöpfung des durch unternehmensinterne und -externe Faktoren beschränkten Entscheidungsspielraums" (*Meffert, H.*, 1989, S. 262). Auch wenn dabei unbenommen ist, daß der Absatz von Produkten nicht allein durch den Preis gesteuert wird, sondern vielmehr durch ein Spektrum von Instrumenten, steht im Mittelpunkt der Preispolitik der Versuch, eine Beziehung zwischen möglichen Preisforderungen und Absatzmengen herzustellen. Diese Beziehung wird idealtypisch durch Preis-Absatz-Funktionen beschrieben. Modellhaft lassen sich dabei bestimmte Ausgestaltungen dieser Funktionen verschiedenen Marktformen (Monopol, Oligopol, Polypol) zuordnen. Neben der Bestimmung von Preis-Absatz-Beziehungen ist es auch die Aufgabe der Preispolitik, die zeitliche und regionale Preissetzung strategisch zu gestalten. Penetrations- oder Abschöpfungsstrategien können dabei ebenso über den Preis realisiert werden, wie es andererseits sinnvoll sein kann, Preisforderungen regional anzupassen (Preisdifferenzierung). Parallel zum Problem der Preisfestsetzung gilt es, sich auch mit Fragen der Preisdurchsetzung zu beschäftigen. In diesem Zusammenhang steht das vertikale Preismanagement im Vordergrund, welches berücksichtigt, daß letztlich auch die Absatzkanäle Einfluß auf die Endabnehmerpreise nehmen.

3.3 Aufgaben und Fallstudien zum Absatzbereich

Grundlagen der Absatzpolitik

Aufgabe 3.1:

Die Begriffe "Absatz" und "Marketing" werden in der Literatur, insbesondere aber in der Praxis vielfach synonym verwandt.

Machen Sie anhand möglicher Definitionen deutlich, daß eine solche Gleichsetzung strenggenommen unzulässig ist. Arbeiten Sie des weiteren wesentliche Unterschiede, aber auch Gemeinsamkeiten zwischen den Begriffen heraus.

Aufgabe 3.2:

Eine zentrale Aufgabe von Marktanalysen liegt in der Abgrenzung des relevanten Marktes.

a) Erläutern Sie den Begriff des relevanten Marktes. Gehen Sie weiterhin auf Kriterien ein, die der Abgrenzung dienen können und geben Sie Beispiele für Abgrenzungen nach den von Ihnen identifizierten Kriterien.

b) In der Literatur werden zahlreiche Konzepte zur sachlichen Abgrenzung des relevanten Marktes diskutiert. Nennen Sie mindestens fünf vorgeschlagene Konzepte und diskutieren Sie deren Verwendungsmöglichkeiten zur "richtigen" Abgrenzung des Marktes.

c) Eine fehlerhafte Abgrenzung des relevanten Marktes kann für Unternehmen von nachhaltiger Bedeutung sein. Beschreiben Sie anhand selbstgewählter Beispiele die Folgen falsch abgegrenzter Märkte für Unternehmen.

d) Diskutieren Sie die Beziehung zwischen den Aufgabenstellungen "Abgrenzung des relevanten Marktes" und "Marktforschung". Sind die Aufgabenstellungen in eine chronologische Reihenfolge zu bringen?

Aufgabe 3.3:

Mitunter schließt sich an die Abgrenzung des relevanten Marktes eine Segmentierung der auf dem relevanten Markt zu findenden Nachfrager an.

a) Was ist unter einer solchen Marktsegmentierung zu verstehen? Erläutern Sie desweiteren, warum häufig trotz einer vollzogenen Abgrenzung des relevanten Marktes eine Marktsegmentierung notwendig ist.

b) Welchen Anforderungen müssen Marktsegmentierungskriterien genügen? Lassen sich auch Anforderungen für die angestrebten Marktsegmente formulieren?

c) Die Geschäftsführung der Dorn GmbH, eines europaweit tätigen Maschinenbauunternehmens mit Sitz in Aachen, hat den Abteilungsleiter "Vertrieb", Herrn Müller, beauftragt, eine Marktsegmentierung für die Produktgruppe CNC-Maschinen für die nächste Vorstandssitzung vorzubereiten.

Wenige Tage vor dieser Vorstandssitzung bittet Sie Herr Müller, in dessen Vertriebsabteilung Sie ein mehrwöchiges Praktikum absolvieren, die von ihm erarbeitete Vorlage durchzusehen und hierzu möglichst offen Stellung zu beziehen.

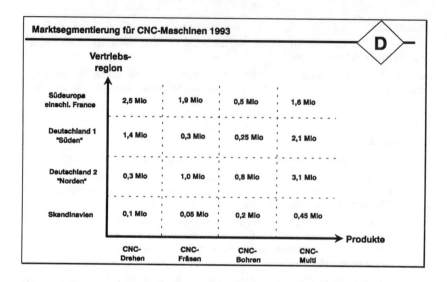

Was ist zu dem von Herrn Müller erarbeiteten Chart zu sagen. Handelt es sich hierbei um eine vom Vorstand gewünschte Marktsegmentierung?

Aufgabe 3.4:

Überprüfen Sie die Richtigkeit der folgenden Aussagen und begründen Sie Ihre Antworten!

a)   Bei dem Einstellungsmodell von Fishbein handelt es sich um ein Totalmodell zur Erklärung von Kaufverhalten.

b)   Das Modell von Trommsdorf gehört in die Gruppe psychologisch ausgerichteter Partialmodelle zur Erklärung von Kaufverhalten.

c)   Ein Impulskauf liegt dann vor, wenn die Kaufentscheidung durch einen kognitiven Impuls gesteuert wird und somit auf logischen Entscheidungsprozessen beruht.

d)   Das zentrale Ergebnis der Marktforschung ist eine Beschreibung des Käuferverhaltens. Da zur Abgrenzung des relevanten Marktes das Käuferverhalten bekannt sein muß, sollte einer Abgrenzung des relevanten Marktes Marktforschung vorausgehen.

e)   Demographische Beschreibungsmerkmale von Nachfragergruppen sind z.B. Alter, Geschlecht, Einkommen oder Ausbildungsstand.

f) Psychographische Merkmale von Nachfragern werden häufig durch die Ausprägungen demographischer Merkmale geprägt.

g) Eine Marktsegmentierung, die allein auf Basis demographischer Merkmale durchgefüht wird, führt nicht zu homogenen Segmenten in bezug auf das Kaufverhalten.

h) Die Begriffe Kaufverhalten und Käuferverhalten sind identisch.

i) Wird im Rahmen der Marktforschung Sekundärmaterial verwendet, so bedeutet dies, daß innerhalb und außerhalb der Unternehmung vorhandenes Datenmaterial herangezogen wird.

k) Die Marktforschung bedient sich im Rahmen der Informationsgewinnung u.a. der Befragung oder der Beobachtung. Während es bei Befragungen ausreicht, Stichproben der zu analysierenden Grundgesamtheit in die Erhebung aufzunehmen, sollten Beobachtungen nur bezüglich der Grundgesamtheit vorgenommen werden.

l) Je weniger Marktsegmente im Rahmen einer Segmentierung identifiziert werden, desto größer ist die innerhalb der Segmente zu verzeichnende Heterogenität in bezug auf das Käuferverhalten. Daher ist die allgemein formulierte Anforderung an Segmentierungen, ausreichend große Segmente zu erzeugen, differenziert zu betrachten.

m) Ein Einzelhandelspanel bezieht sich nur auf solche Nachfrager, die vornehmlich im Einzelhandel kaufen.

n) Im Gegensatz zum Konsumgütermarketing zeichnet sich das Investitionsgütermarketing dadurch aus, daß hier Kaufentscheidungen von Gruppen (Buying Center) getroffen werden. Solche Kaufentscheidungen sind im Konsumgüterbereich nicht zu finden.

o) Das Marktpotential eines jeden Produktes entspricht genau genommen dem Bruttosozialprodukt eines Landes, da dies die Obergrenze für zukünftig erreichbare Marktvolumina darstellt.

Aufgabe 3.5:

Die Kromann&Sohn GmbH ist ein 1927 von Walter Kromann gegründetes Unternehmen, das Küchenmöbel herstellt. Seit einigen Jahren muß Dieter Kromann, ein Enkel des Gründers und augenblicklicher Geschäftsführer des Unternehmens, feststellen, daß die Umsätze des Unternehmens in der Sparte Küchentische stagnieren. Daher hat er die "Produktentwicklung" beauftragt, ein neues Modell für das Segment "Junge Familie" zu entwickeln. Die Produktentwicklung hat daraufhin zwei alternative Tische ("Greta" und "Delta") entwickelt, wobei bislang innerhalb der Unternehmung keine Einigkeit erzielt werden konnte, welches Modell den Einstellungen der Zielgruppe am weitestgehenden entspricht.

Daher hat Dieter Kromann ein bekanntes Marktforschungsinstitut beauftragt, dieser Frage abschließend nachzugehen. Das Institut hat dabei in einem ersten Schritt wesentliche Einstellungsdimensionen ermittelt und im Anschluß daran eine Befragung einer repräsentativen Stichprobe der Zielgruppe durchgeführt. Die Befragten wurden dabei gebeten, einen Idealpunkt (auf einer gegebenen Skala) bezüglich der vorgelegten

Dimensionen anzugeben und schließlich auch Greta und Delta auf der gleichen Skala einzustufen. Die nachfolgende Abbildung zeigt das aggregierte Ergebnis dieser Befragung.

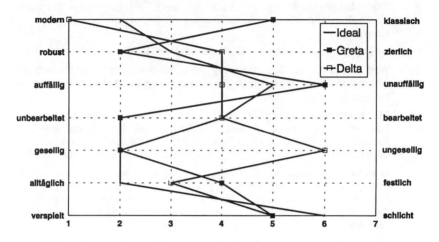

Nach der Präsentation der Ergebnisse durch das Marktforschungsinstitut ist man sich bei der Kromann GmbH nicht einig, wie die Ergebnisse zu interpretieren sind. Dieter Kromann, bei dem das Studium der Wirtschaftswissenschaften bereits einige Zeit zurückliegt, erinnert sich noch schwach an das Einstellungsmodell von Trommsdorf.

a)   Welche Einstellungswerte ergeben sich nach dem Modell von Trommsdorf für die Modelle Greta und Delta. Welches Modell ist demnach in den Markt einzuführen? Erläutern Sie Ihre Aussagen.

b)   Dieter Kromann schließt sich Ihrer Entscheidung bezüglich der Markteinführung (a)) an. Welche kritischen Fragen wären jedoch eigentlich zuvor zu beantworten gewesen?

Instrumente der Absatzpolitik

Produktpolitik

Aufgabe 3.6:

Nennen und erläutern Sie die zentralen Elemente der Produktpolitik. Zeigen Sie dazu die unterschiedlichen Ebenen bzw. Hierarchien des Produktbegriffes auf.

Aufgabe 3.7:

Unter dem Dach der Velo GmbH werden in einem von vier Profit-Centern drei verschiedene Fahrradtypen hergestellt, die im Direktvertrieb verkauft werden. Es handelt sich bei diesen Produkten um Varianten, so daß die gleichen Fahrradrahmen Verwendung finden, die von einem Zulieferer in jeweils gewünschtem Umfang bis zu einer maximalen Menge von 500 Stück p.a. "Just-in-time" angeliefert werden. Die Produktion eines Fahrrades beansprucht unabhängig vom Fahrradtyp eine Zeiteinheit. Die Abteilung Marktforschung hat für die nächste Periode die folgenden Absatzhöchstmengen für die jeweiligen Varianten ermittelt:

Fahrradtyp Sport: 200 Stck.

Fahrradtyp Elegant: 120 Stck.

Fahrradtyp Modern: 150 Stck.

Im Rahmen der produkt- und sortimentspolitischen Planung werden die folgenden variablen Kosten und die jeweils am Markt erzielbaren Preise (p. Stck.) zugrunde gelegt.

Typ	Sport	Elegant	Modern
Preis [DM/Stck.]	700,-	970,-	650,-
Gesamte Stückkosten [DM/Stck.]	760,-	990,-	535,-
Variable Kosten [DM/Stck.]	600,-	850,-	450,-

*Dem Unternehmen stehen Fertigungskapazitäten im Umfang von insgesamt 500 ZE zur Verfügung, die im Verhältnis 1 : 4 aus dem Einsatz eines kleineren und eines großen Aggregats resultieren.

Für das Gesamtunternehmen fallen jährliche Fixkosten in Höhe von DM 70.750,- an.

a)   Stellen Sie das für die Unternehmung günstigste Absatz- und Produktionsprogramm zusammen und ermitteln Sie das dazugehörige Unternehmensergebnis. Welche Konsequenzen sollte das Profit Center aus dem vorliegenden Ergebnis ziehen?

b)   Wie verändern sich die Ergebnisse aus Aufgabe a), falls der Unternehmung aufgrund von Lieferengpässen des Rahmenzulieferers zukünftig nur 260 Fahrradrahmen monatlich zur Verfügung stehen und ggf. durch die kostengleiche Vermietung des größeren Produktionsaggregates kurzfristig 40% der Fixkosten abbaubar sind, wodurch die Restkapazität des Unternehmens auf 120 ZE reduziert würde?

c)   Welche Konsequenzen hätte eine durch dramatische Absatzeinbrüche hervorgerufene Reduzierung des Umsatzvolumens auf insgesamt DM 146.500,- im Hinblick auf die Produkt- und Sortimentsplanung der Velo GmbH?

d)   Ein bisher nicht als Kunde geführter Großhändler beabsichtigt kurzfristig 160 Räder der Marke Elegant bei der Velo GmbH fertigen zu lassen. Ermitteln Sie die kurzfristige Preisuntergrenze und diskutieren Sie die Vor- und Nachteile bei Annahme des Zusatzauftrages. (Verfügbare Fahrradrahmen: 260 ME).

Aufgabe 3.8:

Zeigen Sie die für die Entwicklung produktpolitischer Alternativen erforderlichen, im Neuprodukt-Planungsprozeß ablaufenden Stufen einer Neuproduktplanung.

Aufgabe 3.9:

Definieren Sie den Begriff Sortiment! Erläutern Sie daraufhin die sortimentspolitischen Entscheidungsalternativen in Abhängigkeit von den Grundsatzentscheidungen "Strukturveränderung", "Sortimentsausweitung" und "Sortimentseingrenzung".

Aufgabe 3.10:

Die Treter GmbH gehört mit ihrem Produkt "Freizeitsandale" (S) zu den drei marktanteilsstärksten Wettbewerbern auf dem Markt für Freizeitschuhe. Wegen des zunehmenden Wettbewerbs auf dem Markt für Fußbekleidung und in der Absicht einer Sortimentserweiterung plant das Unternehmen schon seit einiger Zeit die Markteinführung eines luftigen Freizeitschuhs "Flink" (F). Der Vertriebsleiter der Treter GmbH, Dr. Martin, hat trotz der grundsätzlich positiven Marktakzeptanzerwartungen der sonstigen Führungskräfte wiederholt im Rahmen einer Abteilungsleiterbesprechung auf die Gefahr von gravierenden Substitutionseffekten hingewiesen. Als Begründung dafür wies Dr. Martin auf die hohe Produktähnlichkeit zum Produkt "Freizeitsandale" und dem damit verbundenen Variantencharakter von "Flink" hin. Vor diesem Hintergrund wurde ein Marktforschungsinstitut beauftragt, die Partizipations- und Substitutionseffekte für das geplante Produkt "Flink" für einen Zeitraum von 4 Jahren festzustellen. Die Ergebnisse sind in der folgenden Übersicht dargestellt.

Perioden	1. Jahr	2. Jahr	3. Jahr	4. Jahr
Partizipationseffekt (X_F) [ME]	320	280	200	60
Substitutionseffekt $(x°_F)$ [ME]	120	120	160	180
Deckungsspanne des Neuproduktes (g_F) [GE/ME]	14	17	14	10
Deckungsspanne des alten Produktes (g_S) [GE/ME]	15	16	15	15

a) Erläutern Sie die Begriffe "Partizipationseffekt" und "Substitutionseffekt" und leiten Sie ein Entscheidungskriterium für die Ermittlung der Vorteilhaftigkeit einer Produktdifferenzierung ab.

b) Ermitteln Sie unter Berücksichtigung der Partizipations- und Substitutionseffekte die Bruttogewinne der jeweiligen Perioden. Welche Konsequenzen müßten angesichts der vorliegenden Ergebnisse gezogen werden?

c) Setzen Sie sich kritisch mit der Aussagekraft der Ergebnisse auseinander. Diskutieren Sie in diesem Zusammenhang weitere Kriterien, die für eine erste Überprüfung der Neuproduktidee heranzuziehen sind.

Aufgabe 3.11:
Die Edelweiß GmbH, ein renommierter Hersteller von Langlaufskiern, plant zum Zweck der Sortimentserweiterung die Einführung eines Neuproduktes im stark umkämpften Segment alpiner Wintersport zur .. Zur Diskussion stehen die Produkte Alpinski (A), Snowboard (S) und Tourenski (T). Im Rahmen einer von der Unternehmensberatung Schlaumüller-Consulting durchgeführten Analyse der Neuproduktideen wurden für die Bewertung der drei Neuproduktideen auf Grundlage zuvor definierter und entsprechend ihrer Bedeutung gewichteter (6) Kriterien (1 = geringe Bedeutung, 6 = sehr hohe Bedeutung), Punkte zwischen 5 (sehr gut) und 1 (sehr schlecht) vergeben. Die Unternehmens hat darüber hinaus vorgeschlagen, unabhängig von der relativen Positionierung die Realisierung von dem Erreichen einer Mindestpunktzahl in Höhe von 20 abhängig zu machen.

Die folgende Abbildung zeigt die Punktezuordnung:

Kriterien/Erfolgs-faktoren	Produkte			Gewicht
	A	S	T	
Auswirkungen auf bestehende Produkte	3	5	2	4
Investitionsbedarf	3	2	5	2
Absatzerwartungen	5	5	2	5
Konkurrenzfähigkeit	3	4	5	6
Kapazitäts-beanspruchung	4	4	2	1

a)   Ermitteln Sie die Punktsummen der alternativen Neuproduktvorschläge. Beurteilen Sie die von der Unternehmensberatung vorgegebene Mindestpunktzahl. Machen Sie gegebenenfalls einen Alternativvorschlag.

b)   Zeigen Sie Vor- und Nachteile bzw. Aussagekraft des zugrundegelegten Produktbewertungsverfahrens. Welche zusätzlichen Informationen müssen für eine abschließende Beurteilung herangezogen werden?

Aufgabe 3.12:

Die Schlafschön GmbH (vgl. Aufgabe 1.6 Kostenrechnung) stellt Schlafzimmereinrichtungen her. Dem Unternehmen stehen dafür je Periode 1.520 Rohstoffeinheiten zur Verfügung.

Für die Absatz- und Sortimentsplanung wird von folgenden Daten ausgegangen:

Typ	Schlaf-mütze	Mond-schein	Wolke 7	Junges Glück
Absatzhöchstmenge [ME]	100	190	80	120
Preis [GE/ME]	1.750,-	2.000,-	1.600,-	1.000,-
Rohstoffeinheiten [RE/ME])	5	5	4	3
Variable Kosten [GE/ME]	1.300,-	1.600,-	980,-	790,-
Gesamtkosten [GE]	1.700,-	1.900,-	1.780,-	1.090,-

a) Welche Konsequenzen hätte eine durch erhebliche Konjunkturprobleme hervorgerufene Beschränkung der Absatzmöglichkeiten auf insgesamt 300 Schlafzimmerausstattungen im Hinblick auf das optimale Absatzprogramm? (Es gelten die o.g. Absatzhöchstmengen!)

b) Auf der Grundlage einer gerade erhobenen Marktstudie konnte ein Nachfrageverbund für das Schlafzimmer "Junges Glück" und dem in Fremdfertigung erstellten Kinderschlafzimmer "Premiere" festgestellt werden. Dabei wurde ermittelt, daß 25% der Käufer, die sich für die Schlafzimmereinrichtung "Junges Glück" entschieden haben, zugleich eine Einrichtung des Typs "Premiere" mit einem zusätzlichen Stückdeckungsbeitrag von DM 360,- kauften. Bestimmen Sie das optimale Produktionsprogramm.

c) Ein langjähriger Stammkunde fragt an, ob die Schlafschön GmbH in der Lage sei, im Rahmen eines großen Zusatzauftrags 200 Schlafzimmereinrichtungen der Marke Mondschein noch in diesem Monat zu fertigen und zu liefern. Bestimmen Sie die Preisuntergrenze bei Berücksichtigung der in Aufgabe b) geschilderten Absatzsituation.

d) Welche weiteren qualitativen und quantitativen Kriterien gilt es bei der in Aufgabe c) geforderten Entscheidung zu berücksichtigen?

Distributionspolitik

Aufgabe 3.13:

Eine wesentliche Entscheidung im Rahmen der Distributionspolitik stellt die Auswahl der Vertriebswege dar. Als Extremformen können dabei der direkte oder indirekte Vertrieb gelten. Die grundsätzliche Entscheidung sollte dabei sowohl unter Einbeziehung quantitativer als auch qualitativer Kriterien erfolgen. Geben Sie mögliche quantitative und qualitative Kriterien an, die innerhalb einer solchen Entscheidung von Bedeutung sein könnten.

Aufgabe 3.14:

Ein koreanischer Elektronikkonzern, der in der Vergangenheit ausschließlich in Nordamerika und Süd-Ostasien tätig war, plant mit seinem Produkt "Telestar", einem TV-Gerät, einen großangelegten Markteinstieg in Europa und so auch in der Bundesrepublik Deutschland. Als Vertriebskanäle in Deutschland kommen dabei der Facheinzelhandel, der Fachgroßhandel und Warenhäuser in Frage. Erste Gespräche mit Vertretern dieser drei Vertriebskanäle haben gezeigt, daß der Facheinzelhandel zunehmend dazu übergeht, neue Elektronikmarken nur noch dann in das eigene Sortiment aufzunehmen, wenn sich der Hersteller verpflichtet, keine fachfremden Absatzwege zu beliefern. Im Gegensatz dazu scheuen fachfremde Absatzkanäle (Warenhäuser) keineswegs die Konkurrenz zum Fachhandel. Somit stehen dem Konzern folgende alternative Vertriebswegekombinationen zur Verfügung:

• Vertrieb über den Fachgroßhandel und ausgewählte Facheinzelhändler,

• Vertrieb über Warenhäuser und den Fachgroßhandel.

Die nachfolgende Tabelle gibt zentrale Daten bezüglich der drei verschiedenen Kanäle wieder.

Daten	Warenhäuser	Facheinzelhandel	Fachgroßhandel
Anzahl in Frage kommender Geschäfte	20	250	41
Aufschlag auf Herstellerpreis [in %]	10	30	20
Absatzmenge pro Periode pro Geschäft [in Stück]	132	21	93
Lieferkosten [GE/Stück]	5,4	10,3	6

Darüber hinaus fordert jedes Warenhaus einen einmaligen Betrag für Kommunikationsaufwendungen von 10.000 [GE] pro Periode.

Helfen Sie der Konzernleitung bei der Entscheidung über die zu wählenden Vertriebswege, wenn des weiteren bekannt ist, daß bei Herstellungskosten von 390 [GE/Stück] ein einheitlicher Marktpreis von 600 [GE/Stück] geplant ist und der Konzern allein das Ziel der Gewinnmaximierung verfolgt.

Aufgabe 3.15:

In der Sitzung der Geschäftsführung eines mittelständischen Unternehmens wird aus aktuellem Anlaß über Fragen der Bewertung von Distributionskanälen debattiert. Die Diskussion ist notwendig geworden, da in letzter Zeit der bisherige, ausschließliche Großhändler A immer wieder Probleme machte und sich nun ein anderer Großhändler B bereit erklärt hat, den Vertrieb der Unternehmensprodukte zu übernehmen. Im Rahmen der Diskussion haben sich dabei zwei Fronten gebildet, die jeweils einen der Händler deutlich präferieren. Um die Wogen zu glätten, faßt Herr Bauer, der Sprecher der Geschäftsführung, diejenigen Sachverhalte zusammen, worüber trotz der polarisierten Meinungen Einigkeit besteht: "Also, meine Herren, einig sind wir uns doch darüber, daß Vertriebserfahrung, Absatzwegekosten, Strategieübernahme und Image die Kriterien sind, die unsere Entscheidung leiten sollten. Uneinigkeit besteht doch allein über das Gewicht der Kriterien und die Bewertung der Händler bezüglich dieser Kriterien. Daher schlage ich vor, daß jeder der Herren die Kriterien einmal nach seinen Vorstellungen gewichtet und den Lieferanten Schulnoten in bezug auf die Kriterien gibt."

Nachdem man sich mit diesem Vorschlag einverstanden erklärt hatte, zogen sich sich die vier Mitglieder zurück, um der Aufforderung von Herrn Bauer nachzukommen. Als man am nächsten Tag erneut zusammenkommt, zeigen sich folgende verschiedene Beurteilungen (sehr gut =1, gut = 2,..., ungenügend = 6) und Gewichtungen:

Herr Bauer (Herr Kleinewiese)			
Kriterium	Gewicht	Benotung Händler A	Benotung Händler B
Vertriebserfahrung	0,2 (0,1)	2 (3)	3 (2)
Absatzwegekosten	0,4 (0,3)	3 (3)	3 (3)
Strategieübernahme	0,3 (0,4)	3 (5)	2 (1)
Image	0,1 (0,2)	3 (4)	4 (2)

Herr Fischer (Herr Pieper)			
Kriterium	**Gewicht**	**Benotung Händler A**	**Benotung Händler B**
Vertriebserfahrung	0,4 (0,25)	2 (3)	4 (3)
Absatzwegekosten	0,3 (0,25)	3 (4)	4 (3)
Strategieübernahme	0,2 (0,25)	3 (4)	2 (2)
Image	0,1 (0,25)	2 (4)	4 (2)

"Prima", ergreift Herr Bauer erneut das Wort, "da wir alle gleichberechtigt in der Geschäftsführung sind, brauchen wir die Daten nur gleichgewichtig zusammenzufassen und schon hat sich das Problem geklärt.

a)   Helfen Sie Herrn Bauer, indem Sie ein Punktbewertungsmodell zur Vertriebskanalentscheidung aufstellen. Welcher Vertriebshändler wird in Zukunft mit der betrachteten Unternehmung zusammenarbeiten?

b)   Wie ist das hier angewandte Vorgehen aus methodischer Sicht zu beurteilen?

Aufgabe 3.16:

Die Greifswalder Porzellanmanufaktur ist nach der Wiedervereinigung privatisiert worden. Nachdem man in den vergangenen Jahren recht erfolgreich in der regionalen Umgebung die Erzeugnisse absetzen konnte, hat die Geschäftsleitung beschlossen, die Porzellanprodukte auch in Westdeutschland zu vertreiben. Unklar ist man sich jedoch darüber, ob die Distribution der Produkte eher durch Reisende oder Handelsvertreter erfolgen soll. Die für den Vertrieb zuständige Mitarbeiterin, Frau Pelz, wird daher gebeten, die aus ihrer Sicht relevanten Informationen über Reisende und Handelsvertreter zusammenzutragen.

Wenige Tage später legt Frau Pelz folgende Liste der Geschäftsleitung vor:

	Handelsvertreter	*Reisende*
notwendige Anzahl :	2	4
fixer Verdienst pro Person und Periode :	-	*2.500 [GE]*
variabler Verdienst pro Person :	*20 % vom Umsatz*	*3 % vom Umsatz*
Absatz pro Person und Periode in Stück :	5000	1800

a) Erläutern Sie den grundsätzlichen Unterschied zwischen Reisenden und Handelsvertretern.

b) Für welche Distributionsform wird sich die Greifswalder Porzellanmanufaktur entscheiden, wenn das hergestellte Porzellan Produktionskosten von 3,5 [GE/Stück] verursacht und zu einem Preis von 6 [GE/Stück] angeboten werden soll (Ziel der Gewinnmaximierung)?

c) Welche zusätzlichen Argumente müssen bei einer Entscheidung zwischen Reisenden und Handelsvertretern bedacht werden?

Aufgabe 3.17:

Beschreiben Sie die Entscheidungen, die im Rahmen der Logistik zu fällen sind. Gehen Sie dabei auch auf neuere Entwicklungstendenzen im Logistikbereich ein.

Aufgabe 3.18:

Die Lohmann AG ist ein in Bremen ansässiges Zulieferunternehmen der Automobilindustrie, das elektronische Schaltkreise für die PKW-Modelle eines in Deutschland führenden Automobilherstellers fertigt. Zu Beginn des Jahres 1994 erfährt die Lohmann AG, daß der Hersteller für 1995 plant, neben dem Bremer Produktionsstandort einen weiteren in Stuttgart aufzubauen. Im Mai 1994 fragt der Hersteller an, ob die Lohmann AG bereit sei, auch die in Stuttgart ab 1995 hergestellten PKW mit Schaltkreisen auszustatten. Der Hersteller bietet der Lohmann AG dabei einen fünfjährigen Liefervertrag mit folgenden festen Abnahmemengen an:

Jahr	1995	1996	1997	1998	1999
Abnahme-menge [ME]	150.000	270.000	300.000	300.000	300.000

Anfragen der Lohmann AG bei der Deutschen Bahn AG und einem Speditionsunternehmen haben ergeben, daß sowohl die Bahn als auch der Spediteur bereit sind, mehrjährige Verträge einzugehen. Dabei stellt die Bahn pauschal Beförderungskosten von 6 [GE/ME] in Rechnung. Der Spediteur hingegen fordert jährlich 100.000 [GE] als Pauschale und variable Kosten der Beförderung von 6 [GE/ME] bei Jahresmengen unter 300.000 [ME] und 5 [GE/ME] bei Mengen ab 300.000 [ME] pro Jahr. Beide Angebote gelten jedoch nur für einen fünfjährigen Vertrag. Schließlich steht der Lohmann AG auch die Möglichkeit offen, in unmittelbarer Nähe der Stuttgarter Produktionsstätte ein Zweigwerk für 7 Mio [GE] zu errichten, daß am Ende des Jahres 1999 für 1,3 Mio verkauft werden kann. In diesem Fall würden zwar keinerlei Transportkosten anfallen, die Investitionssumme müßte jedoch aus den Deckungsspannen der Schaltkreise (ohne Transportkosten) von 12 [GE/ME] finanziert werden. Die Bremer Investbank würde sich dabei anbieten, die 7 Mio [GE] zu einem Zinssatz von 8 % pro Jahr zur Verfügung zu stellen, zu dem auch überschüssiges Kapital angelegt werden kann.

Helfen Sie der Lohmann AG bei der Frage, ob das Angebot des Automobilherstellers angenommen werden soll und erläutern Sie, welche Logistikalternative aus Kosten- bzw Gewinngründen ausgewählt werden sollte.

Aufgabe 3.19:

Ein großer Kraftwerksbetreiber unterhält in der Bundesrepublik Deutschland die drei Atomkraftwerke A, B und C. Die in den Werken im Rahmen des Energieerzeugungsprozesses anfallenden radioaktiven Abfallprodukte müssen dabei in spezielle Endlager transportiert werden. Für das kommende Jahr ist dem Betreiber bekannt, daß im Werk A 76 t an Abfallprodukten anfallen werden, in Werk B 104 t und in Werk C 60 t. Die Abfallmengen können dabei im kommenden Jahr in den Endlägern 1, 2, 3 und 4 untergebracht werden, wobei für das Endlager 1 (2) eine freie Kapazität von 34 t (100 t) gemeldet wurde. Ebenso können zu Endlager 3 (4) 20 t (86 t) transportiert werden. Die Transporte werden dabei von speziellen LKWs vorgenommen, die jeweils 2 t der Abfallprodukte befördern können.

Entsprechend einer staatlichen Auflage muß der Betreiber die radioaktiven Abfallmengen insgesamt so auf die Lagerstätten verteilen, daß die Transportstrecke zwischen den verschiedenen Werken und den Endlagern minimiert wird.

In der folgenden Tabelle sind die Entfernungen zwischen Atomkraftwerken und Endlagern angegeben.

	Lager 1	Lager 2	Lager 3	Lager 4
Werk A	340 km	220 km	200 km	240 km
Werk B	360 km	400 km	380 km	600 km
Werk C	130 km	500 km	300 km	540 km

a) Welche Gesamtwegstrecke ergibt sich, wenn zuerst Werk A, dann Werk B und zum Schluß Werk C festlegt, in welche Endlager die jeweils anfallenden Abfallmengen transportiert werden? Warum wird der Betreiber bei einem solchen Vorgehen der staatlichen Auflage nicht gerecht?

b) Stellen Sie einen Ansatz zur Linearen Programmierung auf, der das vorliegende Wegstreckenproblem im Sinne der existierenden staatlichen Auflage löst. Kennzeichnen Sie die von Ihnen verwandten Variablen!

Preispolitik

Aufgabe 3.20:

Nehmen Sie Stellung zu den folgenden Aussagen

a) Preisabsatz- bzw. Nachfragefunktionen sind vollkommen unabhängig von der Art und der Intensität des Einsatzes distributions-, kommunikations- sowie programm- und sortimentspolitischer Absatzinstrumente eines Unternehmens.

b) Die Lage der Preisabsatzfunktion eines Herstellers verändert sich durch das Auftauchen weiterer (neuer) Wettbewerber in der Weise, daß eine Drehung der Preisabsatzfunktion um den Prohibitivpreis erfolgt, wodurch eine Verringerung der Sättigungsmenge eintritt.

c) Das Polypol ist unter anderem dadurch gekennzeichnet, daß die jeweiligen Unternehmen die Möglichkeit zur Ausnutzung breiter Preissetzungsspielräume haben.

d) Die Preispolitik ist nur eines von verschieden einzusetzenden Mitteln im Rahmen der Kontrahierungspolitik.

e) Eine Erhöhung des Wohlstandes, ausgedrückt in einer allgemeinen Einkommenssteigerung auf Seiten der Verbraucher, bewirkt grundsätzlich höhere Absatzpotentiale für die Anbieterseite.

Aufgabe 3.21:

Die Knut Lange KG, alleiniger Anbieter eines Nischenproduktes, hat in der letzten Periode 600 ME des angebotenen Produktes zu einem Preis von 90 GE absetzen können. Da das Unternehmen die kurzfristige Erzielung von Umsatzzuwächsen beabsichtigte, wurden die Produkte in dieser Periode zu einem reduzierten Preis von 80 GE angeboten. Beim Jahresabschluß konnte ein aktueller Gesamtumsatz in Höhe von 64.000 GE festgestellt werden.

a) Definieren Sie den Begriff der Preiselastizität!

b) Wie ist in der geschilderten Situation das Umsatzmaximum erzielbar? Ermitteln Sie dazu die umsatzmaximale Verkaufsmenge und den umsatzmaximalen Preis!

c) Zeigen Sie exemplarisch weitere relevante Einflußgrößen auf, die das Unternehmen bei der Wahl der Preispolitik berücksichtigen muß!

d) Bestimmen Sie den Preis, der für die abzusetzenden Produkte langfristig erzielt werden muß, um eine dauerhafte Weiterproduktion zu rechtfertigen. Gehen Sie dabei von der folgenden Kostenfunktion aus: $K = 50 + 2 \cdot x$. Interpretieren Sie das Ergebnis hinsichtlich seiner Verhaltensrelevanz.

Aufgabe 3.22:

Der Markt für Fensterblenden ist in Deutschland zwischen zwei Unternehmen aufgeteilt. Die F. Sippel GmbH , eines der Unternehmen, hat in der letzten Periode 26.000 ME der von ihr angebotenen Standardfensterlade verkaufen können. Bei einem Anteil am Gesamtmarkt in Höhe von 65 Prozent konnte damit ein Umsatz von insgesamt 6.500.000 GE erzielt werden. Dem Unternehmen sind als Ergebnis einer Wettbewerbsanalyse die erwartbaren Konsequenzen einer durch die Firma Sippel vorgenommenen Preisveränderung bekannt. Diese Kenntnisse stützen sich insbesondere auf eine als Triffin-Koeffizient genannte Kennzahl dieser Analyse, die hier mit dem Wert 4 angegeben ist. Für die zukünftige Nachfrageentwicklung ergab die Untersuchung eine ernüchternde Einschätzung. Danach ist von einer langfristig stagnierenden Gesamtabnahmemenge auszugehen.

a)   Was versteht man unter dem Triffinschen Koeffizienten? Welche zentralen Aussagen lassen sich daraus für die Aufgabe der Marktsegmentierung ableiten?

b)   Die Geschäftsführung der Sippel GmbH beabsichtigt, die in Erwartung steigender Nachfragemengen erweiterten Kapazitäten nun dennoch durch Marktanteilsgewinne auszulasten. Dazu wird der Einsatz einer offensiven Preispolitik in Erwägung gezogen. In diesem Zusammenhang soll über eine Preissenkung eine zukünftige Gesamtabsatzmenge von 26.800 ME je Periode realisiert werden. Welcher Preis ist von der F. Sippel GmbH anzustreben, um die gewünschte Erhöhung der jährlichen Absatzmenge zu realisieren?

c)   Welchen Preissetzungsspielraum hätte die F. Sippel GmbH im Gegensatz dazu bei einer auf Konsolidierung gerichteten Hochpreisstrategie, wenn davon ausgegangen werden kann, daß die Geschäftsführung des Unternehmens einen Marktanteilsverlust von bis zu 20 Prozent in Kauf nehmen würde?

d)   Zeigen Sie die Probleme der auf dem Triffinschen Koeffizienten basierenden Handlungsempfehlungen. Welche weiteren Informationen müßten für eine fundierte preispolitische Entscheidung herangezogen werden?

Aufgabe 3.23:

Ein Unternehmen der Möbelindustrie plant die zukünftige Preispolitik für die Profit-Center. Dabei ist für die neu gegründete Unternehmenssparte Sitzmöbel, die ausschließlich den Holzstuhl "Robustika" herstellt, die Preisbereitschaftsfunktion für den von diesem Profit-Center belieferten Markt bekannt ($p=600-0{,}02 \cdot x$). Für die Holzbeschaffung fallen variable Kosten von [150 GE/Stck.] an. Darüber hinaus hat das Unternehmen Fixkosten in Höhe von 62.000 [GE] pro Periode.

a)   Das Unternehmen verfolgt in den ersten Perioden das Ziel der Umsatzmaximierung für dieses Profit-Center. Welcher Preis muß für das angebotene Produkt "Robustika" verlangt werden, um den Gesamterlös der Periode zu maximieren?

b)   Wie müßte sich das Unternehmen verhalten, wenn im Rahmen einer späteren Konsolidierung das Ziel der Gewinnmaximierung Priorität erhält? Gehen Sie nun von einer Nachfragerschaft mit einer aufgrund von Bedarfsverschiebungen deutlich geringeren Preissensibilität aus, so daß die Sättigungsmenge jetzt bereits bei 50% der in Aufgabe a) ermittelten Menge liegt.

c) Parallel zu dem endgültigen Übergang zu weitestgehend selbstverantwortlichen Profit-Centern werden neue Zielkriterien und Beurteilungsmaßstäbe für die Erfolgsbeteiligung der Profit-Center vereinbart. Vor diesem Hintergrund und der Notwendigkeit anstehender Neuinvestitionen ist zukünftig die erzielte Rendite ein maßgeblicher Indikator der Profit-Center-Aktivitäten. Welche Menge müßte in diesem Zusammenhang von dem Produkt "Robustika" abgesetzt werden, wenn der Kapitalbedarf des Profit-Centers mit 50 [GE/ME] veranschlagt wird. Wie lautet der "renditemaximale" Preis?

d) Zeigen Sie die Rahmenbedingungen der unter a) und b) diskutierten Preispolitik. Inwiefern kann das Ziel der Umsatzmaximierung in frühen Perioden des Produktlebenszyklusses sogar als Voraussetzung einer späteren Gewinnmaximierung verstanden werden?

Aufgabe 3.24:

Erläutern Sie die für die preispolitischen Optionen eines Unternehmens relevanten Unterschiede zwischen den Marktformen "Polypol", "Monopol" und "Oligopol". Gehen Sie dazu auf die jeweils erwartbaren Konkurrenzreaktionen und die jeweilige Situation auf der Nachfragerseite ein.

Aufgabe 3.25:

Ein Händler rechnet mit einer Handelsspanne hinsichtlich des Endverbraucherpreises in Höhe von 40%. Für den Hersteller des Endproduktes, der über die Datenannahmen und -konstellationen des Händlers unterrichtet ist, lautet die Preis-Absatz-Funktion (p_E) bezüglich des Endverbrauchers

$P_E = 1.200 - 6 \cdot x$

Der Händler hat zusätzliche variable Kosten in Höhe von 30 [GE/ME] und einen Fixkostenblock in Höhe von 9.000 [GE] abzudecken. Demgegenüber fallen bei dem Hersteller fixe Kosten in Höhe von 12.000 [GE] und weiterhin variable Kosten von 20 [GE/ME] an. Sowohl Händler als auch Hersteller verfolgen annahmegemäß das Ziel der Gewinnmaximierung.

a) Wie hoch ist der Gewinn von Hersteller und Händler bei einer vom Hersteller antizipierten Kalkulation des Händlers nach der Kosten-Plus-Methode?

b) Wie verändern sich die Ergebnisse von Aufgabe a), wenn sowohl der Händler als auch der Hersteller nach dem Marginalprinzip operieren?

c) Wie hoch ist der erwartbare Gewinn bei gemeinsamer Gewinnmaximierung von Hersteller und Händler?

Kommunikationspolitik

Aufgabe 3.26:

a)   Werbung, Verkaufsförderung und Öffentlichkeitsarbeit werden häufig als die
     zentralen Bestandteile der Kommunikationspolitik angesehen. Grenzen Sie die
     Begriffe voneinander ab, indem Sie insbesondere auf die verfolgten
     kommunikationspolitischen Ziele und die anvisierten Zielgruppen eingehen.

b)   In der Praxis werden Werbebudgets mitunter als Prozentsatz des Vorjahresumsatzes
     festgesetzt. Setzen Sie sich kritisch mit dieser Budgetierungsmethode auseinander.

c)   Ordnen Sie folgende kommunikationspolitische Maßnahmen und Begriffe den
     Bereichen Werbung, Verkaufsförderung, Öffentlichkeitsarbeit und Persönlicher
     Verkauf zu:

     Mediaselektion, Sozialbilanz, Verkäuferwettbewerbe, TV-Spots, Waren-
     präsentation, Aufbau einer Kundendatenbank, Warenproben, Geschäftsberichte,
     Kommunikationsbudget, Preisausschreiben, Ausstattung der Geschäftsräume.

     Kennzeichnen Sie darüber hinaus diejenigen Maßnahmen, die mehreren
     Kommunikationsbereichen dienen können.

d)   Nehmen Sie zu folgender Aussage Stellung: "Ziel der Verkaufsförderung ist es,
     durch sich direkt auf Nachfrager richtende Maßnahmen kurzfristig den Absatz von
     Produkten zu erhöhen."

e)   Erläutern Sie den Unterschied zwischen dem Werbeziel und der Werbebotschaft.

Aufgabe 3.27:

Der Zigarettenmarkt ist durch sehr hohe Preiselastizitäten gekennzeichnet. Am Markt hat
sich so ein fester Preis von 5 [GE/ME] herausgebildet, der für die zahlreichen Anbieter
quasi als Datum vorgegeben ist. Änderungen der Absatzmengen können daher allein über
den Einsatz der Werbung erreicht werden.

Ein bestimmter Zigarettenhersteller sieht sich dabei folgender Produktionskostenfunktion
gegenüber :

$$K(x) = 0,002 \cdot x^2 - 35 \cdot x + 180.000$$

Des weiteren ist dem Hersteller bekannt, daß er in der nächsten Periode in Abhängigkeit
vom Werbeeinsatz (W) folgende Mengen am Markt (x) absetzen kann:

$$x(W) = 100 \cdot \sqrt{W} + 20.000$$

Bestimmen Sie für das hier beschriebene Problem den Werbeetat des Herstellers für die
nächste Periode!

Aufgabe 3.28:

Die Wolmax GmbH ist ein kleines Pharmaunternehmen, das 1965 von Maximilian Wolter gegründet wurde und sich auf die Herstellung einer vitalisierenden Vitamintablette spezialisiert hatte. Bis zum vergangenen Jahr war Maximilian Wolter noch als Geschäftsführer tätig und die Maxime seiner langjährigen, erfolgreichen Tätigkeit besagte, daß Werbung nur aus dem Fenster geworfenes Geld sei. Daher hatte man bei der Wolmax GmbH bislang vollkommen auf Werbung verzichtet.

Am Ende des letzten Jahres hat sich Herr Wolter (sen.) jedoch aus dem aktiven Geschäft zurückgezogen und die Leitung seinem Sohn Stefan Wolter überlassen. Im Gegensatz zu seinem Vater vertritt der jetzige Geschäftsführer eine differenzierte Auffassung gegenüber werbepolitischen Maßnahmen. So wird für das kommende Jahr erwogen, ganzseitige Anzeigen in einem Gesundheitsmagazin zu schalten. Die Schaltungskosten hängen dabei wesentlich von der im gesamten Jahr geplanten Anzeigenhäufigkeit ab.

Als Entscheidungsgrundlage dienen dabei folgende von einer Unternehmensberatung ermittelte Daten:

Situation 1: keine Werbung

Preis-Absatz-Funktion: $\quad p(x_1) = -\dfrac{1}{10.000} \cdot x_1 + 5$

Situation 2: eine Anzeige im Magazin

Preis-Absatz-Funktion: $\quad p(x_2) = -\dfrac{1}{10.000} \cdot x_2 + 8$

Situation 3: zwei Anzeigen im Magazin

Preis-Absatz-Funktion: $\quad p(x_3) = -\dfrac{1}{10.000} \cdot x_3 + 10$

Situation 4: drei Anzeigen im Magazin

Preis-Absatz-Funktion: $\quad p(x_4) = -\dfrac{1}{10.000} \cdot x_4 + 11$

Die nachfolgende Tabelle gibt die nach Anzeigenhäufigkeit gestaffelten Schaltungskosten an:

Anzeigenhäufig-keit:	1	2	3
Gesamtkosten:	8.000	11.000	14.000

Welche Anzeigenanzahl soll die Wolmax GmbH auswählen, wenn von der Kostenfunktion

$$K(x) = 0,01 \cdot x^2 - 40 \cdot x + 10.000$$

ausgegangen werden kann?

Aufgabe 3.29:

Herr Guntermann ist seit vielen Jahren Produktmanager eines großen deutschen Buchverlages. Im Augenblick ist es seine Aufgabe, die Markteinführung eines neuen Romans zu organisieren. Für die Markteinführung steht ihm dabei in der kommenden Periode ein Werbebudget von 1.000.000 [GE] zur Verfügung. Erfahrungen aus der Vergangenheit haben gezeigt, daß als Werbeträger in erster Linie Wochenblätter und Monatsmagazine in Frage kommen. In einem ersten Schritt stellt Herr Guntermann deshalb die aus seiner Sicht relevanten Daten für die in Frage kommenden Wochenblätter "Die Woche" und "Brennpunkt" sowie für das Monatsmagazin "Merkur" zusammen:

Werbeträger	Kosten je Schaltung [GE]	Leserschaft [in Tsd.]	Zielgruppenge-wichtung [in %]	Kontaktwahr-scheinlichkeit [in %]
"Die Woche"	8.000	2.000	40	40
"Brennpunkt"	5.000	500	60	40
"Merkur"	4.000	200	50	50

a) Wie berechnet sich im vorliegenden Fall die zu maximierende Größe der Werbewirkung?

b) Stellen Sie einen Ansatz der Linearen Programmierung für das skizzierte Entscheidungsproblem auf, wenn Sie davon ausgehen, daß die Werbewirkung maximiert werden soll. Kennzeichnen Sie die von Ihnen verwandten Variablen.

c) Inwieweit läßt sich die von Ihnen im Teil a) definierte Werbewirkung auf Situationen übertragen, in denen Werbeträger verschiedener Trägergattungen (z.B. TV, Hörfunk, Printmedien) zur Auswahl stehen?

Aufgabe 3.30:

Die Sailer AG ist eine traditionsreiche Münchener Privatbrauerei, deren Spezialprodukt ein würziges Weizenbier ist. Seit einiger Zeit beobachtet man bei der Sailer AG mit großem Interesse den Trend des Pilsbiermarktes zu alkoholarmen oder alkoholfreien Biersorten. Eine in Auftrag gegebene Marktstudie hat festgestellt, daß es auch im Segment der Weizenbiere einen Bedarf nach alkoholarmem Weizenbier gibt. Aus diesem Grunde beschließt die Sailer AG ein eigenes alkoholarmes Weizenbier zu entwickeln. Während das "normale" Weizenbier einen Alkoholgehalt von 6% aufweist, soll das neue "Sailer Spezial" maximal 2% Alkoholgehalt beinhalten. Wegen der Neuigkeit von Sailer Spezial

soll die für das kommende Jahr geplante Einführung von umfangreichen kommunikationspolitischen Maßnahmen begleitet werden.

Die o.g. Marktstudie hat u.a. den Gesamtbiermarkt in die Marktsegmente "Pils", "Altbier"
und "Weizenbier" zerlegt. Neben diesen Segmenten sind jedoch darüber hinaus die
Gruppen der "Nichtbiertrinker" und der "Weintrinker" zu beachten. Die untenstehende
Auflistung von Fragen, die die Segmente auf einer Skala von 1 (trifft voll zu) bis 5 (trifft
nicht zu) beantworten sollten, zeigt, daß diese Marktsegmente völlig unterschiedliche
Einstellungen und Präferenzen aufweisen.

Aussage	Pils	Alt	Weizen	Nichtbier	Wein
Ich trinke Alkohol nur in Gesellschaft!	4	2	3	1	4
Zum Konsum von Alkohol gehört eine Form von Gemütlichkeit!	4	4	1	2	2
Alkoholfreies oder -armes Bier ist nichts halbes und nichts ganzes!	2	3	3	4	2
An Weizenbier stört mich die Abfüllmenge (0,5 l) am meisten!	4	2	5	1	4

Innerhalb des Vorstandes der Sailer AG bricht angesichts dieser Ergebnisse eine
Diskussion aus, welche Marktsegmente im Rahmen der Kommunikationspolitik
angesprochen werden sollen. Helfen Sie den Verantwortlichen, indem Sie einerseits
Werbeziele bzw. -botschaften einer Werbekampagne zielgruppenspezifisch bestimmen und
andererseits die Einsatzmöglichkeiten anderer Maßnahmen erörtern.

Instrumenten-Mix

Aufgabe 3.31:

Einem Unternehmen ist bekannt, daß die Absatzmenge seines Hauptproduktes vom Preis, den Werbeaufwendungen und der Produktqualität abhängt. Die Produktqualität wird dabei auf einer Skala von 1 (minimale Qualität) bis 100 (maximale Qualität) gemessen und ist stufenlos zu variieren. Kostenstrukturanalysen haben gezeigt, daß jede Produkteinheit qualitätsunabhängige Stückkosten von 10 [GE/ME] verursacht. Daneben kann für die Erreichung der gewünschten Qualität unabhängig von der Ausbringungsmenge ein Kostenbetrag von

$$K(Q) = 4 \cdot Q^2$$

angesetzt werden.

In der Vergangenheit wurden mit einer relativ willkürlichen Festsetzung der Steuerungsparameter Preis, Werbung und Qualität relativ schlechte Erfahrungen gemacht, wie der untenstehenden Tabelle, in der die Parameterausprägungen und resultierenden Ergebnisse wiedergegeben sind, zu entnehmen ist.

Periode	Preis [GE/ME]	Werbeauf- wand [GE]	Qualität [1≤Q≤100]		Absatz- menge [ME]	Gewinn [GE]
1992	150	6 Mio.	20	➡	20.130	≈- 3,2 Mio.
1993	200	6 Mio.	50	➡	18.375	≈ - 2,5 Mio.
1994	300	4 Mio.	80	➡	6.820	≈ - 2,0 Mio.

Wegen der 1994 stark einbrechenden Nachfrage und den weiterhin deutlichen Verlusten beschließt die Unternehmensleitung, ab 1995 eine analytische Optimierung ihrer Mix-Instrumente vorzunehmen. Untersuchungen haben dabei gezeigt, daß der Zusammenhang zwischen Preis, Qualität und Werbung auf der einen Seite und der Ausbringungsmenge auf der anderen Seite linear ist und von einer festen Absatzmenge von 1.500 [ME] ausgegangen werden kann.

a) Bestimmen Sie die vom Preis, den Werbeaufwendungen und der Qualität abhängige Funktion der Ausbringungsmenge.

b) Welches ist das gewinnoptimale Instrumenten-Mix? Welcher Gewinn läßt sich so erzielen?

Aufgabe 3.32:

Ein Automobilhersteller plant die Einführung eines neuen Mittelklassewagens. Aus der Vergangenheit ist dem Hersteller bekannt, daß bei PKW-Neueinführungen die erzielbare Absatzmenge vom Preis, der Werbung und den Distributionsanstrengungen abhängig ist. Beim Preis kommen dabei aus strategischen Überlegungen allein 15.000 [GE] oder 20.000 [GE] in Frage. Wird die Neueinführung von umfangreichen Werbemaßnahmen begleitet, so führt dies zu Kosten von 1,5 Mio [GE], wohingegen eine eingeschränkte Werbung allein zu Kosten in Höhe von 0,5 Mio [GE] führt. Schließlich kann die Distribution auf das bestehende Vertragshändlernetz beschränkt werden (anteilige Kosten von 0,25 Mio [GE]) oder aber das Netz ausgebaut werden (Gesamtdistributionskosten für den Neuwagen von 1 Mio [GE]).

In der nachfolgenden Tabelle sind die von der Marktforschung in Abhängigkeit von möglichen Parameterkombinationen prognostizierten Absatzmengen zusammengestellt worden.

Mix-Nr.	Preis [GE/PKW]	Werbung [GE]	Distribution [GE]	Absatzmenge [PKW]
1	15.000	1,5 Mio	0,25 Mio	80.000
2	15.000	1,5 Mio	1 Mio	125.000
3	15.000	0,5 Mio	0,25 Mio	50.000
4	15.000	0,5 Mio	1 Mio	65.000
5	20.000	1,5 Mio	0,25 Mio	21.000
6	20.000	1,5 Mio	1 Mio	26.000
7	20.000	0,5 Mio	0,25 Mio	12.000
8	20.000	0,5 Mio	1 Mio	19.000

Die Produktionsfixkosten belaufen sich auf 100 Mio [GE] und die variablen Stückkosten auf 13.500 [GE/PKW].

a) Ermitteln Sie für alle Mix-Kombinationen die Break-Even-Absatzmengen und entscheiden Sie auf Basis dieses Kriteriums über den Einsatz der Mix-Parameter. Ist diese Kombination auch die gewinnmaximale Lösung?

b) Nennen Sie mögliche Kritikpunkte, die bei der Anwendung von Break-Even-Analysen beachtet werden sollten.

Teil C   Lösungen zu den Aufgaben und Fallstudien

Lösungen Kostenrechnung

Lösung 1.1:

a)   Die Aussage ist falsch!

Unter Gemeinkosten werden sowohl fixe als auch variable (z.b. Energie, Wasser usw.) Kosten verstanden, die den Kostenträgern nicht direkt zugerechnet werden können, da sie nicht von einer Produkt- bzw. Leistungseinheit alleine verursacht werden. Daher muß hier eine Verteilung auf die Kostenträger über Kostenstellen mittels Schlüsselgrößen erfolgen. Unechte Gemeinkosten (z.b. Hilfs- und Betriebsstoffe) als Sonderform wären zwar direkt zurechenbar. Aus Gründen der Wirtschaftlichkeit werden sie jedoch wie Gemeinkosten behandelt.

b)   Das ist lediglich ein Aufgabenbereich. Neben den Kontrollaufgaben (Wirtschaftlichkeitskontrolle und kurzfristige Kontrollrechnung) sind weitere Aufgaben im Zusammenhang mit der Planung für den Beschaffungs-, Produktions-, Absatz- und Koordinationsbereich sowie der Dokumentation feststellbar.

c)   Die Aussage ist falsch!

Zwar werden diese Kosten de facto zumeist als Gemeinkosten behandelt. Es ist jedoch unter bestimmten (erfassungstechnischen Voraussetzungen) auch eine direkte Zuordnung auf die Kostenträger vorstellbar (Einzelkosten).

d)   Die Aussage ist falsch!

Die Entgelte für den Verzehr von Produktionsfaktoren im Rahmen der Leistungserstellung sind Kern des pagatorischen Kostenbegriffs. In Abgrenzung dazu sind für die Ermittlung der wertmäßigen Kosten Kostenbewertungen zu Nutzenvorstellungen vorzunehmen. Das heißt, daß sowohl eine Berücksichtigung von Grenzausgaben als auch von Grenzgewinnen (z.B. Opportunitätskosten) erforderlich ist.

e)   Die Aussage ist falsch!

Die Liquiditätserhaltung (jederzeitige Zahlungsfähigkeit des Unternehmens) ist im Rahmen der betrieblichen Finanzprozesse zu realisieren. Diese Problematik stellt jedoch nicht auf Kosten und Leistungen, sondern auf das finanzielle Gleichgewicht und damit auf die Diskussion von Ein- und Auszahlungen ab.

f)   Die Aussage ist falsch!

Die Frage, welche Kosten angefallen sind, wird im Rahmen der Kostenartenrechnung thematisiert. Die Kostenstellenrechnung beschäftigt sich im Gegensatz dazu mit der Frage, wo (in welchen Kostenstellen) die Kosten angefallen sind.

g)   Die Aussage ist falsch!

Die differenzierte Verteilung der Gemeinkosten auf die Kostenträger mit Hilfe von Kalkulationssätzen (nach Kostenstellen getrennt) schafft die Voraussetzung, die Zuschlagskalkulation im Gegensatz beispielsweise zur Divisionskalkulation für Unternehmen mit Serien- und Einzelfertigung einzusetzen. Auf Grundlage einer Trennung in Einzel- und Gemeinkosten ist somit eine Anwendbarkeit für mehrstufige Produktionsprozesse bei inhomogener Kostenverursachung gegeben.

h)   Die Aussage ist richtig!

Das Stufenleiterverfahren liefert nur dann exakte Ergebnisse, wenn keine Hilfskostenstelle Leistungen von nachgelagerten Stellen empfängt.

i)   Diese periodenbezogene Rechnung ist lediglich ein Bestandteil der Kostenträgerrechnung. Neben der sogenannten Betriebsergebnisrechnung, die eine Kontrolle des Betriebserfolgs auf Basis von Voll- oder Teilkosten und Gesamt- oder Umsatzkostenverfahren ermöglicht, umfaßt sie weiterhin eine Kostenträgerstückrechnung bzw. Kalkulation. Hier erfolgt eine Kostenzurechnung auf die jeweilige Leistungseinheit zum Zwecke von preispolitischen Entscheidungen, Bewertungen von Halb- und Fertigfabrikaten, Kontrollaufgaben usw..

j)   Die Aussage ist richtig!

Da Spekulationsverluste nicht betriebsnotwendig sind, werden sie unter der Position "neutraler Aufwand" erfaßt und stellen somit keine Kostenposition dar.

k)   Die Aussage ist falsch!

Gemeinkosten sind lediglich indirekt auf die jeweiligen Kostenträger (über Schlüsselgrößen) zurechenbar. Gemeinkosten können sowohl variabel als auch fix sein. Unechte Gemeinkosten (z.B. Nägel, Lacke usw.) sind zwar eigentlich als Einzelkosten erfaßbar. Aufgrund von Wirtschaftlichkeitsüberlegungen werden sie jedoch wie Gemeinkosten behandelt.

l)   Die Aussage ist falsch!

Diese Methode unterstellt zwar einen (in der Realität regelmäßig feststellbaren) im Laufe der Nutzungsdauer abnehmenden Werteverzehr, ohne jedoch dem konkreten periodenindividuellen Leistungsverzehr Rechnung zu tragen.

m) Die Aussage ist richtig!

n)   Die Aussage ist falsch!

Bei der Ermittlung der Sollkosten werden die variablen Kosten proportional zur Ausbringungsmenge berücksichtigt. Damit sind auch bei über die Planbeschäftigung hinausgehender Istbeschäftigung in Abhängigkeit vom

Verbrauch je Leistungseinheit sowohl positive als auch negative Verbrauchsabweichungen vorstellbar.

o) Die Aussage ist falsch!

Die primären Kosten der Hilfskostenstellen sind gemäß der von ihnen an andere Kostenstellen abgegebenen Leistungseinheiten zu verteilen. Damit soll schließlich jede (Haupt-)Kostenstelle mit den von ihr verursachten Kosten ausgewiesen werden. Die nach vollständiger Verteilung resultierenden gesamten Kostenbelastungen der Hauptkostenstellen, die daraufhin Grundlage der Umlage auf die Kostenträger sind, tragen den Begriff "sekundäre Gemeinkosten". Somit werden nur von den verbleibenden Hauptkostenstellen Kosten auf Basis von Mengen- und/oder Wertschlüsseln auf die Kostenträger verteilt.

p) Die Aussage ist falsch!

Kalkulatorischer Unternehmerlohn fällt nicht unter die Kategorie Anderskosten, sondern unter den Begriff der Zusatzkosten. Zusatzkosten sind jedoch kalkulatorische Kosten, denen keinerlei Aufwandsäquivalent gegenübersteht.

q) Diese Aussage ist falsch bzw. unvollständig!

Generell ist die Preisuntergrenze der Preis, bei dem der Verkauf des Produktes gerade noch vorteilhaft ist. Neben den durch dieses Produkt verursachten variablen Kosten (Grenzkosten) hängt die Preisuntergrenze darüber hinaus von den in einer Situation gegebenen alternativen Verwendungsmöglichkeiten ab. Es müssen somit die Deckungsbeitragsverzichte des nicht produzierten nächstgünstigsten Produkts berücksichtigt werden. Ebenso sind in diesem Zusammenhang die bei Nichtproduktion des betrachteten Gutes anfallenden Aufwendungen (z.B. Entsorgungskosten usw.) zu berücksichtigen.

r) Die Aussage ist richtig!

Im Falle vorgegebener Kapazitäten ist von den über den Planungshorizont hinausgehenden Fixkosten zu abstrahieren.

Lösung 1.2:

a)

Begriffe des Rechnungswesens:

- Als <u>Auszahlungen</u> werden konkrete Zahlungsvorgänge bezeichnet, die zu einem Abgang liquider Mittel (Bargeld und Sichtguthaben) in der betrachteten Periode führen.

- <u>Ausgaben</u> bilden im Gegensatz dazu nicht nur reine Zahlungsvorgänge, sondern den gesamten Wert der (auch mittels Kreditvorgänge) zugegangenen Güter und Dienstleistungen ab.

- <u>Aufwendungen</u> sind das wertmäßige Äquivalent des gesamten Güterverzehrs einer Periode. Als Zweckaufwendungen werden Posten bezeichnet, die zugleich Kosten sind. Als <u>neutraler Aufwand</u> werden dabei Positionen verstanden, die nicht im Rahmen der Kostenrechnung in der gleichen Periode verrechnet werden und somit keine Kostenbestandteile sind. Neutraler Aufwand kann unterschiedliche Ursachen haben. Neben den <u>betriebsfremden</u> Aufwendungen (keine Beziehung zur betrieblichen Leistungserstellung) werden hierunter auch <u>periodenfremde</u> (Aufwendungen fallen in einer früheren oder späteren als der Verbrauchsperiode an) und <u>außerordentliche</u> (zwar betriebsbedingt aber zufällig, außergewöhnlich) Aufwendungen zusammengefaßt.

• <u>Kosten</u> sind die für die Erstellung der betrieblichen Leistungen verbrauchten Güter und Dienstleistungen. Als <u>Grundkosten</u> werden aufwandsgleiche Kosten bezeichnet. Im Gegensatz dazu sind kalkulatorische Kosten entweder in ihrer Höhe den Aufwendungen betragsmäßig ungleich (<u>Anderskosten</u> wie z.B. kalk. Abschreibungen) oder gar nicht als Aufwandsposten ausgewiesen (<u>Zusatzkosten</u> wie z.B. kalk. Unternehmerlohn).

Durch die Begriffe Einzahlungen, Einnahmen, Erträge und Leistungen werden die in der Aufgabenstellung genannten Begriffspaare komplettiert (vgl. *Haberstock, L.*, 1987, S.27 ff.).

b)

Zuordnung der Begriffspaare zu den Teilbereichen des Rechnungswesens:

Begriffspaar	Rechnungsart
Kosten/ Leistungen	Kostenrechnung
(bilanzieller) Aufwand/ (bilanzieller) Ertrag	Gewinn- und Verlustrechnung bzw. Jahresabschlußrechnung
Einzahlungen/ Auszahlungen Einnahmen/ Ausgaben	Liquiditäts- und Finanzplanung Investitionsrechnung

(vgl. *Ahlert, D.*, 1992, S.18 f.)

c)

In der folgenden Abbildung werden die Geschäftsvorfälle 1-8 den Begriffen Auszahlung, Ausgabe, Aufwand und Kosten zugeordnet.

Geschäfts-vorfall	Auszahlung	Ausgabe	Aufwand	Kosten
1	15.000,-	15.000,-	15.000,-	-
2	15.000,-	15.000,-	5.000,-	5.000,-
3	-	-	4.500	4.500,-
4	-	-	-	-
5	-	-	300,-	300,-
6	30.000,-	120.000,-	2.000,-	1.250,-
7	32.000,-	30.000,-	30.000,-	30.000,-
8	-	1.200,-	1.200,-	1.200,-

Lösung 1.3:

(vgl. ausführlich S. 7ff.)

Die externen Aufgaben der Kostenrechnung liegen in der Ermittlung von Herstellkosten (bei Bestandsveränderungen) und der Bestimmung von Selbstkosten für die Kalkulation öffentlicher Aufträge. Als interne Aufgaben werden i.d.R. Planungsaufgaben in den Bereichen Beschaffung, Produktion, Absatz und Koordination sowie Kontrollaufgaben (Wirtschaftlichkeit der Bereiche, Ergebniskontrolle) angeführt.

Lösung 1.4:

a)

(vgl. auch Lösungen 1.9 und 1.16)

Im folgenden werden die erstmaligen Abschreibungsbeträge berechnet:

- Lineare Abschreibung

$$a = \frac{155.000 - 5.000 + 20.000}{5} = 34.000$$

- Geometrisch-degressive Abschreibung

$$p = 100\left(1 - \sqrt[5]{\frac{5.000}{170.000}}\right)$$

$$p \approx 51\%$$

Die Abschreibung für das erste Jahr kann dementsprechend mit 86.700 [GE] angegeben werden.

• Leistungsabhängige Abschreibung

$$a_t = \frac{155.000 + 20.000 - 5.000}{5.000} \cdot L_{Pt}$$

$$a_1 = 34 \cdot 400 = 13.600$$

b)

Die Abschreibungsmethode sollte so gewählt werden, daß sie den realen Werteverzehr am ehesten wiederspiegelt. Die leistungsabhängige Abschreibung entspricht diesem Ideal tendenziell am ehesten. Das Problem liegt hier jedoch sowohl in der Schätzung eines Gesamtnutzenpotentials als auch in der Prognose der zeitlichen Verteilung des Werteverzehrs begründet. Demgegenüber unterstellt die degressive Abschreibung einen zunächst grds. höheren Werteverzehr als in späteren Perioden. Unter Berücksichtigung der im Zeitablauf prinzipiell steigenden Reperatur- und Instandhaltungskosten wird hiermit ein weitgehend gleichmäßiger Verlauf der gesamten Betriebsmittelkosten induziert. Die rechentechnisch einfache und die Perioden gleichmäßig (mit Abschreibungsbeträgen) belastende lineare Abschreibungsmethode schafft gute Voraussetzungen für eine Vergleichbarkeit über einzelne Perioden hinaus.

Lösung 1.5:

• Rechnerische Ermittlung der Verbrauchsabweichung (VA)

VA   = Istkosten(K_i)-Sollkosten(K_s)

Ks   = Fixkosten (K_F)+variable Plankosten/Stück(k_{vpl}) · Istausbringung(X_i)

k_{vpl} = (Gesamte Plankosten (Kpl)-K_F):Planausbringung (X_{pl})

k_{vpl} = (4 · 8.000-20.000):8.000 = 1,5

K_s = 20.000+1,5 · 6.000 = 29.000

VA   = 40.000-29.000 = 11.000

• Rechnerische Ermittlung der Beschäftigungsabweichung (BA)

BA   = Sollkosten (K_s)-verrechnete Plankosten(K_{verpl})

K_{verpl} = k_{pl} · X_i

K_{pl} = 4 · 6.000 = 24.000

BA   = 29.000-24.000 = 5.000

• Gesamtabweichung (GA)

GA   = VA + BA

GA   = 11.000+5.000 = 16.000

- Die folgende Lösungsskizze gibt die ermittelten Ergebnisse (VA, BA, GA) wieder. Darüber hinaus wurden die Fixkosten in Abhängigkeit von der Auslastung (Beschäftigung) in Nutzkosten und Leerkosten unterteilt.

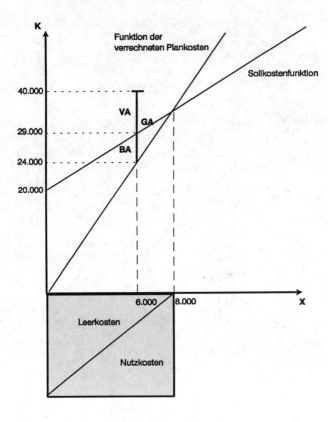

Lösung 1.6:

a)

(vgl. auch Lösung 1.5)

- Rechnerische Ermittlung der Verbrauchsabweichung

VA $= K_i - K_s$

$$VA = 68.000 - (30.000 + \frac{65.000 - 30.000}{500} \cdot x_i)$$

$$K_{verpl} = \frac{K_{pl}}{x_{pl}} * x_i = 58.500$$

$$\Rightarrow \quad x_i = 450$$

$$VA = 68.000 - (30.000 + \frac{35.000}{500} \cdot 450) = 6.500$$

- Rechnerische Ermittlung der Beschäftigungsabweichung

$$BA = K_S - K_{verpl}$$
$$BA = 61.500 - 58.500 = 3.000$$

- Gesamtabweichung

$$GA = 6.500 + 3.000 = 9.500$$

b)   Graphische Lösungsskizze

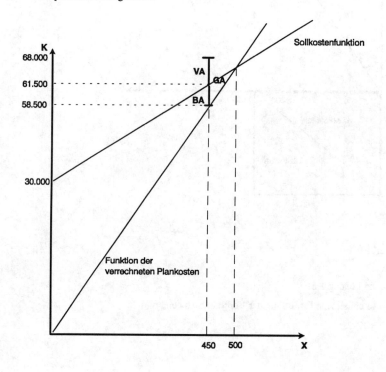

Lösung 1.7:

- Der über die letzten Jahre konstante Verrechnungspreis wird im Rahmen von Wirtschaftlichkeitsanalysen zugrunde gelegt, was jedoch bzgl. preispolitischen Entscheidungen wegen erheblicher Ungenauigkeiten unzweckmäßig ist.

- Der historische Anschaffungspreis entspricht nicht den jetzigen Aufwendungen bei einer unterstellten Widerbeschaffung. Angesichts der "Veralterung" dieser Daten, kann keine Verwendung für die Preisuntergrenzenbestimmung erfolgen.

- Der zum gegenwärtigen Zeitpunkt relevante Beschaffungspreis ist wegen der erst in sechs Monaten erfolgenden Beschaffung ebenfalls nicht entscheidungsrelevant.

- Unter Berücksichtigung des Zeitraums von sechs Monaten bis zur Beschaffung des Zwischenprodukts ist ein Wertansatz in Höhe von

$$680 + \frac{680 \cdot 180 \cdot 15}{36.000} = 731$$

zugrunde zu legen.

Lösung 1.8:

Die folgende Abbildung beschreibt das Zusammenwirken der Kostenrechnungssysteme:

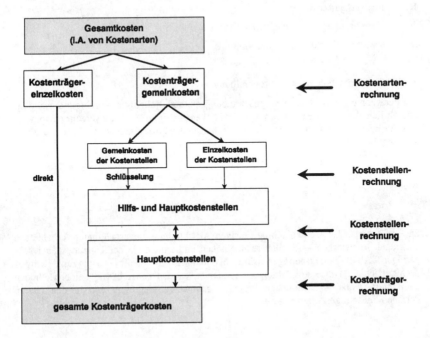

Lösung 1.9:

a)

Im Zusammenhang mit dem Werteverzehr des Anlagevermögens sind die Fragen nach dem Abschreibungsausgangsbetrag (Tageswert, Wiederbeschaffungswert), der erwartbaren Nutzungs- und damit Abschreibungsdauer und der Abschreibungsmethode zu beantworten. Als Abschreibungsmethode sind u.a. folgende Varianten wählbar:

- Lineare Abschreibung

Es wird ein über die Nutzungsdauer konstanter Werteverzehr unterstellt, so daß eine gleichmäßige Verteilung der Anschaffungskosten auf diese Perioden erfolgt.

$$a = \frac{A - R + V}{n}$$

Dabei bedeuten

a   jährlicher Abschreibungsbetrag

A   Anschaffungskosten

R   Restverkaufserlös

V   Verschrottungs- und Abbruchkosten

n   erwartete Nutzungsdauer in Jahren

- Geometrisch-degressive Abschreibung

Bei der geometrisch-degressiven Abschreibungsmethode fallen die Abschreibungsbeträge mit jährlich abnehmenden Raten, was einem hohen anfänglichen Werteverzehr entspräche. Der jährlichen Abschreibung liegt dabei ein konstanter Prozentsatz (p) zugrunde, der sich wie folgt berechnet:

$$p = 100(1 - \sqrt[n]{\frac{R}{A}}\ )$$

Die im Rahmen der geometrisch-degressiven Abschreibung unvermeidbaren, erheblichen Unterschiede zwischen anfänglich relativ hohen und zum Ende der Nutzungsdauer sehr geringen Abschreibungsbeträgen sind ökonomisch in dieser Ausprägung schwer nachvollziehbar. Um eine Glättung zu erreichen, werden daher häufig beide Methoden kombiniert, wobei in den ersten Perioden geometrisch-degressiv und in den letzten Perioden linear abgeschrieben wird.

- Leistungsabhängige Abschreibung

Die leistungsabhängige Abschreibung orientiert sich an dem konkreten, periodenindividuell erwarteten Werteverzehr des Betriebsmittels.

$$a_t = \frac{A - R + V}{L_S} \cdot L_{Pt}$$

Dabei bedeuten:

t   Periode t

L_S Summe der Leistungseinheiten

L_{Pt} Werteverzehr (Leistungsentnahme) in der Periode t

b)

- Ermittlung der Abschreibungsausgangsbeträge

- Zeitabhängiger Abschreibungsbestandteil:

$$a = \frac{120.000 - 8.000 + 2.500 + 10.000}{5} \cdot 0,4 = 9.960$$

- Leistungsabhängiger Abschreibungsbestandteil:

$$\text{Leistungsabhängige Abschreibung je } LE = \frac{124.500}{4.000} \cdot 0,6 = 18.675$$

Für das vorliegende Beispiel ergibt sich damit der folgende Abschreibungsplan:

	Zeitabhängige Abschreibung	Leistungsabhängige Abschreibung	Restwert (A-R+V=124.500)
1. Jahr	9.960,-	18,675·500 = 9.337,5	105.202,5
2. Jahr	9.960,-	18,675·1.200 = 22.410,-	72.832,5
3. Jahr	9.960,-	18,675·400 = 7.470,-	55.402,5
4. Jahr	9.960,-	18,675·900 = 16.807,5	28.635,-
5. Jahr	9.960,-	18,675·1.000 = 18.675,-	0

In dem Beispiel wurde der historische Anschaffungspreis als Grundlage der Periodenabschreibung gewählt. Es ist jedoch zu hinterfragen, inwiefern dieser Wertansatz dem Wiederbeschaffungswert als Abschreibungsausgangsbetrag vorzuziehen ist? Ein weiteres Problem stellt in der Praxis die (hier vorgegebene) Aufteilung in zeitabhängige und leistungsabhängige Abschreibungsbestandteile dar.

Lösung 1.10:

(vgl. auch Lösung 1.5)

a)

$$\frac{48.000}{x_{plan}} = 8 \Rightarrow x_{plan} = 6.000 \text{ ME}$$

b)

$$5.000 = 12.000 + \frac{36.000}{x_{plan}} \cdot x_{ist} - \frac{48.000}{x_{plan}} \cdot x_{ist}$$

$$\Rightarrow 5.000 = 12.000 + 6 \cdot x_{ist} - 8 \cdot x_{ist}$$

$$\Rightarrow x_{ist} = 3.500$$

$$VA = 47.000 - (12.000 + 6 \cdot 3.500) = 14.000$$

c)

(vgl. Lösung 1.5)

d)

Die Verbrauchsabweichung als Differenz zwischen Ist- und Sollkosten bei Istbeschäftigung dokumentiert einen über den Planverbrauch hinausgehenden Mengenverbrauch, der auf Unwirtschaftlichkeiten zurückführbar ist. Die Verantwortung dafür muß der Kostenstellenleiter übernehmen.

Die Beschäftigungsabweichung wird als Differenz zwischen Soll- und Plankosten bei Istbeschäftigung ermittelt. Die Beschäftigungsabweichung resultiert aus Unterauslastungen (bzw. Überauslastungen) der Produktionskapazitäten und zeigt damit einen zu wenig (bzw. zu viel) verrechneten Teil fixer Kosten an. Bezogen auf den Kostenstellenleiter, der i.d.R. nicht für die Beschäftigung der Kostenstelle verantwortlich ist, kann hier gewöhnlich keine Verantwortung zugerechnet werden.

Lösung 1.11:

a)

Die innerbetriebliche Leistungsverrechnung erfolgt als zentrales Glied der Kostenstellenrechnung im Rahmen des Betriebsabrechnungsbogens mit dem Ziel, die Kostenstellen unter Berücksichtigung der innerbetrieblichen Leistungsverflechtungen mit den Kosten zu belasten, die von ihnen verursacht wurden. Die innerbetriebliche Leistungsverrechnung ist damit zugleich Voraussetzung einer differenzierten Kostenkontrolle als auch "Datenlieferant" für eine anschließende Kalkulation und gibt Hinweise für die Ermittlung relevanter Kosten.

• Anordnung der Kostenstellen:

Die innerbetriebliche Leistungsverrechnung beginnt mit der Hilfskostenstelle Raum (q_R), die lediglich Leistungseinheiten an Hilfskostenstellen und Hauptkostenstellen abgibt, ohne jedoch selbst Leistungseinheiten zu empfangen. Daraufhin wird die Hilfskostenstelle Kantine (q_K) verrechnet, die Leistungen von der Hilfskostenstelle Raum bezieht und die erstellten Leistungseinheiten u.a. an die Hilfskostenstelle Qualitätsprüfung abgibt. Schließlich ist die Hilfskostenstelle Qualitätsprüfung (q_Q) abzurechnen, die an keine weitere Hilfskostenstelle Leistungen abgibt.

• Berechnung der Verteilungsschlüssel (q_i) für die Verrechnung der Kosten, die in den Hilfskostenstellen angefallen sind:

Bei der Bildung von Verrechnungssätzen ist der Eigenverbrauch einer Kostenstelle bei der Bezugsbasisbildung herauszurechnen, da ansonsten keine vollständige Verteilung der angefallenen Kosten möglich wäre.

Hilfskostenstelle Raum :

$$q_R = \frac{3.800}{3.000 - 60} \approx 1,29$$

Hilfskostenstelle Kantine :

$$q_K = \frac{2.000 + 220 \cdot 1,29}{74 - 3} \approx 32,17$$

Hilfskostenstelle Qualitätsprüfung:

3.600 GE	→	Fertigungskostenstelle 2
2.400 GE	→	Fertigungskostenstelle 3
1.200 GE	→	Fertigungskostenstelle 1
7.200 GE		

- Innerbetriebliche Leistungsverrechnung auf Basis des Betriebsabrechnungsbogens:

KST	Raum	Kantine	Qual.-prüfung	Fert. 1	Fert. 2	Fert. 3	Mat.	Verw.	Vertr.
PSK	3.800	2.000	7.200	62.000	95.000	78.200	38.600	12.000	21.800
Raum	→	283,8	412,8	645	322,5	516	1032	193,5	387
Kantine		→	64,3	643,3	386	579	193	160,8	257,3
Qualitäts-prüfung			→	1200	3600	2400	-	-	-
ΣGemein-kosten	0	0	0	64.488	99.309	81.695	39.825	12.354	22.444
Zuschlags-basis				2.800 Std.	3.000 Std.	3.200 Std.	64.000 MEK	407.317 K_H	407.317 K_H
Zuschlags-satz				23 DM/ Std	33 DM/ Std.	26 DM/ Std.	62% auf MEK	3% auf K_H	5,5% auf K_H

b)

Die Zuschlagssätze für die Hauptkostenstellen gehen aus dem o.g. BAB hervor. Dabei ist für die Verteilung der Fertigungsgemeinkosten der drei Fertigungskostenstellen eine Zurechnung auf Grundlage von Mengenschlüsseln (hier Fertigungsstunden) der Vorzug gegenüber einer Zurechnung auf Basis von Wertschlüsseln zu geben, um eine möglichst verursachungsgerechte Belastung (Kalkulation) der Kostenträger vorzubereiten. Für die Materialkostenstelle wurden die Materialeinzelkosten als Zurechnungsbasis herangezogen. Die Kalkulationssätze für die Bereiche Verwaltung und Vertrieb wurden unter Zugrundelegung der Herstellkosten (K_H) ermittelt.

Lösung 1.12:

a) Umsatzkostenverfahren auf Teilkostenbasis

(vgl. auch Lösung 1.21))

variable HK/Stck. 57,14 (400.000 : 7.000)

+ anteilige fixe HK 35,71 (250.000 : 7.000)

= totale HK/Stck. 92.85

variable HK/Stck. 57,14

+ variable VK/Stck. 48,- (240.000 : 5.000)

= variable SK/Stck. 105,14

Umsatz	1.250.000,-
- variable SK des Umsatzes	525.700,-
- fixe Kosten	370.000,-
= Gewinn	354.300,-

b) Gesamtkostenverfahren auf Vollkostenbasis

Umsatz	1.250.000,-
+ Bestandserhöhung (2.000 · 92,850)	185.700,-
- Herstellkosten	650.000,-
- Vertriebskosten	360.000,-
= Gewinn	= 425.700,-

Lösung 1.13:

a) Die Kostenzurechnung auf die Kostenträger (Leistungseinheiten) hängt insbesondere von dem Leistungsprogramm (Anzahl der Produkte) und dem Fertigungsverfahren des Unternehmens ab. Die adäquate Kalkulationsmethode geht aus der folgenden Übersicht hervor!

Fertigungsverfahren	Kalkulationsverfahren	Anzahl der Produkte
Massenfertigung	Einstufige, mehrstufige und differenzierte Divisionskalkulation	homogenes Produkt
Kuppelproduktion	Kuppelkalkulation	Mehrere parallel anfallende Produkte (ein Hauptprodukt)
Serien- und Einzelproduktion	Zuschlagskalkulation	Mehrere verschiedene Produkte
Sortenproduktion	Äquivalenzziffernkalkulation	Mehrere ähnliche Hauptprodukte

b)   Im folgenden soll die Äquivalenzziffernkalkulation zur Ermittlung der Kosten je Produkteinheit herangezogen werden.

•   Zuordnung der Äquivalenzziffern

Produkt (Sorte)	Zeitbedarf (min)	Äquivalenzziffer (ÄZ)	Mengeneinheiten (ME)
Klinker	6	1,5	201.000
Dachziegel	4	1	90.000
Backsteine	7	1,75	185.000

•   Umrechnen der Produktionsmengen in ME des Einheitsprodukts:

Summe aus $ME_i \cdot \ddot{A}Z_i$

$\Rightarrow$ $201.000 \cdot 1,5 + 90.000 \cdot 1 + 185.000 \cdot 1,75 = 715.250$ ME

Somit hätten an Stelle der Produktion des o.g. Produktionsprogramms c.p. 715.250 Mengeneinheiten des Einheitsprodukts (Dachziegel) gefertigt werden können.

•   Ermittlung der Selbstkosten des Einheitsprodukts:

Gesamtkosten : Mengeneinheiten des Einheitsprodukts

$$\Rightarrow \frac{195.000 + 184.530 + 84.300 + 53.000 + 19.200 + 12.360}{715.250} = 0,77 \, \text{DM / Stck.}$$

•   Ermittlung der Selbstkosten mit Äquivalenzziffern:

Klinker: $1,5 \cdot 0,77 = 1,155$ DM/Stck.

Dachziegel: $1 \cdot 0,77 = 0,77$ DM/Stck.

Backsteine: $1,75 \cdot 0,77 = 1,3475$ DM/Stck.

Lösung 1.14:

a)

Rechnerische Ermittlung der Verbrauchsabweichung (VA)

VA = Istkosten (K_i) - Sollkosten (K_s)

K_s = Fixkosten (K_F) + variable Plankosten/Stück (k_{vpl}) · Istausbringung (x_i)

k_{vpl} = (Gesamte Plankosten (K_{pl}) - K_F) : Planausbringung (x_{pl})

k_{vpl} = (50.000 - 20.000) : 5.000 = 6

$k_{vpl} = (50.000 - 20.000) : 5.000 = 6$

$K_s = 20.000 + 6 \cdot 3.000 = 38.000$

$VA = 39.500 - 38.000 = 1.500$

b)

Rechnerische Ermittlung der Beschäftigungsabweichung (BA)

BA = Sollkosten - verrechnete Plankosten (K_{verpl})

$K_{verpl} = k_{pl} \cdot x_i$

$k_{pl} = 50.000 : 5.000 = 10$

$K_{verpl} = 10 \cdot 3.000 = 30.000$

$BA = 38.000 - 30.000 = 8.000$

c) und d)

(Analog zu den Lösungen 1.6) und 1.10))

Lösung 1.15:

(vgl. Lösung 1.14)

a)

- Rechnerische Ermittlung der Verbrauchsabweichung (VA)

VA = Istkosten (K_i) - Sollkosten (K_s)

Ks = Fixkosten (K_F) + variable Plankosten/Stück (k_{vpl}) * Istausbringung (x_i)

k_{vpl} = (Gesamte Plankosten (K_{pl}) - K_F) : Planausbringung (x_{pl})

$k_{vpl} = (2,5 \cdot 12.000 - 10.000) : 12.000 \approx 1,66$

$K_s = 10.000 + 1,66 \cdot 9.000 = 25.000$

$VA = 29.000 - 25.000 = 4.000$

- Rechnerische Ermittlung der Beschäftigungsabweichung (BA)

BA = Sollkosten - verrechnete Plankosten (K_{pl})

$BA = 25.000 - 2,5 \cdot 9.000 = 2.500$

- Rechnerische Ermittlung der Gesamtabweichung (GA)

GA = BA+VA

$GA = 2.500 + 4.000 = 6.000$

b) und c)

Analog zu Lösung 1.6) bzw. Lösung 1.10)

d)

Während die Gesamtkostenkurve implizit u.a. die für die Realisierung bestimmter Ausbringungsmengen notwendigen intensitätsmäßigen (optimalen) Anpassungen dokumentiert, stellt die linear verlaufende Sollkostenkurve auf die bei gegebener Intensität für die Realisierung konkreter Ausbringungsmengen notwendige zeitliche Anpassung ab.

Lösung 1.16:

a)

(vgl. Lösung 1.9)

Anschließend werden nur die anfänglichen Abschreibungsbeträge (lineare und leistungsabhängige Abschreibung) bzw. Prozentsätze abgeleitet.

- lineare Abschreibung:

$$a = \frac{A - R + V}{n}$$

Dabei bedeuten:

a   jährlicher Abschreibungsbetrag

A   Anschaffungskosten

R   Restverkaufserlös

V   Verschrottungs- und Abbruchkosten

n   erwartete Nutzungsdauer in Jahren

$\Rightarrow a = 7.500$

- Geometrisch degressive Abschreibung

$$p = 100 \cdot (1 - \sqrt[n]{\frac{R}{A}})$$

$\Rightarrow p \approx 31\%$

Die Abschreibung für das erste Jahr kann dementsprechend mit 15.935 GE angegeben werden.

- Leistungsabhängige Abschreibung

$$a_t = \frac{A - R + V}{L_S} \cdot L_{P_t}$$

Dabei bedeuten:

t   Periode t

L_S Summe der Leistungseinheiten

L_{Pt} Werteverzehr (Leistungsentnahme) in der Periode t

$\Rightarrow a = 30 \cdot L_{pt}$

Die Abschreibung für das erste Betriebsjahr ist damit $30 \cdot 300 = 9.000$ GE (Leistungsverzehr in der 1. Periode).

b)

Analog zu Lösung 1.4 b)

c)

Folgende Abbildung zeigt die 3 Möglichkeiten der Verkürzung der Nutzungsdauer kostenrechnerisch zu entsprechen.

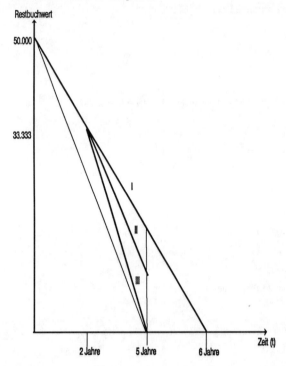

Die ursprüngliche Fehleinschätzung der Nutzungsdauer hat Auswirkungen auf die Kriterien "Periodenvergleichbarkeit" und "richtige Periodenbelastung".

	I	II	III
Vergleichbarkeit	ja	ab 2. Jahr keine Vergleichbarkeit	ab 2. Jahr keine Vergleichbarkeit
richtige Periodenbelastung	nein	ja, ab dem 2. Jahr	nein
Abschreibung auf RBW = 0	nein	nein	ja

Lösung 1.17:

a)

Fixkosten/variable Kosten = 2/1

$\Rightarrow$ Fixkosten = 24.000; geplante variable Kosten = 12.000

$$\frac{36.000}{x_{pl}} = 6 \Rightarrow x_{pl} = 6.000 \text{ ME}$$

b)

K_S = Fixkosten (K_F) + variable Plankosten/Stück (k_{vpl}) · Istausbringung (x_i)

$$K_S = 24.000 + \frac{12.000}{6.000} \cdot x_i$$

VA = Istkosten (K_i) - Sollkosten (K_S)

$\Rightarrow 5.000 = 45.000 - (24.000 + 2 \, x_i)$

$\Rightarrow x_i = 8.000$

$\Rightarrow K_S = 24.000 + 2 \cdot 8.000 = 40.000$

c)

BA = Sollkosten (K_S) - verrechnete Plankosten (K_{verpl})

$K_{verpl} = k_{pl} \cdot x_i$

$BA = 40.000 - 6 \cdot 8.000 = -8.000$

$GA = VA + BA$

$GA = 5.000 + (-8.000) = -3.000$

d)

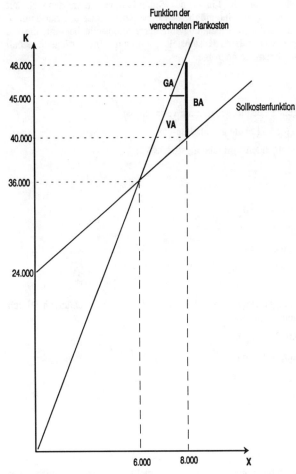

e)

Analog zu Lösung 1.10)

Lösung 1.18:

a)   Bei der Abrechnung von Hilfskostenstellen nach dem Stufenleiterverfahren werden die von noch nicht abgerechneten anderen Hilfskostenstellen empfangenen Leistungen vernachlässigt. Somit ist in dem vorliegenden Beispiel gegenseitiger

Leistungsverflechtungen mit dem Stufenleiterverfahren keine exakte Berechnung der Verrechnungssätze möglich. Findet das Stufenleiterverfahren dennoch auf dieses Beispiel Anwendung, ist eine möglichst exakte Kostenbelastung nur dann zu erreichen, wenn die Leistungsverrechnung mit der Kostenstelle beginnt, die am wenigsten Leistungen von anderen Kostenstellen empfängt. Im vorliegenden Fall lautet daher die Abrechnungsreihenfolge:

$$KST_B \rightarrow KST_A$$

Somit wird die folgende Leistungsbeziehung vernachlässigt:

KST_A an KST_B (x_{AB}): 10 Leistungseinheiten

Es ergeben sich die folgenden Verrechnungspreise (q):

- $q_B = PGK_B / x_B$

  $q_B = 3.600 / 60 = 60$ [DM/LE]

- $q_A = (PGK_A + q_B \cdot x_{BA}) / x_A$

  $q_A = (5.000 + 15 \cdot 60) / (110 - 10) = 59$ [DM/LE]

b)   Nach dem Gleichungsverfahren werden die Leistungsverflechtungen durch folgende Gleichungen dargestellt:

I: $110 \cdot q_A = 5.000 + 15 \cdot q_B$

II: $60 \cdot q_B = 3.600 + 10 \cdot q_A$

⇒ $q_A = 54,9$ [DM/LE]

      $q_B = 69,2$ [DM/LE]

Lösung 1.19:

(vgl. auch Lösung 1.11)

Die Abrechnung des Betriebsabrechnungsbogens nach dem Stufenleiterverfahren beginnt mit der Hilfskostenstelle die möglichst wenig (bewertete) Leistungen von anderen Kostenstellen erhält (hier Hilfskostenstelle Raum), um die bei diesem Verfahren für den Fall von Leistungsinterdependenzen unvermeidbaren Ungenauigkeiten gering zu halten. Nach der Hilfskostenstelle "Raum" erfolgt die Abrechnung der Kostenstelle "Energie" und schließlich der Kostenstelle "Transport". Die Berechnung der Kostensätze ergibt das folgende Ergebnis:

Hilfskostenstelle Raum :

$$q_R = \frac{32.120}{11.770 - 15}$$

Hilfskostenstelle Energie :

$$q_E = \frac{69.050 + 55 \cdot 2,73}{140.880 - 320 - 300}$$

Hilfskostenstelle Transport:

$$q_T = \frac{26.000 + 450 \cdot 2,73 + 1.400 \cdot 0,493}{640 - 25}$$

- Raumkostensatz: 2,73 [DM/qm]

- Energiekostensatz: 0,493 [DM/kWh]

- Transportkostensatz: 45,396 [DM/Std.]

Im Rahmen der anschließenden Kostenstellen- und -trägerrechnung wurden folgende Zuschlagsbasen für die Kalkulation zugrunde gelegt:

- Materialgemeinkosten   →   Materialeinzelkosten

- Fertigungsgemeinkosten   →   Fertigungsstunden

- Verwaltungs- und
  Vertriebsgemeinkosten   →   Herstellkosten

Kostenstellen:	Energie	Raum	Transp.	Material	Fertigung	Verwaltung	Vertrieb
Fertigungs-stunden [ZE]					8.624		
Fertigungseinzel-kosten [GE]					180.000		
Materialeinzel-kosten [GE]				546.000			
Summe der primären Gemeinkosten	69.050	32.120	26.000	20.795	160.570	89.575	44.755
Summe der sekundären Gemeinkosten (nach ibL)	-	-	-	28.728,5	268.508,7	93.812,4	51.734,84
Zuschlagsbasis				546.000	8.624	1.023.237	1.023.237
				GE	ZE	GE	GE
Zuschlagssatz				5,26 %	31,14 je ZE	9,17 %	5,1%

b) und c)

(vgl. S. 10ff.)

d)

- Die Ergebnisse von <u>Anbauverfahren</u> und <u>Stufenleiterverfahren</u> sind gleich, wenn keinerlei Leistungsbeziehungen (weder ein- noch beidseitiger Natur) zwischen den Hilfskostenstellen existieren und somit lediglich ein einseitiger Leistungsfluß zwischen Hilfs- und Hauptkostenstellen gegeben ist. (Gleiches gilt für die Ergebnisidentität von <u>Anbauverfahren</u> und <u>Gleichungsverfahren</u>.)

- <u>Stufenleiterverfahren</u> und <u>Gleichungsverfahren</u> kommen zu gleichen Ergebnissen, wenn die vorliegenden Leistungsbeziehungen zwischen den Kostenstellen eine Abrechnungsreihenfolge im Rahmen der ibL ermöglichen, bei der keine Hilfskostenstelle Leistungen von nachfolgenden Kostenstellen empfängt.

<u>Lösung 1.20:</u>

a)

Die für den Einsatz des Stufenleiterverfahrens aufgestellte Prämisse, daß keine Leistungsverflechtungen zwischen den Hilfskostenstellen vorliegen dürfen, ist hier nicht erfüllt. Um trotzdem möglichst exakte Ergebnisse zu erhalten, muß die Abrechnung der innerbetrieblichen Leistungsbeziehungen mit der Hilfskostenstelle beginnen, die möglichst wenig Leistungen von anderen Kostenstellen empfängt. Die Abrechnung beginnt daher mit der Kostenstelle Transport, die relativ weniger Leistungen von anderen Kostenstellen in Anspruch genommen hat. Die durch diese Hilfskostenstelle von anderen Kostenstellen in Anspruch genommenen Leistungen werden daraufhin bei der Verteilung der primären Kosten im Rahmen der innerbetrieblichen Leistungsverrechnung ignoriert.

Im Gegensatz dazu werden zum Zweck der anschließenden Verteilung der Energiekosten der Hilfskostenstelle Energie die von ihr in Anspruch genommenen Transportleistungen kostenmäßig zugerechnet. Bei der Ermittlung der Bezugsbasis wird der jeweilige Eigenverbrauch der Transportkostenstelle und der Energiekostenstelle herausgerechnet, um eine vollständige Verteilung der in den Hilfskostenstellen angefallenen Kosten sicherzustellen.

-<u>Verteilung der GMK der Kostenstelle Transport:</u>

Verrechnungssatz pro Transportstd. 35.000,- : (315 - 5) ≈ 112,90 [DM/Std.]

-<u>Verteilung der GMK der Kostenstelle Energie:</u>

Verrechnungssatz pro kWh (40.000,- + 2.258,-) : (5870 - 50 - 120) ≈ 7,414 [DM/Std.]

	Transport	Energie	Fertigung	Material	Verw./Vertr.
prim. GMK	35.000,-	40.000,-	500.000,-	90.000,-	8.000,-
	→	2.258,-	13.548,-	16.935,-	2.258,-
		→	25.945,-	10.380,-	5.931,-
sek. GMK			539.493,-	117.315,-	16.189
EK/ Herstellko.			400.000,--	150.000,--	1.206.808,-
GMK- Zuschlags- sätze			134,87%	78,21%	1,341%

Ermittlung der Selbstkosten des Auftrags	DM	Zuschlagssatz
FEK	23.000,-	
+ FGK	31.020,1	134,87%
= Fertigungskosten	54.020,1	
MEK	15.000,-	
+ MGK	11.731,5	78,21%
= Materialkosten	26.731,5	
⇒ Herstellkosten	80.751,6	
+ Sondereinzelkosten des Vertriebs	2.500,-	
+ Verwaltungs- und Vertriebskosten	1.082,9	1,341%
= Selbstkosten	85.334,5	

b)

(vgl. ausführlich Lösung 1.28 c) und S. 11ff.)

Die Kalkulation auf Selbstkostenbasis birgt die Gefahr, daß sich das agierende Unternehmen aus dem Markt kalkuliert. Die Proportionalisierung und anschließende Verteilung von beschäftigungsunabhängigen Kosten auf die Kostenträger impliziert die Fiktion abbaubarer Fixkosten. Es besteht also die Gefahr, daß durch die Umlage von Fixkosten auf die Produkte beispielsweise bei der Preisuntergrenzendiskussion nicht wettbewerbsfähige Preise gesetzt werden und damit insbesondere bei kurzfristigen Entscheidungssituationen mit der Ablehnung eines Angebots Deckungsbeitragsverzichte in Kauf genommen werden müssen. Darüber hinaus birgt eine mehrfache Schlüsselung in der Kostenstellen- und Kostenträgerrechnung die Gefahr nicht verursachungsgerechter Kostenbelastungen.

Lösung 1.21:

variable HK/Stck. 100,- (75.000 : 750)

+ variable VK/Stck. 60,- (36.000 : 600)

= variable SK/Stck. 160,-

variable HK/Stck. 100,-

+ anteilige fixe HK/Stck. 60,- (45.000 : 750)

+ variable VK/Stck. 60,-

+ anteilige fixe VK/Stck. 33,33 (20.000 : 600)

= totale HK/Stck. 253,33

a) Gesamtkostenverfahren auf Vollkostenbasis

	DM
Umsatz	180.000,-
+ Bestandserhöhung (150 . 160)	24.000,-
- Herstellkosten	120.000,-
- Vertriebskosten	56.000,-
= Gewinn	= 28.000,-

b) Umsatzkostenverfahren auf Vollkostenbasis

	DM
Umsatz	180.000,-
- HK des Umsatzes (160 · 600)	96.000,-
- VK (93,33 · 600)	56.000,-
= Gewinn	= 28.000,-

c) Umsatzkostenverfahren auf Teilkostenbasis

	DM
Umsatz	180.000,-
- variable HK des Umsatzes (100 · 600)	60.000,-
- variable VK (60 · 600)	36.000,-
- Gesamte Fixkosten	65.000,-
= Gewinn	19.000,-

Lösung 1.22:

a)

- Rechnerische Ermittlung der Preisabweichung (PA)

$$PA = (k_{vi} - k_{vpl}) \cdot x_i$$

$$k_{vpl} = \frac{\text{gesamte Plankosten - Fixkosten}}{\text{Planbeschäftigung}}$$

$$k_{vpl} = \frac{40.000 - 10.000}{5.000} = 6$$

$$\Rightarrow PA = (7 - 6) \cdot 5.500 = 5.500$$

- Rechnerische Ermittlung der Verbrauchsabweichung (VA)

$$VA = \text{Istkosten bei Planpreisen } (K_{ipl}) - \text{Sollkosten } (K_s)$$

$$K_{ipl} = 50.500 - 5.500 = 45.000$$

$$K_s = \text{Fixkosten } (K_F) + \text{variable Plankosten/Stück } (k_{vpl}) \cdot \text{Istausbringung } (x_i)$$

$$K_s = 10.000 + 6 \cdot 5.500 = 43.000$$

$$VA = 45.000 - 43.000 = 2.000$$

- Rechnerische Ermittlung der Beschäftigungsabweichung (BA)

$$BA = \text{Sollkosten - verrechnete Plankosten } (K_{verpl})$$

$$K_{verpl} = \frac{\text{gesamte Plankosten}}{\text{Planbeschäftigung}} \cdot \text{Istbeschäftigung}$$

$$K_{verpl} = \frac{40.000}{5.000} \cdot 5.500 = 44.000$$

$$BA = 43.000 - 44.000 = -1.000$$

$$GA = 5.500 + 2.000 + (-1.000) = 6.500$$

b)

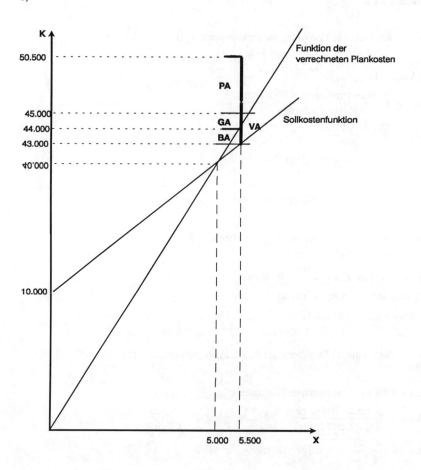

Lösung 1.23:

a)

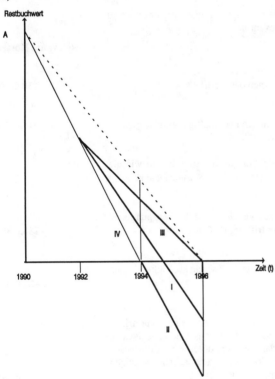

b)

Die folgende Übersicht stellt die oben gezeigten Alternativen hinsichtlich der Beurteilungskriterien Vergleichbarkeit, richtige Periodenbelastung und Abschreibung auf Restbuchwert von Null gegenüber (vgl. auch S. 11 ff.).

	I	II	III	IV
Vergleich-barkeit	nach 1992 keine Vergleichbarkeit	ja	nach 1992 keine Vergleichbarkeit	nach 1994 keine Vergleichbarkeit
richtige Perioden-belastung	ja, ab 1992	nein	nein	nein
Abschreibung auf RBW = 0	nein	nein	ja	ja

Lösung 1.24:

(Vgl. ausführlich Aufgabe 1.26)

Für die Bestimmung der kurzfristigen Preisuntergrenzen sind folgende Kostenpositionen relevant:

Relevante Kosten

- Variable Sondereinzelkosten des Vertriebs.   30.000,-

- Unechte GK für Kleinteile sind beschäftigungsabhängig.   +15.000,-

- Bereits erworbene Produktionspatente sind ebenso wie die umgelegten Hilfslöhne nicht relevante Kostenelemente.   -

- Variable Einzelkosten des Vertriebs und der Fertigung sind für die Bestimmung kurzfristiger PUG relevant.   +180.000,-

- Noch nicht angeschaffte Zwischenprodukte sind disponierbar.   +23.000,-

- Die Mitarbeiter in der Probezeit sind kurzfristig freizusetzen. Sie verursachen daher entscheidungsrelevante Kosten. Im Gegensatz dazu sind die durch eigens für diesen Auftrag angestellten Mitarbeiter verursachten sonstigen Lohnkosten nicht kurzfristig abbaubar.   +24.000,-

- In der Vergangenheit angefallene Kosten der Kundenberatung sind als "sunk costs" nicht entscheidungsrelevant.   -

- Die nutzungsabhängigen Abschreibungen sind disponibel und damit entscheidungsrelevant   +6.000,-

- Deckungsbeitragsverzicht des Alternativauftrages   +52.000,-

Die relevanten Kosten des Auftrages belaufen sich somit auf 330.000,- DM.

Lösung 1.25:

a) (vgl. auch Lösung 1.28)

<u>Vollkostenrechnung:</u>

• Entscheidungskriterium?

Preis > gesamte Stückkosten

⇒ Die Produkte Schwarz-Weiß-Fernseher, Farb-Fernseher und Videorecorder sind förderungswürdig.

• Engpaßsituation?

Bei Realisierung des o.g. Produktionsprogramms ergibt sich kein Kapazitätsengpaß!

• Ermittlung des optimalen Produktionsprogramms!

	Schwarz-Weiß-Fernseher	Farb-Fernseher	Stereo-anlagen	Video-recorder
Preis - Stück-kosten	200	600	-100	500
Absatzmenge	10	30		40

$G = \text{Erlös} - \sum k_{vi} \cdot x_i - K_f$

$\Rightarrow G = 140.000 - 60.000 - 65.000 = 15.000$

<u>Teilkostenrechnung:</u>

Aufgrund positiver Deckungsspannen sind sämtliche Produkte grundsätzlich förderungswürdig

• Engpaßsituation?

$\sum$ der verfügbaren ZE Aggregat I (290) < $\sum$ der erforderlichen ZE Aggregat I (335)

⇒ Engpaß auf Aggregat I

$\sum$ der verfügbaren ZE Aggregat II (650) > $\sum$ der erforderlichen ZE Aggregat II (540)

⇒ Kein Engpaß auf Aggregat II

• Ermittlung des optimalen Produktionsprogramms

Wegen einer potentiellen Engpaßsituation im Aggregat I sind die relativen Deckungsspannen (DSP/ZE Aggregat I) das relevante Entscheidungskriterium.

	Schwarz-Weiß-Fernseher	Farb-Fernseher	Stereo-anlagen	Video-recorder
DSP	800	1.400	900	750
Prod.koeffizient Aggregat I	2	4	3	3
rel. DSP	400	350	300	250
Rang	1	2	3	4
ME	10	30	25	25
ZE Aggregat I	20	120	75	75
DB	8.000	42.000	22.500	18.750
$\sum DB_i$	91.250,-			

$$G = \sum DB_i - K_f$$

$$\Rightarrow G = 91.250 - 65.000 = 26.250$$

Die Selbstkostendeckung (vgl. Lösung Vollkostenrechnung) gibt im Gegensatz zur Deckungsspanne keinen verläßlichen Hinweis zur Förderungswürdigkeit von Produkten.

b)

Vermietungspreis = Variable Kosten (K_v) + Entgangene Deckungsbeiträge (OK)

• Preis für die Vermietung von Aggregat I (90 ZE):

- Variable Kosten je Zeiteinheit Aggregat I = 2 [GE[

- Opportunitätskosten durch Deckungsbeitragsverzicht

$\Rightarrow$ Videorecorder: 75 [ZE] · 250 [GE/ZE]

+ Stereoanlagen: 15 [ZE] · 300 [GE/ZE] = 23.250 [GE]

Preisuntergrenze je ZE von Aggregat I = 2 + (23.250 : 90) = 260,33 [GE]

• Die Vermietung von 100 ZE von Aggregat II könnte für 3 [GE/ZE] erfolgen, da für dieses Aggregat keine Engpaßsituation festgestellt wurde und damit kein Deckungsbeitragsverzicht zu erwarten steht.

• Weitere Entscheidungsaspekte für die Maschinenvermietung:

- Beschäftigungsrisiken

- Disponierbarkeit der Kosten

- Kapitalbindungskosten bereits beschaffter Rohstoffe bzw. Zwischenprodukte

- Eventuell Stärkung der Konkurrenz usw.

c)

Aufgrund des potentiellen Kapazitätsengpasses auf Aggregat I ist das relevante Entscheidungskriterium analog zu Lösung a) II die relative Deckungsspanne. Dabei ist die Deckungsspanne des zugekauften Produkts (Videokamera) anteilig dem Verbundprodukt Videorecorder zuzurechnen.

Die folgende Tabelle zeigt das deckungsbeitragsmaximale Produktionsprogramm:

	DSP	rel. DSP	Rang	ME
Schwarz-Weiß-Fernseher	800	400	1	10
Farb-Fernseher	1.400	350	2	30
Stereoanlagen	900	300	4	10
Videorecorder **Videokamera**	750 + 0,5 · 330 = 915	305	3	40

Die Rangordnung hat sich gegenüber Lösung a) II bzgl. der Produkte Stereoanlagen und Videorecorder verschoben.

Lösung 1.26:

a)

Relevante Kosten sind generell Kosten, die von einer Entscheidung über eine bestimmte Aktion zusätzlich ausgelöst werden. Die Entscheidungsrelevanz von Kosten kann dabei nur situationsspezifisch und unter Berücksichtigung des jeweiligen Kostenrechnungszwecks erörtert werden (vgl. auch S. 12)!

b)

(vgl. dazu Seite 11 f. und Lösung 1.28 c)

c)

Für die Bestimmung der Preisuntergrenze sind in der geschilderten Situation folgende Kostenkomponenten relevant:

Relevante Kosten

• Die variablen Einzelkosten des Vertriebs werden erst durch
die Annahme des Auftrags hervorgerufen und sind damit
disponierbar und entscheidungsrelevant.   3.800,-

• Die leistungsabhängige Abschreibungsbestandteil (60%)
wird nur durch Auftragsannahme relevant.   +8.400,-

• Sowohl die Kosten für variabel entgoltene Mitarbeiter
(40%) als auch die für unternehmensintern flexibel in
alternativen   Verwendungen   (Aufträge)   einsetzbaren
Mitarbeiter (2/3 der Mitarbeiter mit einem Festgehalt)
anfallenden   Kosten   zählen   aufgrund   des
Verursachungsprinzips   zu   den   relevanten   Kostenkomponenten.   +56.000,-

• Die   unechten   Gemeinkosten   für   Kleinteile   und
Verbindungselemente   werden   lediglich   aus   Wirt-
schaftlichkeitserwägungen wie Gemeinkosten behandelt. Es
handelt sich tatsächlich um variable Einzelkosten, die in
Abhängigkeit von der Auftragsannahme entstehen.   +4.000,-

• Die in der Vergangenheit angefallenen Kosten der
Kundeninformation können nicht mehr beeinflußt werden
und sind somit als "sunk costs" nicht entscheidungsrelevant.

• Disponierbare   Kosten   für   die   Beschaffung   von
Zwischenprodukten bei Auftragsannahme.   +20.000,-

• Bei Nichtannahme des Auftrags würden 50% der Kosten für
Patente und Lizenzen entfallen.   +5.750,-

• Trotz der bereits erfolgten Materialbestimmung sind die
Kosten wegen der alternativen Verbrauchsmöglichkeit
relevant. Allerdings sind Opportunitätserlöse in Höhe der
bei   Auftragsannahme   entfallenden   zehnmonatigen
Lagerung (bzw. Sonderentsorgung) zu berücksichtigen.   +12.000,-

                                                                 -2.300,-

- Der mit Auftragsannahme verbundene Deckungsbeitragsverzicht (Opportunitätskosten) ist als relevante
  Kostenkomponente zu berücksichtigen. **+21.000,-**

Zusammengefaßt summieren sich bei der Preisuntergrenzenbestimmung für den Auftrag der Baziwerke die relevanten Kosten auf eine Gesamthöhe von 128.650,- DM. Im Gegensatz dazu ergäben sich bei Berücksichtigung der nicht relevanten Bestandteile (auf Basis einer Selbstkostenermittlung) Gesamtkosten in Höhe von 138.300,- DM (plus Gewinnaufschlag = 147.981,- DM).

Lösung 1.27:

(vgl. Lösung 1.30)

	Protzig	**Zeitgeist**	**Hausfrau**
HK [GE/Stck.]	107,5 (80,05)	93,85 (69,78)	86 (64,04)
Selbstkosten (PUG) [GE/Stck.]	164,25 (99,06)	144,78 (87,74)	131 (78,85)
Preis [GE/Stck.]	180	140	115
kalk. Stückgewinn [GE/Stck.]	15,75 (80,94)	- 4,78 (52,26)	- 16 (36,15)
Mengeneinheiten [ME]	1.500	1.200	500
Periodengewinn [GE]	9.889,-		
P - k_V [GE/Stck.]	(99,06)	(87,74)	(78,85)

Die Zahlen in Klammern sind die jeweiligen variablen Kostenbestandteile. Die Preisuntergrenzen sind in der letzten Tabellenzeile in Klammern angegeben.

Lösung 1.28:

a)

- Prüfung, welche Produkte nach dem (Vollkosten-) Entscheidungskriterium

  Preis > gesamte Stückkosten

  förderungswürdig sind.

Typ	Schlaf-mütze	Mond-schein	Wolke 7	Junges Glück
Preis [GE]	1.750,-	2.000,-	1.600,-	1.000,-
Gesamtkosten je Stck. [GE/Stck.]	1.700,-	1.900,-	1.780,-	1.090,-
Preis-Stückkosten [GE/Stck.]	50,-	100,-	-180,-	-90,-

Nach dem Vollkostenkriterium sind die Produkte Wolke 7 und Junges Glück nicht förderungswürdig, da der Preis unter den Selbstkosten liegt.

• Prüfung, ob die verfügbaren Zeit- und Rohstoffeinheiten zur Produktion der Produkte Mondschein und Schlafmütze ausreichen:

- Zeitengpaß?

100 ME(Schlafmütze) · 3 ZE/ME+190 ME(Mondschein) · 4 ZE/ME = 1.060 ZE

⇒ Da 1.060 (erforderliche)ZE < 2.000 (vorhandene) ZE liegt kein Zeitengpaß vor.

- Rohstoffengpaß?

100 ME(Schlafmütze) · 5 RE/ME+190 ME(Mondschein) · 5 RE/ME = 1.450 RE

⇒ Da 1.450 (erforderliche)RE < 1.520 (vorhandene) RE liegt kein Rohstoffengpaß vor.

Die gemäß Vollkostenrechnung förderungswürdigen Produkte Schlafmütze und Mondschein können in vollem Umfang gefertigt werden.

• Ermittlung des Periodengewinns:

Gewinn $(G) = (\sum x_i \cdot p_i - x_i \cdot k_{vi}) - K_f$

⇒ (100·1.750+190·2.000)-(100·(150+600+550))-(190·(500+850+250))-K_f

K_f = 100·(300+100)+190·(100+200)+80·(300+500)+120·(150+150) = 197.000

⇒ G = 555.000-434.000-197.000 = -76.000

b)

• Prüfung, welche Produkte nach dem (Teilkosten-) Entscheidungskriterium

positive DSP

förderungswürdig sind.

Typ	Schlaf-mütze	Mond-schein	Wolke 7	Junges Glück
Preis [GE/Stck.]	1.750,-	2.000,-	1.600,-	1.000,-
Variable Kosten:				
Rohstoffkosten je Stück [GE/Stck.]	550,-	500,-	300,-	300,-
Variable EK der Fertigung [GE/Stck.]	600,-	850,-	580,-	420,-
Unechte Gemeinkosten für Kleinteile und Verbindungselemente [GE/Stck.]	150,-	250,-	100,-	70,-
Gesamte variable Kosten je Stck. [GE/Stck.]	1.300,-	1.600,-	980,-	790,-
DSP [GE/Stck.]	450,-	400,-	620,-	210,-

$\Rightarrow$ Danach sind sämtliche Produkte förderungswürdig.

- Prüfung, ob Engpässe vorliegen:

- Zeitengpaß?

1.700 ZE (erforderliche Zeiteinheiten) < 2.000 ZE (verfügbare Zeiteinheiten)

$\Rightarrow$ Es liegt kein Zeitengpaß vor.

- Rohstoffengpaß?

2.130 RE (erforderliche Rohstoffeinheiten) > 1520 RE (verfügbare Rohstoffeinheiten)

$\Rightarrow$ Es liegt ein Rohstoffengpaß vor.

- Entscheidungskriterium und Rangfolgenbildung:

Aufgrund der möglichen Engpaßsituation hinsichtlich der zur Verfügung stehenden Rohstoffeinheiten wird das optimale Produktionsprogramm anhand der relativen Deckungsspannen [GE/RE] der Produkte zusammengestellt.

Typ	Schlaf-mütze	Mond-schein	Wolke 7	Junges Glück
DSP [GE/Stck.]	450,-	400,-	620,-	210,-
Rohstoffeinheiten je Stck. [RE/Stck.]	5	5	4	3
Relative Deckungsspanne [GE/RE]	90	80	155	70
Rangfolge	2	3	1	4
Absatzhöchstmengen [ME]	100	190	80	120
Produktionsmengen [ME]	100	140	80	-
Verbrauch an Rohstoffeinheiten [RE]	500	700	320	-

Gesamtverbrauch = 1.520 RE

- Gewinnermittlung

$$G = \sum x_i \cdot DSP_i - K_f$$

$$\Rightarrow (100 \cdot 450 + 140 \cdot 400 + 80 \cdot 620 + 0 \cdot 210) - 197.000 = -46.400$$

Damit verringert sich bei dem auf Teilkostenbasis ermittelten Produktionsprogramm der erwartbare Verlust des Unternehmens (vgl. Lösung 1.6 a)).

c)

Wie gezeigt (vgl. Aufgabe a) und b)) führt die kurzfristige Entscheidungsfindung auf Vollkostenbasis regelmäßig zu suboptimalen Lösungen. Dafür ursächlich ist die implizite Annahme abbaubarer Fixkosten. Durch die Proportionalisierung de facto nicht abbaubarer fixer Kosten bleiben mögliche "Fixkostendeckungspotentiale" ungenutzt. Ferner ist eine konsistente Festlegung einer optimalen Reihenfolge zu fördernder Produkte im Fall von Kapazitätsengpässen nicht möglich. Ein weiteres Problem liegt in der häufig nicht verursachungsadäquaten, auf Schlüsselgrößen beruhenden Zurechnung der Gemeinkosten auf die Kostenträger. Zusammenfassend wird bei einer Entscheidungsfindung auf Basis der Vollkostenrechnung das Prinzip der relevanten Kosten außer Acht gelassen.

Im Gegensatz zur Vollkostenrechnung stellt die Teilkostenrechnung auf die für kurzfristige Dispositionen entscheidungsrelevanten Kosten ab. Problematisch ist es jedoch, daß die zur Sicherung langfristiger Unternehmensexistenz notwendige Vollkostendeckung nicht berücksichtigt wird. So stellt sich beispielsweise bei der unter Aufgabe b) geschilderten Situation die Frage, mit welchem Zeihorizont und ggf. mit welchen kostenmäßigen Konsequenzen eine Produktelimination bzw. der Abbau von Fixkosten realisierbar ist. Somit sind Teilkosteninformationen für langfristige Entscheidungskalküle nur bedingt aussagefähig.

Lösung 1.29:

a)

Aufgrund der zukünftig erwartbaren Nachfragebelebung und damit verbundener Preissetzungsspielräume wird hier keine dauerhafte Produktionseinstellung erwogen, womit die Möglichkeit des Aggregatverkaufs nicht diskutiert werden muß. Neben der kurzfristigen Weiterproduktion hat das Unternehmen die Option der Vermietung. Zwischen diesen beiden Alternativen ist auf Basis relevanter Informationen (Kostendaten) eine Entscheidung zu treffen.

Preisuntergrenze der Weiterproduktion:

Bei der Bewertung der Alternativen müssen neben den variablen Kosten (120 GE) die optionalen Mieteinnahmen (13.500 GE) und die mit einer Vermietung abbaubaren Lohnkosten berücksichtigt werden.

$$PUG = Kv + OK - OE$$

$$PUG = 120 + \frac{54.000}{x} + \frac{13.500}{x}$$

Die Preisuntergrenze für die Weiterproduktion beträgt somit für das Beispiel

$$120 + \frac{54.000 + 13.500}{300} = 345 \text{ GE}$$

Die Preisuntergrenze beträgt somit bei einer erwarteten Beschäftigung von 300 ME 345 GE.

b)

Bei der Entscheidung bzgl. der langfristigen Fortführung des Produktionsbetriebs sind darüber hinaus aufgrund der Möglichkeit eines Verkaufs der Maschine die durchschnittlichen Kosten der Kapitalbindung und die Kosten des Werteverzehrs (kalk. Abschreibungen) zu berücksichtigen.

$$PUG = 120 + \frac{54.000}{x} + \frac{\frac{160.000 + 10.000}{2} \cdot 0,06 \cdot \frac{1}{12}}{x} + \frac{\frac{160.000 - 10.000}{48}}{x}$$

x: 1. Jahr 300 ME , 2.-4. Jahr jeweils 450 ME

$$x = 0,25 \cdot 300 + 0,75 \cdot 450 = 412,5$$

$$PUG = \underline{259,5}$$

Bei einer erwarteten Beschäftigung von 300 ME (1. Jahr) bzw. 450 ME (2. - 4. Jahr) liegt die langfristige Preisuntergrenze für eine Entscheidung zur Weiterproduktion bei 259,5 GE.

Lösung 1.30:

a)

Für die Berechnung des kalkulatorischen Stückgewinns wird im folgenden eine Zuschlagskalkulation zugrunde gelegt.

	Extra	Leichtgang	Robust
MEK	400 (400)	650 (650)	340 (340)
MGK	140 (56)	227,5 (91)	119 (47,6)
FEK	240 (240)	250 (250)	120 (120)
FGK	120 (36)	125 (37,5)	60 (18)
HK	900 (732)	1252,5 (1028,5)	639 (525,6)
VEK	30 (30)	50 (50)	40 (40)
VGK	270 (146,4)	375,75 (205,7)	191,7 (105,12)
Selbstkosten	1200	1678,25	870,7
(PUG)	(908,4)	(1284,2)	(670,72)
Preis	1000,-	1200,-	950,-
kalk. Stückgewinn	-200	-478,25	79,30
Mengeneinheiten	2500	1500	500
Periodenverlust		-1.177.725,-	
P - k_v	(91,6)	(-84,2)	(279,28)

Auf Teilkostenbasis ergibt sich bei Elimination von "Leichtgang" ein Verlust in Höhe von DM -1.051.424,-.

Im Vergleich dazu würde die Realisierung des vollständigen Produktionsprogramms einen Periodenverlust in Höhe von DM 1.177.725,- bewirken.

(Hinweis: Fixe Kosten sind nicht abbaubar.)

b)

In Aufgabenteil a sind die für die PUG-Entscheidung relevanten Werte in Klammern angegeben.

c)

Der Preis des Fremdbezugs ist höher als die bei Eigenfertigung entstehenden relevanten bzw. variablen (abbaubaren) Kosten! Daher ist kurzfristig, unter der Prämisse, daß kein Engpaß existiert, die Eigenfertigung vorteilhaft.

Mittelfristig ist die Entscheidung vor dem Hintergrund der Abbaubarkeit fixer Kosten zu treffen. Unter der Prämisse der mittelfristigen Abbaubarkeit liegt der Kaufpreis (DM 800,-) unter den bei Eigenfertigung ermittelten Selbstkosten.

Weitere Entscheidungskriterien:

- Sicherstellung von Qualität, Lieferpünktlichkeit

- Abhängigkeiten

- ggf. vorhandener Beschaffungsverbund

- Problem der verursachungsgerechten Gemeinkostenzurechnung (s. Aufgabe a))

- usw.

d)

Die Preisuntergrenze für das betrachtete Produkt Leichtgang ergibt sich wie folgt:

PUG für $x \leq 2500$ ME (Leichtgang)

$\Rightarrow$ DM 1.375,8 (1.284,2 + 91,6)

(Verzicht auf "Extra")

PUG für $x > 2500$ ME (Leichtgang)

$$\Rightarrow \quad \frac{x \cdot 1.284,2 + 2.500 \cdot 91,6 + (x - 2.500) \cdot 279,28}{x}$$

(Verzicht auf "Extra" und "Robust" (x) entsprechend der Größe des Zusatzauftrags)

Lösungen Produktion

Lösung 2.1:

(1) Die Aussage ist falsch!

Es lassen sich Beispiele finden, wo die Aussage nicht gilt:

$$M = r_1 \cdot r_2$$

$$\Rightarrow \frac{\partial M}{\partial r_1} = r_2$$

Somit ist die partielle Grenzproduktivität des Faktors r_1 von r_2 abhängig.

(2) Die Aussage ist (eigentlich) richtig!

Bei konstanter Intensität führt die Verdopplung der Einsatzzeit bei Gutenberg-Produktionsfunktionen zu einem verdoppelten Output. Geht man jedoch davon aus, daß die nutzungsabhängigen Abschreibungen bei verdoppelter Einsatzzeit überproportional zunehmen, so liegt keine (in t) Linear-Homogenität vor.

(3) Die Aussage ist richtig!

Die pagatorischen Kosten eines Produktionsfaktors entsprechen dem am Beschaffungsmarkt zu zahlenden Betrag. Die wertmäßigen Kosten, definiert als Summe aus pagatorischen Kosten und Opportunitätskosten, berücksichtigen darüber hinaus, welcher zusätzliche Gewinn oder Deckungsbeitrag mit einer Faktoreinheit erzielt werden kann. Sie geben somit den Betrag an, den man maximal für eine Faktoreinheit zu zahlen bereit wäre. Die wertmäßigen Kosten berücksichtigen also auch die Absatzmarktsituation.

(4) Die Aussage ist falsch!

Die Grenzkosten bei intensitätsmäßiger Anpassung entsprechen der 1. Ableitung der Zeit-Kosten-Leistungsfunktion (ZKL) nach x (Intensität):

$$GK^I = K'(x)$$

Das Minimum dieser Funktion liegt notwendigerweise dort, wo die Ableitung der Funktion gleich 0 ist:

$$K''(x) \overset{!}{=} 0$$

Somit liegt das Minimum dort, wo die 2. Ableitung der ZKL Null ist.

(5)   Die Aussage ist falsch!

Während die Produktionskoeffizienten bei der Gutenberg-Produktionsfunktion von der Intensität abhängen, zeichnet sich die Leontief-Produktionsfunktion dadurch aus, daß sie zu von der Intensität unabhängigen, konstanten Koeffizienten führt.

(6)   Die Aussage ist falsch!

Produktionsfunktionen lassen sich einerseits in bezug auf die Faktoreinsatzrelationen in limitationale und substitutionale Funktionen differenzieren. Niveau-Produktionsfunktionen zielen jedoch auf die Input-Output-Relation bei variablem Prozeßniveau ab.

Lösung 2.2:

a)   Der Auflauf entsteht als Summe der eingesetzten Zutaten:

$$M = r_F + r_T + r_K + r_L$$

Einschränkend muß jedoch beachtet werden, daß der Auflauf einen Fettgehalt von 4% aufweisen muß:

$$0,04 \cdot M = 0,08 \cdot r_F + 0,02 \cdot r_T + 0,005 \cdot r_K + 0,05 \cdot r_L$$

b)   Da die Produktionskoeffizienten in einem determinierten Verhältnis zueinander stehen, handelt es sich um eine limitationale Produktionsfunktion. Darüber hinaus sind die Produktionskoeffizienten unabhängig von der Intensität und der Ausbringungsmenge, so daß es sich um eine Leontief-Produktionsfunktion handelt. Doppelte Einsatzmengen führen auch zu einer doppelten Ausbringungsmenge. Daher ist die Funktion linear-homogen.

c)   Für M=10 ergibt sich:

$$10 = r_F + r_T + r_K + r_L \quad (1)$$

$$0,04 \cdot 10 = 0,08 \cdot r_F + 0,02 \cdot r_T + 0,005 \cdot r_K + 0,05 \cdot r_L \quad (2)$$

Da dieses Gleichungssystem unterbestimmt ist, müssen die Einsatzmengen mindestens zweier Zutaten vorgegeben werden:

$$r_T = 3;$$

$$r_L = 3$$

Somit lautet das lösbare Gleichungssystem:

$$10 = r_F + 3 + r_K + 3 \quad (1)$$

$$0,04 \cdot 10 = 0,08 \cdot r_F + 0,02 \cdot 3 + 0,005 \cdot r_K + 0,05 \cdot 3 \quad (2)$$

Nach Auflösung des Gleichungssystems erhält man:

$r_F = 2,2\overline{6}$;

$r_K = 1,7\overline{3}$

Lösung 2.3:

Vorgehen bei der Überführung von technischen Verbrauchsfunktionen [FE/TLE] in ökonomische Verbrauchsfunktionen [FE/ME]:

①   Technische Leistung d [TLE/ZE] ersetzen durch ökonomische Leistung x [ME/ZE]

②   Umdimensionierung der entstehenden technischen Verbrauchsfunktionen in Abhängigkeit von x

zu ①:

Umformen der Transformationsbeziehung:

$x = 0,2 \cdot d$

$\Leftrightarrow d = 5 \cdot x$

d durch x ersetzen:

$r(x) = 35 - 44,4 \cdot x + 22,2 \cdot x^2$ (technische Verbrauchsfunktion in Abhängigkeit von x)

zu ②:

Die Umdimensionierung erfolgt durch Multiplikation der technischen Verbrauchsfunktion mit dem Faktor c, der die Dimension [TLE/ME] aufweist, da

$$\left[\frac{FE}{TLE} \right] \cdot \left[\frac{TLE}{ME} \right] = \left[\frac{FE}{ME} \right] \quad \text{gilt.}$$

Der Faktor c ergibt sich dabei aus: $c = \dfrac{d}{x} = \dfrac{5 \cdot x}{x} = 5$.

Somit ergibt sich die ökonomische Verbrauchsfunktion in Abhängigkeit von x:

$\bar{r}(x) = 175 - 222 \cdot x + 111 \cdot x^2$

Lösung 2.4:

•   Die <u>Produktivität</u> eines Produktionsfaktors entspricht dem mengenmäßigen Output pro eingesetzter Faktoreinheit.

•   Eine <u>substitutionale Produktionsfunktion</u> zeichnet sich dadurch aus, daß eine (alleinige) Änderung der Einsatzmenge eines Produktionsfaktors zu einer geänderter Ausbringungsmenge führt und zusätzlich die Verringerung der Einsatzmenge eines Produktionsfaktors durch den verstärkten Einsatz eines anderen Faktors in der Weise kompensiert werden kann, daß keine Änderung der Ausbringungsmenge entsteht.

- Die pagatorischen Kosten einer Faktoreinheit entsprechen dem am Beschaffungsmarkt zu zahlenden Betrag.

- Der Produktionskoeffizient eines Faktors ergibt sich als Kehrwert der Produktivität und gibt die Anzahl verbrauchter Faktoreinheiten pro erzeugter Mengeneinheit an.

- Von Limitationalität spricht man dann, wenn die Einsatzmengen der Produktionsfaktoren in einem durch den Produktionsprozeß determinierten Verhältnis zueinander stehen.

- Die Grenzrate der Substitution gibt bei substitutionalen Produktionsfunktionen die Einsatzmenge eines Produktionsfaktors an, die notwendig ist, um bei gegebener Ausbringungsmenge eine Faktoreinheit eines anderen Produktionsfaktors zu ersetzen,

- Eine Niveau-Produktionsfunktion gibt für ein willkürlich festgelegtes (konstantes) Faktoreinsatzverhältnis an, wie sich λ-fache Einsatzmengen auf die Ausbringungsmenge auswirken. Während λ als unabhängige Variable angesehen wird, stellt sich die Änderung der Ausbringungsmenge (gemessen als Vielfaches einer ursprünglichen Ausbringungsmenge) als abhängige Variable dar.

- Von einer linear-homogenen Produktionsfunktion ist dann auszugehen, wenn eine Erhöhung der Einsatzmengen um den Faktor λ auch zu einer λ-fachen Ausbringungsmenge führt.

Lösung 2.5:

a)

- Es handelt sich um eine substitutionale Produktionsfunktion, da einerseits eine alleinige Erhöhung z.B. des Faktors r_1 zu einer Erhöhung von M führt und andererseits einer Verringerung der Einsatzmenge von r_1 durch den erhöhten Einsatz von r_2 ausgeglichen werden kann.

Da darüber hinaus keine vollständige Verdrängung eines Faktors stattfinden kann ($r_1=0$ oder $r_2=0$ führt immer zu M=0), liegt eine Randsubstitution (und keine Alternativsubstitution) vor.

- Es handelt sich um eine Cobb-Douglas-Funktion, die immer dann vorliegt, wenn gilt:

$$M = c \cdot r_1^{\alpha} \cdot r_2^{1-\alpha}$$

Hier gilt nun:

$$\alpha = 0{,}5; \ c = 7$$

- Des weiteren liegt eine linear-homogene Produktionsfunktion vor, wie leicht gezeigt werden kann:

$$M^{neu} = c \cdot (\lambda \cdot r_1)^\alpha \cdot (\lambda \cdot r_2)^{1-\alpha} = c \cdot \lambda^\alpha \cdot r_1^\alpha \cdot \lambda^{1-\alpha} \cdot r_2^{1-\alpha} = \lambda^1 \cdot M^{alt}$$

b)   Es gilt:

$$49 = 7 \cdot r_1^{0,5} \cdot r_2^{0,5}$$

$$\Leftrightarrow r_1 = \frac{49}{r_2}$$

Die Isoquante entspricht dem geometrischen Ort aller r_1/r_2-Kombinationen, die zu einem Output von M=49 führen.

c)   Aus den zahlreichen Lösungsmöglichkeiten soll eine leicht nachvollziehbare vorgestellt werden:

Da die angestrebte Lösung kostenminimal sein soll, ist die (Faktor-) Kostenfunktion

$$K(r_1, r_2) = \sum_{i=1}^{2} q_i \cdot r_i = 3 \cdot r_1 + 27 \cdot r_2 \qquad (1)$$

unter der Nebenbedingung

$$r_1 = \frac{49}{r_2} \qquad\qquad\qquad (2)$$

zu minimieren.

Setzt man (2) in (1) ein und darüber hinaus die 1. Ableitung der so entstehenden Funktion gleich 0, so ergibt sich:

$$K'(r_2) = -3 \cdot \frac{49}{r_2^2} + 27 \overset{!}{=} 0$$

$$\Leftrightarrow r_{2;opt} = \frac{7}{3}$$

Für r_1 ergibt sich somit: $r_{1;opt} = 21$

Die Faktorkosten belaufen sich auf: $K(21; \frac{7}{3}) = 126$

Lösung 2.6:

a) Die wesentlichen Merkmale sind:

- aggregatbezogen,
- Unterscheidung in Potential- und Repetierfaktoren,
- Berücksichtigung technischer, den Faktorverbrauch determinierender Einflußgrößen,
- Stufenaufbau,
- in t linear-homogen.

b) 1. Stufe: technische Verbrauchsfunktionen [FE/TLE] in Abhängigkeit von der technischen Leistung d [TLE/ZE]

2. Stufe: Überführung in ökonomische Verbrauchsfunktionen [FE/ME] durch Ersetzen der technischen Leistung d [TLE/ZE] durch die ökonomische Leistung x [ME/ZE] sowie mittels einer Umdimensionierung in Form einer Multiplikation mit dem Faktor c [TLE/ME] (vgl. auch Lösung 2.3)

3. Stufe: Bestimmung des gesamten Faktorverbrauchs pro Planperiode durch Multiplikation mit der Ausbringungsmenge M [ME].

c) 1. Stufe (gegeben):

$$r_1(d) = 3 - 0,06 \cdot d + 0,0016 \cdot d^2$$
$$r_2(d) = 8 - 0,12 \cdot d + 0,0032 \cdot d^2$$

2. Stufe:

Ersetzen von d:

$$x = 4 \cdot d$$
$$\Leftrightarrow d = \frac{1}{4} \cdot x$$

Es ergeben sich die technischen Verbrauchsfunktionen in Abhängigkeit von x:

$$r_1(x) = 3 - 0,015 \cdot x + 0,0001 \cdot x^2$$
$$r_2(x) = 8 - 0,03 \cdot x + 0,0002 \cdot x^2$$

Umdimensionierung durch Multiplikation mit c:

$$c = \frac{d}{x} = \frac{\frac{1}{4} \cdot x}{x} = \frac{1}{4}$$

Man erhält die ökonomischen Verbrauchsfunktionen:

$\bar{r}_1(x) = 0,75 - 0,00375 \cdot x + 0,000025 \cdot x^2$

$\bar{r}_2(x) = 2 - 0,0075 \cdot x + 0,00005 \cdot x^2$

Die Mengen-Kosten-Leistungsfunktion (MKL) k(x) ergibt sich aus:

$$k(x) = \sum_{i=1}^{2} q_i \cdot \bar{r}_i$$

Somit lautet die MKL:

$k(x) = 47,5 - 0,1875 \cdot x + 0,00125 \cdot x^2$

Lösung 2.7:

Die veränderten Marktbedingungen lassen sich wie folgt beschreiben: Bis in die 60er Jahre zeichneten sich viele Märkte dadurch aus, daß die Nachfrage das Angebot übertraf. Die Folge war, daß auf diesen ungesättigten Verkäufermärkten kaum eine Orientierung an speziellen Kundenwünschen stattfand. In der Produktion überwog die Massenfertigung gleichartiger Produkte und Erzeugnisse. Diese Situation hat sich seit Ende der 60er Jahre vollauf geändert. Der Wandel zum gesättigten Markt und somit von Verkäufer- zu Käufermärkten hat es notwendig gemacht, sich zunehmend an Kundenwünschen zu orientieren. Die Massenfertigung wurde durch eine kundenorientierte Variantenfertigung abgelöst.

War es vormals das primäre Ziel in der Fertigung, die vorhandenen Kapazitäten möglichst gut auszuschöpfen, so hat dieser skizzierte Wandel zu neuen Zielen in der Fertigung geführt. Kurze Durchlaufzeiten, hohe Termintreue und eine geringe Kapitalbindung im Umlaufvermögen sind Ausdruck der geänderten Anforderungen an die Produktion.

Maßnahmenkomplexe, die der Erreichung dieser Ziele dienen, sind in erster Linie:

• Einsatz flexibler Maschinenkonzepte,

• Veränderte Organisationsformen der Fertigung und

• die Integration der Informationsbasis des Unternehmens.

Lösung 2.8:

Analog zu Lösung 2.6) ergibt sich folgende MKL k(x):

$k(x) = 0,1 \cdot x^2 - 4 \cdot x + 60 + \dfrac{625}{x}$

Für die ZKL K(x) gilt: $\qquad K(x) = k(x) \cdot x = 0,1 \cdot x^3 - 4 \cdot x^2 + 60 \cdot x + 625$

Die Gesamtkostenfunktion besteht aus zwei Intervallen. Im ersten Intervall der zeitlichen Anpassung wird mit x_{opt} angepaßt, wobei die Grenzkosten (GK) konstant sind und die Gesamtkosten linear ansteigen.

Bestimmung von x_{opt}:

$$k'(x) \overset{!}{=} 0$$

$$\Rightarrow 0,2 \cdot x - 4 - \frac{625}{x^2} = 0$$

$$\Rightarrow x_{opt} = 25 \quad \text{(Lösung mittels Annäherungsverfahren)}$$

Die Stückkosten ergeben sich aus der MKL und entsprechen den GK bei zeitlicher Anpassung:

$$k(25) = 47,5$$

Als Gesamtkostenfunktion ergibt für dieses Intervall:

$$K_T{}^z(M) = 47,5 \cdot M$$

Im Intervall zeitlicher Anpassung können folgende Mengen hergestellt werden:

$$0 \le M \le x_{opt} \cdot t_{max}$$

$$0 \le M \le 1.000$$

Sollen Mengen oberhalb von M=1.000 hergestellt werden, muß intensitätsmäßig angepaßt werden. Hier gilt für die Gesamtkosten:

$$K_T{}^I(x) = K(x) \cdot \bar{t}_{max}$$

unter Berücksichtigung von $M = x \cdot t \Leftrightarrow x = \frac{M}{t}$:

$$K_T{}^I(M) = K(\frac{M}{t_{max}}) \cdot \bar{t}_{max}$$

Es ergibt sich somit:

$$K_T(M) = \frac{1}{16.000} \cdot M^3 - \frac{1}{10} \cdot M^2 + 60 \cdot M + 25.000$$

Das Intervall intensitätsmäßiger Anpassung erstreckt sich auf den Bereich $1.000 \le M \le 1.600$.

Lösung 2.9:

a)

- Berechnung der Deckungsspannen (DSP) gemäß:

$$DSP_i = p_i - kv_i^{total}$$

Somit ergibt sich:

Produkt	Preis [GE/ME] (1)	kv [GE/ME] (ohne Maschine) (2)	kv [GE/ME] (auf Maschine) (3)=(1)-(2)-(3)	DSP [GE/ME] (4)=(1)-(2)-(3)
1	50	18	4 [FE] · 3 [GE/FE] = 12 [GE]	20
2	70	26	18	26
3	40	14	6	20
4	90	65	30	-5

- Prüfung, ob die Maschine zum Engpaß werden kann:

$$\sum_i pk_i \cdot x_{imax} \geq 1.000$$

für Produkte, deren DSP ≥ 0 (ohne P_4)

$900 \leq 1.000$

- Entscheidung:

Somit kann die Maschine nicht zum Engpaß werden. In der Situation eines kostenmäßigen Prozesses ohne Engpaß wird anhand der absoluten DSP entschieden. Es wird von jedem Produkt mit positiver DSP die maximale Absatzmenge hergestellt.

b)

- Berechnung der DSP:

s. a)

- Prüfung, ob die Maschine zum Engpaß werden kann:

$900 \geq 500$

- Entscheidung:

Die Maschine kann zum Engpaß werden. In der Situation eines kostenmäßigen Prozesses bei einem möglichen Engpaß wird anhand der relativen DSP entschieden.

- Berechnung der rel. DSP und Rangfolgenbildung:

Produkt	DSP [GE/ME]	Koeffizient (pk) [FE/ME]	rel. DSP [GE/FE]	Rang
1	20	4	5	2
2	26	6	4,33	3
3	20	2	10	1
4	Irrelevant, da DSP < 0			

- Planung gemäß Rangfolge

Rang	Produkt	max. Absatz [ME]	Produktions- menge [ME]	Restkapazität [FE]
1	3	100	100	500 - 2 · 100 = 300
2	1	100	300/4 = 75	0
3	2	50	0	0

- Gewinnberechnung

$$G = \sum x_i \cdot DSP_i = 100 \cdot 20 + 75 \cdot 20 = 3.500$$

c)

- Prüfung, ob die Maschinen zum Engpaß werden können:

$$\sum_i^3 pk_i \cdot x_{imax} \geq \sum Kapazitäten$$

ohne P_4, da dieses - auch auf neuer Maschine hergestellt - DSP ≤ 0

$2.000 \geq 1.500$

- Entscheidung:

In der Situation zweier kostenmäßiger Prozesse bei einem möglichen Engpaß wird anhand rel. Brutto-DSP (BDSP) geplant. Die variablen Kosten im Engpaß müssen zuerst außer Acht bleiben, da unbekannt ist, welches Produkt auf welcher Maschine gefertigt wird.

- Berechnung der rel. BDSP und Rangfolgenbildung:

Produkt	Preis [GE/ME]	kv [GE/ME] (ohne Masch.)	BDSP [GE/ME]	pk [FE/ME]	rel. BDSP [GE/FE]	Rang
	(1)	(2)	(1)-(2)=(3)	(4)	(3)/(4)=(5)	
1	50	18	32	4	8	2
2	70	26	44	6	7,33	3
3	40	14	26	2	13	1

- Planung gemäß Rangfolge

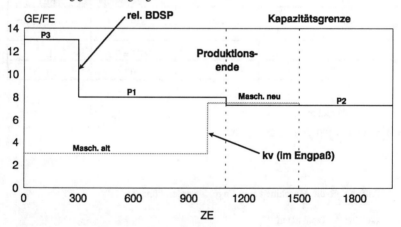

Es wird gemäß Rangfolge produziert, wobei zuerst auf der Maschine gefertigt wird, die kostengünstiger ist. Es werden nur die Produkte gefertigt, die in der Lage sind, die Kosten im Engpaß [GE/FE] durch ihre rel. BDSP [GE/FE] zu erwirtschaften.

Daher wird P2 nicht mehr hergestellt, da dessen rel. BDSP (7,33) nicht ausreicht, um die Kosten auf der neuen Maschine zu decken. Auf der neuen Maschine wird nur der Rest von P1 gefertigt.

Lösung 2.10:

- Berechnung der DSP

Produkt	Tellerg.	Salat	Eintopf	Brötchen	Kuchen	Baguette
Preis [GE/ME]	3,5	2,5	2,8	1,5	1,5	3,8
kv [GE/ME]	5,3	2,8	2,5	1,5	1,8	4
DSP [GE/ME]	- 1,8	- 0,3	0,3	0	- 0,3	- 0,2

- Berechnung des bisherigen Deckungsbeitrages (DB)

$$DB = \sum DSP_i \cdot x_i$$

$$\Rightarrow DB = -1.840$$

Somit müssen 840 [GE] an negativen DB verhindert werden. Da möglichst wenige Essenswünsche unbefriedigt bleiben sollen, wird auf Bestellung von dem Produkt verzichtet, das die größte negative DSP (Tellergericht) aufweist:

$$\text{Verringerung der Bestellungen} = \frac{840}{1,8} \approx 467$$

Lösung 2.11:

- Zielfunktion (DB-Funktion) aufstellen:

$$DB = \sum (p_i - kv_i) \cdot x_i$$

$$\Rightarrow DB = \sum p_i \cdot x_i - \sum kv_i \cdot x_i$$

$$\Rightarrow DB = \sum U_i - \sum kv_i \cdot x_i$$

$$\Rightarrow DB = 165 \cdot x_L - \frac{1}{1.000} \cdot x_L^2 + 120 \cdot x_H - \frac{1}{500} \cdot x_H^2$$

$$+ 60 \cdot x_{Ho} - \frac{1}{600} \cdot x_{Ho}^2 + 100 \cdot x_S - \frac{1}{100} \cdot x_S^2$$

- Bildung der partiellen Optima

$$\frac{d\,DB}{d\,x_L} = 165 - \frac{1}{500}\,x_L \overset{!}{=} 0 \Leftrightarrow x_{L;\,opt} = 82.500$$

$$\frac{d\,DB}{d\,x_H} = 120 - \frac{1}{250}\,x_H \overset{!}{=} 0 \Leftrightarrow x_{H;\,opt} = 30.000$$

$$\frac{d\,DB}{d\,x_{Hb}} = 60 - \frac{1}{300}\,x_{Hb} \overset{!}{=} 0 \Leftrightarrow x_{Hb;\,opt} = 18.000$$

$$\frac{d\,DB}{d\,x_S} = 100 - \frac{1}{50}\,x_S \overset{!}{=} 0. \Leftrightarrow x_{S;\,opt} = 5.000$$

- Überprüfung, ob Basismaterial ausreicht:

$$\sum pk_i \cdot x_i = 23.300 \leq 25.000$$

Da das Basismaterial ausreicht, sind die partiellen Optima der Zielfunktion herstellbar. Die Nebenbedingung wird nicht ausgeschöpft.

Lösung 2.12:

a)

Ein LP-Ansatz besteht aus einer (linearen) Zielfunktion und (linearen) Nebenbedingungen. Er ist immer dann anzuwenden, wenn mehr als ein Engpaß möglich und somit planungstechnisch relevant ist. Dies ist im vorliegenden Fall möglicherweise gegeben, da die Produkte positive DSP haben, auf drei Maschinen über nur begrenzte Kapazitäten verfügt werden kann und keine Absatzhöchstmengen vorliegen. Es ist jedoch zu prüfen, ob ein Engpaß die übrigen dominiert. Man vergleicht hierzu die relative Kapazitätsbeanspruchung (rel. Kapa.) bei den Produkten, die definiert ist als:

$$\text{rel. Kapa.}_{ij} = \frac{pk_{ij}}{\text{Kapa.}_j}, \qquad \text{mit i = Produkt, j = Maschine.}$$

Produkt	Maschinen		
	A	B	C
1	0,59 %	<u>0,67 %</u>	0
2	1,17 %	0,67 %	<u>1,67 %</u>

Da bei Produkt 1 eine andere Maschine relativ am meisten der jeweiligen Gesamtkapazität der Maschine verbraucht als bei Produkt 2, dominiert kein Engpaß die übrigen. Ebenso kann Maschine A als Engpaß nicht ausgeschlossen werden, da sie bezüglich beider Produkte jeweils einen anderen Engpaß dominiert.

Die Zielfunktion ist die DB-Funktion: $DB = 300 \cdot x_1 + 500 \cdot x_2 \Leftarrow max!$

Als Nebenbedingungen ergeben sich:

[Maschine A]	$x_1 + 2 \cdot x_2 \leq 170$
[Maschine B]	$x_1 + x_2 \leq 150$
[Maschine C]	$3 \cdot x_2 \leq 180$
[Nichtnegativität der Produktionsmengen]	$x_i \geq 0$

b)

Aus den Zeilen läßt sich durch Betrachtung der Werte auf der rechten Seite (RS) erkennen, daß

- sich im Optimum ein DB von 49.000 [GE] einstellt,

- daß dieser durch die Produktion von 130 [ME] von P1 und von 20 [ME] von P2 erreicht wird und

- daß auf Maschine C eine Leerkapazität (nicht verbrauchte Kapazität) von 120 [FE] im Optimum verbleibt.

Die inneren Spalten geben die Opportunitäten der sich im Engpaß befindlichen Maschinen an:

Y_A-Spalte: Hätte man eine weitere FE auf Maschine A zur Verfügung, könnte man einen zusätzlichen DB von 200 [GE/FE] erzielen. Zwar würde man auf eine Einheit von P1 verzichten, dafür aber eine weitere ME von P2 fertigen können. Durch diese zusätzliche ME ginge die Leerkapazität auf Maschine C um 3 zurück.

Y_B-Spalte: $\Delta Masch.\ B = 1 \Rightarrow \Delta DB = 100;$
$\Delta x_1 = 2$ bzw. $\Delta x_2 = -1 \Rightarrow \Delta Y_C = 3$

c)

Für das beschriebene Problem läßt sich eine graphische Lösung herbeiführen, da der Lösungsraum durch nur zwei Produkte aufgespannt wird und somit noch faßbar ist. Eine Grenze ist also durch die Anzahl der Produkte gegeben (nicht größer drei).

In einem ersten Schritt wird der x_1/x_2-Lösungsraum durch die Maschinennebenbedingungen (nach rechts-oben) eingeschränkt.

Sodann wird ein Iso-DB-Liniensystem in den nunmehr entstehenden Lösungsraum gelegt und nach rechts-oben verschoben, bis die letzte DB-Gerade bestimmt ist, die den Lösungsraum noch tangiert.

Die Iso-DB-Linien ergeben sich dabei duch eine willkürliche Festlegung eines DB-Wertes. Bei einem angestrebten DB von bspw. 12.000 [GE] ergibt sich:

$$12.000 = 300 \cdot x_1 + 500 \cdot x_2$$

$$\Rightarrow x_1 = 40 - \frac{5}{3} x_2$$

Somit ergibt sich:

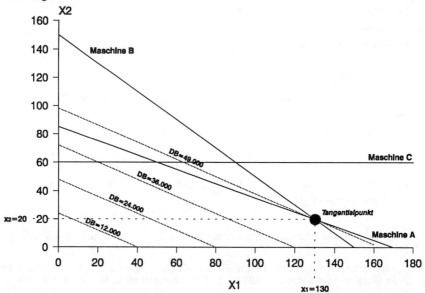

Lösung 2.13:

a)   Die drei Planungsebenen lassen sich bezüglich der Fristigkeit und der Bedeutung für den Unternehmenserfolg differenzieren.

* Strategische Planung: langfristig und bedeutsam für Unternehmenserfolg

* Taktische Palnung: mittelfristig und von mittlerer Bedeutung für Unternehmenserfolg

* Operative Planung: kurzfristig und von untergeordneter Bedeutung für Unternehmenserfolg

b)   Steht für ein Unternehmen die Entscheidung darüber an, ob man durch Aufkauf eines anderen Unternehmens ein neues Geschäftsfeld eröffnen soll, so handelt es sich hierbei um eine strategische Entscheidung. Ist das branchenfremde Unternehmen erworben worden und steht zur Diskussion, welche Produkte weiterhin im Sortiment angeboten werden sollen, so ist dies eine taktische Fragestellung.   Werden   nunmehr   für   die   kommende   Planungsperiode

Produktionsmengen festgelegt, so ist dieses ein Entscheidungsproblem operativer Natur.

Lösung 2.14:

a)

- Berechnung der DSP:

Produkt	Preis [GE/ME]	kv [GE/ME]	DSP
	(1)	(2)	(1)-(2)=(3)
Wischlappen (WL)	4	2	2
Wischeimer (WE)	12	9	3
Wischschrubber (WS)	18	8	10

- Prüfung, ob der Rohstoff zum Engpaß werden kann:

$$\sum pk_i \cdot x_{imax} \leq 350$$
$$\Rightarrow 345 \leq 350$$

- Entscheidung:

Da der Rohstoff in keinem Fall zum Engpaß werden kann, sieht man sich einem kostenmäßigen Prozeß ohne Engpaß gegenüber, so daß anhand der absoluten DSP geplant werden kann. Zu produzieren ist von jedem Produkt mit einer positiven DSP die maximale Absatzmenge:

$$x_{WL} = 1.000; \quad x_{WE} = 500; \quad x_{WS} = 300$$

b)

- Prüfung, ob der Kunststoff zum Engpaß werden kann:

$$\sum pk_i \cdot x_{imax} \geq 300$$
$$\Rightarrow 345 \geq 300$$

- Entscheidung:

Wischi stellt nun einen Engpaß dar (ein Prozeß, ein bekannter Engpaß), so daß anhand rel.
DSP zu planen ist.

- Berechnung der rel. DSP und Rangfolgenbildung:

Produkt	DSP [GE/ME]	Koeffizient (pk) [FE/ME]	rel. DSP [GE/FE]	Rang
WL	2	0,1	20	2
WE	3	0,25	12	3
WS	10	0,4	25	1

- Planung gemäß Rangfolge:

Rang	Produkt	max. Absatz [ME]	Produktions-menge [ME]	Restkapazität [FE]
1	WS	300	300	300 - 0,4 · 300 = 180
2	WL	1.000	1.000	80
3	WE	500	80/ 0,25=320	0

- Berechnung des max. DB:

$$DB = \sum x_i \cdot DSP_i = 1.000 \cdot 2 + 320 \cdot 3 + 300 \cdot 10 = 5.960$$

Lösung 2.15:

- Berechnung der DSP:

Produkt	Preis [GE/ME] (1)	kv [GE/ME] (2)	DSP (1)-(2)=(3)
Holzheim (HH)	48	2 · 10 + 1 · 10=30	18
Holzlauf (HL)	76	70	6
Holz-Elegant (HE)	94	55	39

- Prüfung, ob Faktoren zu Engpässen werden können:

Maschine (i):

$$\sum p_{ki} \cdot x_{imax} \geq 4.000$$

$$\Rightarrow 8.100 \geq 4.000 \text{ (Engpaß möglich!)}$$

Holzrohstoff (j):

$$\sum p_{kj} \cdot x_{jmax} \geq 3.000$$

$$\Rightarrow 4.050 \geq 3.000 \text{ (Engpaß möglich!)}$$

- Prüfung mittels der rel. Kapazitätsbeanspruchung, ob ein Engpaß dominant ist:

$$\text{rel. Kapa.}_{ij} = \frac{p_{kij}}{\text{Kapa.}_j}, \qquad \text{mit i = Produkt, j = Engpaßrestriktion.}$$

Produkt	Engpaßrestriktion	
	Maschine	Holzrohstoff
HH	0,05 %	0,033 %
HL	0,1 %	0,1 %
HE	0,125 %	0,0167 %

Das Ergebnis zeigt, daß die Maschinenrestriktion bei allen Produkten zumindest gleich eng ausgelegt ist wie die Restriktion "Holzrohstoff". Bei HH und HE ist sie sogar dominant. Somit ist keine Situation denkbar, in der die Holzrohstoff-Restriktion eher zum Engpaß wird als die Maschinenrestriktion. Die Maschinenrestriktion ist dominant.

b)

- Berechnung der rel. DSP und Rangfolgenbildung:

Produkt	DSP [GE/ME]	Koeffizient (pk) [ZE/ME]	rel. DSP [GE/ZE]	Rang
HH	18	2	9	1
HL	6	4	1,5	3
HE	39	5	7,8	2

• Planung gemäß Rangfolge:

Rang	Produkt	max. Absatz [ME]	Produktions- menge [ME]	Restkapazität [FE]
1	HH	800	800	$4.000 - 2 \cdot 800 = 2.400$
2	HE	500	$2.400/5 = 480$	0
3	HL	1.000	0	0

c)

Das unter b) bestimmte Programm ändert sich erst dann, wenn die Änderung des Preises von HE und somit auch der rel. DSP zu einer neuen Rangfolge führt. Die Frage ist also, bei Unterschreiten welchen Preises von HE sich eine rel. DSP ergibt, die geringer ist als die vom ausgeschlossenen Produkt HL.

Die Grenze berechnet sich also nach: rel. DSP_{HE} = rel. DSP_{HL} = $1,5$

Es ergibt sich:

$$1,5 = \frac{p - kv}{pk} = \frac{p - 55}{5}$$
$$\Leftrightarrow p = 62,5$$

d)

• Unterschied der Kostenbegriffe:

(vgl. Lösung 2.1 und Lösung 2.4)

• Bestimmung der pagatorischen und wertmäßigen Kosten:

Die pagatorischen Kosten entsprechen den am Beschaffungsmarkt zu zahlenden Beträgen. Somit ergibt sich:

$kv_{pag}(\text{Maschine}) = 10 \ [\text{GE} / \text{ZE}]$

$kv_{pag}(\text{Holzrohstoff}) = 10 \ [\text{GE} / \text{FE}]$

Die in den wertmäßigen Kosten zusätzlich enthaltenen Opportunitätskosten (OK) hängen von der konkreten Unternehmenssituation ab. Für Faktoren, die sich im Engpaß befinden, ist man bereit, maximal zusätzlich den Betrag pro ME zu zahlen, den man mit eben dieser FE an zusätzlichem Gewinn erwirtschaften kann (rel. DSP des Grenzproduktes). Bei Faktoren, die nicht im Engpaß sind, kann man mit zusätzlichen FE keinen weiteren

Gewinn erzielen, die OK sind 0 und die wertmäßigen Kosten entsprechen den pagatorischen Kosten.

Holzrohstoff: wertmäßige Kosten = pagatorische Kosten = 10 [GE/FE]

Maschine: wertmäßige Kosten = 10 [GE/ZE] + (rel. DSP_{HE}) 7,8 [GE/ZE]

  = 17,8 [GE/ZE]

e)

Bei Anschaffung einer weiteren Maschine steigt die zur Verfügung stehende Maschinenkapazität auf 8.000 [ZE] an.

Da auch dies nicht ausreicht, um den Gesamtbedarf (8.100 [ZE]; vgl. a)) zu decken, sind weiterhin beide Engpässe zu berücksichtigen.

Es ist mittels der rel. Kapazitätsbeanspruchung zu überprüfen, ob auch jetzt noch ein Engpaß dominant ist:

Produkt	Engpaßrestriktion	
	Maschine	Holzrohstoff
HH	0,025 %	0,033 %
HL	0,05 %	0,1 %
HE	0,0625 %	0,0167 %

Da nun kein Engpaß mehr dominant ist, sieht man sich der Situation eines kostenmäßigen Prozesses und zweier Engpässe gegenüber: Es ist notwendigerweise ein LP-Ansatz durchzuführen.

Lösung 2.16:

a) (vgl. auch Lösung 2.12)

Zielfunktion: $DB = \sum DSP_i \cdot x_i = 200 \cdot x_1 + 500 \cdot x_2 \Leftarrow$ max!

Nebenbedingungen:

[Maschine A] $2 \cdot x_1 + 3 \cdot x_2 \leq 180$

[Maschine B] $2 \cdot x_1 + 1,5 \cdot x_2 \leq 150$

[Maschine C] $3 \cdot x_2 \leq 120$

[Maschine D] $2 \cdot x_1 \leq 190$

[Nicht-Negativität] $x_i \geq 0$

Um die Simplex-Methode anwenden zu können, sind die als Ungleichungen formulierten Nebenbedingungen in Gleichungen zu überführen. Hierzu werden die Schlupfvariablen Y_A - Y_D eingeführt, die die Leerkapazitäten der Restriktionen (nicht verbrauchte Faktormengen) beschreiben.

Somit ergibt sich:

[Maschine A] $Y_A + 2 \cdot x_1 + 3 \cdot x_2 = 180$

[Maschine B] $Y_B + 2 \cdot x_1 + 1,5 \cdot x_2 = 150$

[Maschine C] $Y_C + 3 \cdot x_2 = 120$

[Maschine D] $Y_D + 2 \cdot x_1 = 190$

Die Tableau-Schreibweise stellt allein eine Vereinfachung der normalen Gleichungsschreibweise dar. Bei ihr wird für jede (Produktions-) Variable eine eigene Spalte und für jede Gleichung eine eigene Zeile eingerichtet, wobei zusätzlich eine Identifikationsspalte und eine Spalte für die jeweiligen "rechten Seiten" (RS) der Gleichungen eingerichtet wird.

	X1	X2	RS
YA	2	3	180
YB	2	1,5	150
YC	0	3	120
YD	2	0	190
DB	200	500	0

b)   (Vgl. auch Lösung 2.12)

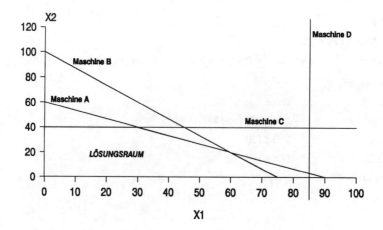

c)   (vgl. auch Lösung 2.12)

Aus der DB-Zeile ist abzulesen, daß der DB im Optimalfall 26.000 [GE] umfaßt. Ebenso lassen die x_1- und x_2-Zeilen erkennen, daß im Optimum von P1 30 [ME] und von P2 40 [ME] hergestellt werden. Bei einem solchen Produktionsprogramm würden die Maschinen A und C zum Engpaß werden, was daran zu erkennen ist, daß einerseits auf diesen Maschinen keine Leerkapazitäten mehr vorhanden sind (keine Y_A- oder Y_C-Zeilen im Optimaltableau) und andererseits für diese Maschinen OK erkennbar sind. Eine zusätzliche ZE auf Maschine A (Maschine C) würde so zu einem zusätzlichen DB von 100 (66,67) [GE/ZE] führen. Auf Maschine B (Maschine D) stehen jedoch im Optimum weiterhin 30 (130) [ZE] zur Verfügung, was der Y_B- (Y_D-) Zeile zu entnehmen ist.

Lösung 2.17:

a)

(vgl. auch Lösung 2.9 b))

•   Berechnung der BDSP:

Es lassen sich keine DSP berechnen, da die in die Berechnung eingehenden variablen Kosten davon abhängen, auf welcher Maschine das Produkt gefertigt wird. Es muß folglich mit BDSP gearbeitet werden, da diese definitorisch den unbestimmten Teil der variablen Kosten ausgrenzen. Um die variablen Kosten zu berechnen, die neben den Maschinenkosten anfallen, ist von den gesamten variablen Stückkosten der Teil abzuziehen, der durch die Produktion auf der alten Maschine verursacht wurde:

$$kv_{ohne} = kv_{gesamt} - pk \cdot q$$

Produkt	Preis [GE/ME]	kv_{ohne} [GE/ME]	BDSP [GE/ME]
	(1)	(2)	(1)-(2)=(3)
Streich-Sahne (SS)	6	$5 - 2 \cdot 2 = 1$	5
Streich-Kräuter (SK)	10	1	9
Streich-Lachs (SL)	20	8	12
Streich-Schnittlauch (SSC)	6	1	5

•   Überprüfung, ob Maschinen zum Engpaß werden können:

$$\sum pk_i \cdot x_{imax} \geq 85.000 + 120.000$$
$$\Rightarrow 320.000 \geq 205.000$$

- Entscheidung:

Da man sich zwei kostenverschiedenen Prozessen (alte oder neue Maschine) und einem möglichen Engpaß gegenübersieht, ist die Planung anhand rel. BDSP durchzuführen.

- Berechnung der rel. BDSP und Rangfolgenbildung:

Produkt	Preis [GE/ME]	kv [GE/ME] (ohne Masch.)	BDSP [GE/ME]	pk [FE/ME]	rel. BDSP [GE/FE]	Rang
	(1)	(2)	(1)-(2)=(3)	(4)	(3)/(4)=(5)	
SS	6	1	5	2	2,5	4
SK	10	1	9	3	3	3
SL	20	8	12	3	4	2
SSC	6	1	5	1	5	1

- Planung gemäß Rangfolge:

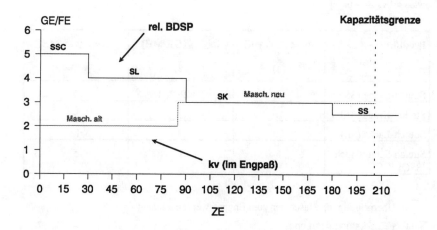

Es wird gemäß Rangfolge produziert, wobei zuerst die Maschine eingesetzt wird, die kostengünstiger ist. Dabei werden nur die Produkte gefertigt, die in der Lage sind, die Kosten im Engpaß [GE/ZE] durch ihre rel. BDSP [GE/ZE] zu erwirtschaften. Daher wird SS nicht mehr hergestellt, da die rel. BDSP (2,5) nicht ausreicht, um die Kosten pro ZE (3) zu decken. Bei Produkt SK reicht die rel. BDSP (3) gerade hierfür aus. Der DB kann somit durch die Produktion von SK nicht gesteigert werden (er sinkt aber auch nicht). Es muß anhand anderer Kriterien entschieden werden, ob SK hergestellt wird.

b)

Der Vorteilhaftigkeitsvergleich kann anhand eines Flächenvergleichs durchgeführt werden:

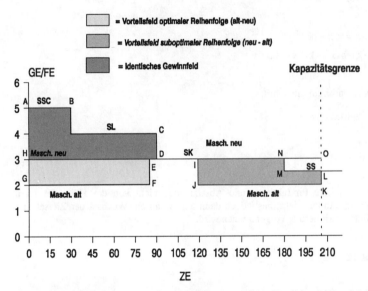

Der graphische Vergleich zeigt, daß die suboptimale Maschinenreihenfolge zu einem kleineren Gewinn führt. Wird der Gewinn bei einer optimalen Maschinenreihenfolge durch das Feld ABCDEFG beschrieben und der bei suboptimaler Reihenfolge durch die Felder ABCDH und IJKLMN, so wird deutlich, daß der Unterschied im Feld LMNO liegt, da die Fläche EFGH kongruent ist zu der Fläche IJKO.

Lösung 2.18:

Ein für programmplanerische Fragestellungen typisches Problem ist die Beurteilung, ob die nicht von der Ausbringungsmenge abhängenden Kosten (Fixkosten) zu berücksichtigen sind. Diese Frage kann dabei allein unter Einbeziehung der zugrunde liegenden Zielsetzung beantwortet werden. Hierzu ein einfaches Beispiel:

Einem Einprodukt-Unternehmen ist die Preis-Absatz-Funktion

$$p(x) = a - b \cdot x$$

und die Kostenfunktion

$$K(x) = kv \cdot x + K_{fix}$$

bekannt.

Es soll untersucht werden, ob die fixen Kosten bei den alternativen Zielsetzungen der Gewinn- und Rentabilitätsmaximierung entscheidungsrelevant sind.

Gewinnmaximierung:

$$G = U(x) - K(x)$$

mit:

$$U(x) = p(x) \cdot x = a \cdot x - b \cdot x^2$$

$$\Rightarrow G(x) = a \cdot x - b \cdot x^2 - kv \cdot x - K_{fix}$$

Für das Gewinnoptimum gilt somit:

$$\frac{d\,G(x)}{dx} = a - 2 \cdot b \cdot x - kv \overset{!}{=} 0$$

$$\Rightarrow x_{opt} = \frac{a - kv}{2 \cdot b}$$

Somit ist die optimale Produktions- und Absatzmenge nicht von der Höhe der fixen Kosten abhängig. Anders sieht dies jedoch dann aus, wenn ein Wechsel der Zielsetzung zur Rentabilitätsmaximierung vorgenommen wird.

Rentabilitätsmaximierung:

$$R(x) = \frac{G(x)}{C(x)}$$

mit: $C(x) = cv \cdot x + C_{fix}$

Somit ergibt sich:
$$R(x) = \frac{a \cdot x - b \cdot x^2 - kv \cdot x - K_{fix}}{cv \cdot x + C_{fix}}$$

Für das Rentabilitätsmaximum ergibt sich somit:

$$\frac{dR}{dx} \overset{!}{=} 0$$

...

$$x_{opt} = -\frac{C_{fix}}{cv} \pm \sqrt{\left(\frac{C_{fix}}{cv}\right)^2 + \frac{C_{fix} \cdot a - C_{fix} \cdot kv + cv \cdot K_{fix}}{b \cdot cv}}$$

Somit ist gezeigt worden, daß die fixen Kosten bei der Zielsetzung der Rentabilitätsmaximierung entscheidungsrelevant sind!

Lösung 2.19:

- Berechnung der DSP:

Produkt	Preis [GE/ME] (1)	kv [GE/ME] (2)	DSP [GE/ME] (1)-(2)=(3)
A	50	10	40
B	80	30	50
C	40	44	-4

Auf die Fertigung des Produktes C wird somit verzichtet ($DSP_C < 0$).

- Prüfung, ob Engpaß vorliegt:

$$\sum pk_i \cdot x_{imax} \geq 25.000$$

$$24.000 \leq 25.000$$

Somit kann die Maschine nicht zum Engpaß werden (man verzichtet auf Produktion von C!).

- Entscheidung:

Bei einem kostenmäßigen Prozeß und keinem Engpaß entscheidet man anhand der absoluten DSP. Von allen Produkten, deren DSP>0 ist, fertigt man die maximale Absatzmenge.

- Berechnung des DB:

$$DB = \sum DSP \cdot x_i$$

$$\Rightarrow DB = 80.000$$

Lösung 2.20:

• Berechnung der DSP:

Produkt	Laden-preis [GE/ME]	Werks-preis [GE/ME]	kv (ohne Graphit) [GE/ME]	kv (Graphit) [GE/ME]	kv (gesamt) [GE/ME]	DSP [GE/ME]
	(1)	0,8 (1)=(2)	(3)	(4)	(3)+(4)=(5)	(2)-(5)=(6)
Graphite Contra (GC)	350	280	80	$20.000 \cdot 0,5/1.000 = 10$	90	190
Genesis (G)	600	480	150	10	160	320
Electro (E)	400	320	120	10	130	190
Lady like (L)	200	160	100	10	110	50

• Prüfung, ob Engpaß möglich:

$$\sum pk_i \cdot x_{imax} \geq 70$$

$$\Rightarrow 105 \geq 70$$

• Entscheidung:

Da der Rohstoff "Graphit zum Engpaß werden kann, sieht man sich der Situation eines kostenmäßigen Prozesses und einem bekannten Engpaß gegenüber; es ist eigentlich anhand der rel. DSP zu planen. Da jedoch alle Produkte den gleichen Produktionskoeffizienten aufweisen (500 g), wird hierdurch nur die gleiche Rangfolge hergestellt wie in bezug auf die absoluten DSP.

• Rangfolgenbildung:

Produkt	DSP [GE/ME]	Rang
GC	190	2
G	320	1
E	190	2
L	50	4

Bezüglich des Gewinns ist es unerheblich, ob man einen Schläger GC oder E produziert und absetzt. Daher wird davon ausgegangen, daß die für die Produktion der Rangstufe 2 zur Verfügung stehenden Graphit-Mengen gleichmäßig auf GC und E aufgeteilt werden!

- Planung gemäß Rangfolge:

Rang	Produkt	max. Absatz [ME]	Produktions- menge [ME]	Restkapazität [FE]
1	G	50.000	50.000	70' - 0,5 · 50' = 45
2	GC	80.000	22,5'/0,5=45.000	s.u.
2	E	60.000	22,5'/0,5=45.000	0
4	L	20.000	0	0

Lösung 2.21:

a) Deckungsbeitrags- und gewinnmaximale Produktionsprogramme unterscheiden sich nur dann, wenn sprungfixe Kosten beim letzteren zu berücksichtigen sind. In diesem Fall kann das deckungsbeitragsmaximale vom gewinnmaximalen Produktionsprogramm abweichen.

b)

- Berechnung der DSP:

Produkt	Preis [GE/ME]	Maschinen- kosten [GE/ME]	Rohstoffkosten [GE/ME]	DSP
	(1)	(2)	(3)	(1)-(2)-(3)=(4)
1	46	2 · 5=10	6 · 3=18	18
2	50	20	18	12
3	94	10	36	48
4	90	30	45	15

• Prüfung, ob Faktoren zu Engpässen werden können:

$\sum pk_{masch} \cdot x_{imax} \geq 200$

$\Rightarrow 210 \geq 200$ (Engpaß möglich)

$\sum pk_{Rohstoff} \cdot x_{imax} \geq 300$

$\Rightarrow 540 \geq 300$ (Engpaß möglich)

• Prüfung, ob ein Engpaß dominant ist:

Die Überprüfung kann mit Hilfe der rel. Kapazitätsbeanspruchung vorgenommen werden.

	Engpaßrestriktion	
Produkt	**Maschine**	**Rohstoff**
1	1 %	2 %
2	2 %	2 %
3	1 %	4 %
4	3 %	5 %

Da für die Produktion einer ME bei allen Produkten prozentual mehr oder zumindest gleich viel von der Gesamtkapazität des Rohstoffs im Vergleich zur Maschine beansprucht wird, ist die Rohstoffrestriktion dominant.

• Entscheidung:

Somit liegt ein kostenmäßiger Prozeß und ein dominanter Engpaß vor, so daß mittels rel. DSP das optimale Produktionsprogramm bestimmt werden kann.

• Berechnung der rel. DSP und Rangfolgenbildung:

| **Produkt** | **DSP [GE/ME]** | **pk (Rohstoff) [FE/ME]** | **rel. DSP [GE/FE]** | **Rang** |
	(1)	**(2)**	**(1)/(2)= (3)**	
1	18	6	3	2
2	12	6	2	3
3	48	12	4	1
4	15	15	1	4

* Planung gemäß Rangfolge:

Rang	Produkt	max. Absatz [ME]	Produktions-menge [ME]	Restkapazität [FE]
1	3	10	10	300 - 12 · 10 = 180
2	1	25	25	180 - 6 · 25= 30
3	2	20	5	30 - 6 · 5=0
4	4	10	0	0

b)

P_2 stellt das Grenzprodukt der Planung aus a) dar. Die von P_2 hergestellte Menge ändert sich bei Preissteigerungen erst dann, wenn die neue rel. DSP von P_2 die des nächst besseren Produktes (P_1) erreicht. Ebenso ändert sich die Produktionsmenge dann, wenn bei Preissenkungen die rel. DSP von P_2 unter die des nächst schlechteren Produktes (P_4) sinkt. Somit ergibt sich im Umkehrschluß das Intervall für den Preis von P_2, innerhalb dessen keine Mengenänderung eintritt, gemäß der Formel:

rel. $DSP_4 \leq$ rel. $DSP_2 \leq$ rel. DSP_1

$$\Rightarrow 1 \leq \frac{p_2 - kv_2}{pk_2} \leq 3$$

$$\Leftrightarrow 44 \leq p_2 \leq 56$$

d)

(vgl. auch Lösung 2.1, Lösung 2.4 und Lösung 2.15)

wertmäßige Kosten [GE/FE] = pagatorische Kosten [GE/FE] + OK [GE/FE]

[Maschine, die nicht im Engpaß ist] wertm. Kosten = 5 + 0 = 5 [GE/ZE]

[Rohstoff, der Engpaß darstellt] wertm. Kosten = 3 + OK,

wobei die OK dem zusätzlichen Gewinn entsprechen, der mit einer zusätzlichen FE erwirtschaftet werden kann. Eine weitere FE würde man aber in die Fertigung des Grenzproduktes P_2 investieren, so daß die FE einen zusätzlichen Gewinn in Höhe der rel. DSP von P_2 erwirtschaftete:

wertm. Kosten = 3 + 2 = 5 [GE/FE]

e)

- Berechnung der neuen DSP:

Für die neuen DSP gilt:

$DSP_i^{neu} = DSP_i^{alt} - \Delta q_R \cdot pk_i(\text{Rohstoff})$

$\Rightarrow DSP_1^{neu} = 18 - 0,5 \cdot 6 = 15$

$\Rightarrow DSP_2^{neu} = 12 - 0,5 \cdot 6 = 9$

$\Rightarrow DSP_3^{neu} = 48 - 0,5 \cdot 12 = 42$

$\Rightarrow DSP_4^{neu} = 15 - 0,5 \cdot 15 = 7,5$

- Bestimmung des LP-Ansatzes:

Zielfunktion: $\qquad DB = \sum DSP_i \cdot x_i = 15 \cdot x_1 + 9 \cdot x_2 + 42 \cdot x_3 + 7,5 \cdot x_4 \Leftarrow \max!$

Nebenbedingungen:

[Maschine] $\qquad 2 \cdot x_1 + 4 \cdot x_2 + 2 \cdot x_3 + 6 \cdot x_4 \leq 200$

[Rohstoff] $\qquad 6 \cdot x_1 + 6 \cdot x_2 + 12 \cdot x_3 + 15 \cdot x_4 \leq 400$

[Nicht-Negativität] $\qquad x_i \geq 0$

Lösung 2.22:

- Berechnung der BDSP:

Da nunmehr vor Planungsbeginn unbekannt ist, auf welcher Art von Maschinen (alt oder neu) die Produkte hergestellt werden, muß anhand von BDSP argumentiert werden. Um die variablen Kosten zu berechnen, die neben den Maschinenkosten anfallen, ist von den gesamten variablen Stückkosten der Teil abzuziehen, der durch die Produktion auf der alten Maschine verursacht wurde:

$kv_{ohne} = kv_{gesamt} - pk \cdot q$

Produkt	Preis [GE/ME] (1)	kv_{ohne} [GE/ME] (2)	BDSP [GE/ME] (1)-(2)=(3)
Lachs (L)	10	$8 - 0,5 \cdot 9 = 3,5$	6,5
Rollmops (R)	6	1,1	4,9
Hering (H)	8	1,2	6,8
Thunfisch (T)	3	1,1	1,9

- Überprüfung, ob Maschinen zum Engpaß werden können:

$$\sum pk_i \cdot x_{imax} \geq 3 \cdot 9.000 + 5.000$$

$$\Rightarrow 38.000 \geq 32.000$$

- Entscheidung:

Da man sich zwei kostenverschiedenen Prozessen (alte oder neue Maschinen) und einem möglichen Engpaß gegenübersieht, ist die Planung anhand rel. BDSP durchzuführen.

- Berechnung der rel. BDSP und Rangfolgenbildung:

Produkt	Preis [GE/ME]	kv [GE/ME] (ohne Masch.)	BDSP [GE/ME]	pk [FE/ME]	rel. BDSP [GE/FE]	Rang
	(1)	(2)	(1)-(2)=(3)	(4)	(3)/(4)=(5)	
L	10	3,5	6,5	0,5	13	4
R	6	1,1	4,9	0,1	49	1
H	8	1,2	6,8	0,2	34	2
T	3	1,1	1,9	0,1	19	3

- Planung gemäß Rangfolge:

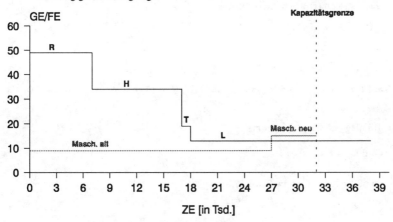

Somit ergibt sich als optimales Produktions- und Absatzprogramm:

$x_{Ropt} = 70.000$,

$x_{Hopt} = 50.000$,

$x_{Topt} = 10.000$ und

$$x_{Lopt} = \frac{27'-0,1\cdot 70'-0,2\cdot 50'-0,1\cdot 10'}{0,5} = 18.000$$

Die neue Maschine wird nicht eingesetzt.

Lösung 2.23:

a) (vgl. auch Lösung 2.11)

•   Bestimmung der Preisabsatzfunktionen:

Die Preisabsatzfunktionen (PAF) entsprechen der allgemeinen Form:

$p(x) = a - b\cdot x$

Für "Handy" ergeben sich somit folgende zwei Punkte auf der zugehörigen PAF:

$500 = a - 900\cdot b$,

$1.000 = a - 800\cdot b$

Durch z.B. Gleichsetzen der beiden Gleichungen erhält man die PAF für Handy:

$p_H(x_H) = 5.000 - 5\cdot x_H$

Hierzu analog ergibt sich für "World" die PAF:

$p_W(x_W) = 6.000 - 2\cdot x_W$

•   Zielfunktion (DB-Funktion) aufstellen:

$DB = \sum (p_i - kv_i)\cdot x_i$

$\Rightarrow DB = \sum p_i\cdot x_i - \sum kv_i\cdot x_i$

$\Rightarrow DB = \sum U_i - \sum kv_i\cdot x_i$

$\Rightarrow DB = 4.600\cdot x_H - 5\cdot x_H^2 + 5.500\cdot x_W - 2\cdot x_W^2$

•   Bildung der partiellen Optima

$\dfrac{d\,DB}{d\,x_H} = 4.600 - 10\cdot x_H \overset{!}{=} 0 \Leftrightarrow x_{H;\,opt} = 460$

$\dfrac{d\,DB}{d\,x_W} = 5.500 - 4\cdot x_H \overset{!}{=} 0 \Leftrightarrow x_{W;\,opt} = 1.375$

• Überprüfung, ob Chips ausreichen:

$\sum pk_i \cdot x_i = 6.420 \geq 6.000$

• Berücksichtigung der Nebenbedingung:

Bei der Berücksichtigung der Nebenbedingung sieht man sich der Situation einer nicht-linearen Zielfunktion und einer Nebenbedingung gegenüber. Mit Hilfe der Lösungsmethode nach Lagrange läßt sich dieses Problem mathematisch lösen.

Die Lagrange-Funktion hat dabei folgendes Aussehen:

$L(x_H, x_W, \lambda) = DB(x_H, x_W) \pm \lambda \cdot (2 \cdot x_H + 4 \cdot x_W - 6.000)$

Setzt man die partiellen Ableitungen gleich Null, so ergibt sich:

$$\frac{dL}{dx_H} = -10 \cdot x_H + 4.600 - 2 \cdot \lambda \overset{!}{=} 0$$

$$\frac{dL}{dx_H} = -4 \cdot x_W + 5.500 - 4 \cdot \lambda \overset{!}{=} 0$$

$$\frac{dL}{d\lambda} = -6.000 + 2 \cdot x_H + 4 \cdot x_W \overset{!}{=} 0$$

Durch Auflösen erhält man:

$x_{Hopt} = 440,91 \approx 441$

$x_{Wopt} = 1.279,5 \approx 1.279$

$\lambda = 95$

b)

Das λ der Lagrange-Funktion entspricht dem Schattenpreis der Nebenbedingung und gibt somit an, welcher Gewinn mit einem zusätzlichen Chip zu erzielen ist.

wertmäßige Kosten (Chip) = pagatorische Kosten + OK

$\Rightarrow$ wertmäßige Kosten = 3 +95 = 98

Lösung 2.24:

a)

Da die Unternehmung vor den Umbauarbeiten über nur 682 [ZE] verfügen konnte und diese Faktormenge nicht ausreichte, um alle Produkte mit ihren maximalen Absatzmengen herzustellen, ist davon auszugehen, daß die Unternehmung ihr optimales Produktionsprogramm anhand rel. DSP bestimmt hat.

Würde man nun die so ermittelten Mengen halbieren, bedeutete dies, daß man somit bei
den vorteilhafteren Produkten prozentual genauso viel "einsparen" würde wie bei
unvorteilhaften. Gewinnoptimal wäre es jedoch, zuerst die Reduktion beim
unvorteilhaftesten Produkt beginnen zu lassen. Erst wenn hier eine vollständige Reduktion
der Produktionsmenge erzielt worden wäre, würde man auf das nächst vorteilhafte Produkt
übergehen (usw.).

b)

- Berechnung der DSP:

Produkt	Preis [GE/ME] (1)	variable Kosten [GE/ME] (2)	DSP (1)-(2)=(3)
1	4.400	2.200	2.200
2	3.900	1.900	2.000
3	5.000	3.200	1.800
4	3.500	1.900	1.600

- Prüfung, ob Engpaß möglich:

$$\sum pk_i \cdot x_i \geq 341$$
$$\Rightarrow 770 \geq 341$$

- Berechnung der rel. DSP und Rangfolgenbildung:

Produkt	DSP [GE/ME] (1)	Koeffizient (pk) [FE/ME] (2)	rel. DSP [GE/FE] (1)/(2)=(3)	Rang
1	2.200	4	550	4
2	2.000	2	1.000	2
3	1.800	1	1.800	1
4	1.600	2	800	3

• Planung gemäß Rangfolge:

Rang	Produkt	max. Absatz [ME]	Produktions- menge [ME]	Restkapazität [FE]
1	3	150	150	$341 - 1 \cdot 150 = 191$
2	2	50	50	$191 - 2 \cdot 50 = 91$
3	4	100	$91/2 = 45{,}5$	0
4	1	80	0	0

• Berechnung des maximalen DB:

$$DB = \sum DSP_i \cdot x_i = 1.800 \cdot 150 + 2.000 \cdot 50 + 1.600 \cdot 45{,}5 = 442.800$$

c)

Insbesondere sind zwei Probleme zu berücksichtigen:

• Es werden keine Verbundwirkungen beachtet.

• Man produziert z.B. Produkt 3 mit der Absatzhöchstmenge. Die Frage ist jedoch, ob sich die ermittelten Absatzhöchstmengen am Markt wirklich absetzen lassen.

Lösung 2.25:

a)

• Berechnung der DSP:

Produkt	Preis [GE/ME] (1)	variable Kosten [GE/ME] (2)	DSP (1)-(2)=(3)
1	20	4	16
2	25	10	15
3	12	8	4
4	8	10	-2

Da die DSP des Produktes 4 negativ ist, wird auf die Herstellung vorerst verzichtet.

- Prüfung, ob Engpaß in den nacheinander zu durchlaufenden Stufen möglich ist:

Stufe 1:

$$\sum pk^I_i \cdot x_i \leq 200$$

$$\Rightarrow 130 \leq 200$$

Somit kann in Stufe 1 kein Engpaß auftreten.

Stufe 2:

$$\sum pk^{II}_i \cdot x_i \geq 100$$

$$\Rightarrow 110 \geq 100$$

Somit ist Stufe 2 als möglicher Engpaß zu berücksichtigen. Das Produktionsprogramm ist über die rel. DSP (ein Engpaß, ein kostenmäßiger Prozeß) zu bestimmen.

- Berechnung der rel. DSP und Rangfolgenbildung:

Produkt	DSP [GE/ME]	Koeffizient (pk^{II}) [FE/ME]	rel. DSP [GE/FE]	Rang
1	16	4	4	2
2	15	3	5	1
3	4	2	2	3

- Planung gemäß Rangfolge

Rang	Produkt	max. Absatz [ME]	Produktions-menge [ME]	Restkapazität [FE]
1	2	10	10	$100 - 3 \cdot 10 = 70$
2	1	10	10	$70 - 4 \cdot 10 = 30$
3	3	20	30/2= 15	0

- Berechnung des maximalen DB:

$$DB = \sum DSP_i \cdot x_i = 15 \cdot 10 + 16 \cdot 10 + 4 \cdot 15 = 370$$

b)

Verkauft man die Produkte 2 und 4 zusammen im Set, so entsteht ein neues Produkt (2/4), daß sich durch folgende Daten auszeichnet:

Preis [GE/ME] = 25 + 8 = 33;

max. Absatz [ME] = (Min. aus max. Absatz P2 und P4) 10;

variable Stückkosten [GE/ME] = 10 + 10 = 20

Produktionskoeffizient (Stufe 1) [FE/ME] = 4 + 1 = 5

Produktionskoeffizient (Stufe 2) [FE/ME] = 3 + 1 = 4

Somit ergibt sich eine DSP für das Produkt 2/4 von 13 [GE/ME] (33 - 20).

- Überprüfung, ob Engpässe nunmehr möglich:

Stufe 1:

$\sum pk^I_i \cdot x_i \leq 200$

$\Rightarrow 140 \leq 200$

Somit kann in Stufe 1 kein Engpaß auftreten.

Stufe 2:

$\sum pk^{II}_i \cdot x_i \geq 100$

$\Rightarrow 120 \geq 100$

Somit ist Stufe 2 als möglicher Engpaß zu berücksichtigen. Das Produktionsprogramm ist über die rel. DSP (ein Engpaß, ein kostenmäßiger Prozeß) zu bestimmen.

- Berechnung der rel. DSP und Rangfolgenbildung:

Produkt	DSP [GE/ME]	Koeffizient (pk^{II}) [FE/ME]	rel. DSP [GE/FE]	Rang
1	16	4	4	1
2/4	13	4	3,25	2
3	4	2	2	3

- Planung gemäß Rangfolge

Rang	Produkt	max. Absatz [ME]	Produktions- menge [ME]	Restkapazität [FE]
1	1	10	10	100 - 4 · 10 = 60
2	2/4	10	10	60 - 4 · 10= 20
3	3	20	20/2= 10	0

c)

Das Set wird dann nicht mehr in maximaler Absatzmenge gefertigt, wenn es zum Grenzprodukt wird, also von Produkt 3 von Rang 2 verdrängt wird. Dies ist aber erst dann der Fall, wenn die rel. DSP durch Preissenkungen von P4 unter die rel. DSP von P3 sinkt. Zu berechnen ist der Preis von P4, bei dem diese Grenze erreicht ist:

$$\text{rel.DSP}_{2/4} = \text{rel.DSP}_3$$

$$\Rightarrow \text{rel.DSP}_{2/4} = 2$$

$$\Rightarrow \frac{p_2 + p_4 - kv_2 - kv_4}{pk^{II}_2 + pk^{II}_4} = 2$$

$$\Leftrightarrow \frac{5 + p_4}{4} = 2$$

$$\Leftrightarrow p_4 = 3$$

Lösung 2.26:

a)

Die Gesamtkostenfunktion besteht aus zwei Intervallen, wobei sich das erste auf den Bereich zeitlicher Anpassung, das zweite auf den Bereich intensitätsmäßiger Anpassung bezieht.

Für die Gesamtkostenfunktion bei intensitätsmäßiger Anpassung gilt unter der Bedingung

$M = x \cdot t_{max}$

$$\Rightarrow K_T^I(x) = 550 \cdot x \cdot t_{max} - \frac{5}{2} \cdot x^2 \cdot t_{max}^2 + \frac{1}{320} \cdot x^3 \cdot t_{max}^3$$

Da $K(x) = \dfrac{K_T^I(x)}{t_{max}}$ und $t_{max} = 40$ gilt, ergibt sich für die ZKL:

$$K(x) = 550 \cdot x - 100 \cdot x^2 + 5 \cdot x^3$$

Somit ergibt sich für die MKL:

$$k(x) = \frac{K(x)}{x} = 550 - 100 \cdot x + 5 \cdot x^2$$

b)

Die optimale Ausbringungsmenge ist auf jedem Aggregat diejenige, bei der gilt:

Grenzkosten = Grenzpreis.

Bei einem vorgegebenen Grenzpreis von 310 [GE/ME] ist zu überprüfen, in welchem Intervall die GK diesen Wert annehmen. Da im Bereich zeitlicher Anpassung mit konstanten GK von 50 GE gearbeitet wird, muß die optimale Ausbringungsmenge im Intervall intensitätsmäßiger Anpassung liegen. Die GK ergeben sich in diesem Intervall als erste Ableitung der ZKL nach x.

Es gilt also:

$K'(x) = 310$

$\Rightarrow 550 - 200 \cdot x + 15 \cdot x^2 = 310$

$\Rightarrow x_{opt} = 12$

Auf jedem Aggregat beträgt also die optimale Ausbringungsmenge gemäß $M = x \cdot t_{max}$:

$M = 12 \cdot 40 = 480$

Für den DB auf jedem Aggregat gilt:

$DB_{1/2} = p \cdot M - K_T(M)$

$\Rightarrow DB_{1/2} = 115.200$

Insgesamt läßt sich also ein DB von 230.400 [GE] erzielen.

Lösung 2.27:

a)

Bei Nicht-Existenz sprungfixer Kosten vollzieht sich der Anpassungsprozeß kostenverschiedener Aggregate entsprechend der Entwicklung der GK.

Im "Normalfall" lassen sich dabei 5 Intervalle unterscheiden, die sich wie folgt kennzeichnen lassen:

1. Intervall: Man paßt das Aggregat (Agg.) zeitlich an, das die geringsten GK bei zeitlicher Anpassung verursacht.

2. Intervall: Es wird nun dieses Agg. solange intensitätsmäßig angepaßt, bis die GK bei intensitätsmäßiger Anpassung auf diesem Agg. den GK bei zeitlicher Anpassung auf dem anderen Agg. entsprechen.

3. Intervall: Man paßt quantitativ zeitlich an, indem das zweite Agg. hinzugeschaltet und zeitlich angepaßt wird.

4. Intervall: Beide Agg. werden intensitätsmäßig bei Gleichheit der GK angepaßt, bis eines der Agg. an seine Intensitätsgrenze stößt.

5. Intervall: Schließlich wird das verbleibende Agg. weiter intensitätsmäßig angepaßt, bis auch dieses seine Intensitätsgrenze erreicht.

Bezogen auf Aufgabe:

1. Intervall:

• Berechnung der GK bei intensitätsmäßiger Anpassung auf beiden Agg.:

Für das erste Intervall gilt:

$GK^z_1 = k_1(x_{1\,opt})$,

wobei sich x_{opt} errechnet aus: $\dfrac{dk_1\,^!}{dx_1} = 0$.

$\Rightarrow x_{1\,opt} = 4$

$\Rightarrow k_1(4) = GK^{Z}{}_1 = 24$

Für das zweite Aggregat ergibt sich in Analogie:

$x_{2\,opt} = 2,5$

$k_2(2,5) = 18,375$

Somit paßt man zuerst Agg. 2 zeitlich an:

$x_{2\,opt} = 2,5$

$0 \le t_1 \le 10$

$\Rightarrow 0 \le M \le 25$

2. Intervall:

Die Frage ist, bei welcher Intensität das 2. Agg. die GK des 1. Agg. bei zeitlicher Anpassung in Höhe von 24 erreicht. Es gilt:

$K'_2(x_2) = 24$

$\Rightarrow x_2 \approx 6,08$

Somit ergibt sich:

$t_{2\,max} = 10$

$2,5 \le x_2 \le 6,08$

$25 \le M \le 60,8$

$18,375 \le GK \le 24$

3. Intervall:

Nun wird das 1. Agg. hinzugeschaltet und mit $x_{1\,opt}$ zeitlich angepaßt. Auf dem 2. Agg. wird die Höchstmenge des 2. Intervalls gefertigt.

$x_{1\,opt} = 4$

$0 \le t_1 \le 10$

$0 \le M_1 \le 40$

$60,8 \le M \le 108,8$

$GK = 24$

4. Intervall:

Zu untersuchen ist, welches Agg. zuerst an seine Intensitätsgrenze stößt. Hierzu überprüft man die GK bei maximaler Intensität. Das Agg., das bei maximaler Intensität die geringeren GK aufweist, ist zwangsläufig auch das, welches zuerst an seine Intensitätsgrenze stößt, wenn man bei Gleichheit der GK sukzessive die Intensität erhöht.

$K'_1(x_{1\,max}) = K'_1(8) = 504,$

$K'_2(x_{2\,max}) = K'_2(8) = 30,2$

Somit stößt das 2. Agg. zuerst an seine Intensitätsgrenze. Zu überprüfen ist, welche Intensität das 1. Agg. bei diesen GK erreicht hat:

$K'_1(x_1) = 30,2$

$\Rightarrow x_2 \approx 4,12$

Somit gilt im 4. Intervall:

$t_{1\,max} = t_{2\,max} = 10$

$4 \leq x_1 \leq 4,12$

$6,08 \leq x_2 \leq 8$

$40 \leq M_1 \leq 41,2$

$60,8 \leq M_2 \leq 80$

$100,8 \leq M \leq 121,2$

$24 \leq GK \leq 30,2$

5. Intervall:

Es wird das 1. Agg. weiter intensitätsmäßig bis zu dessen Intensitätsgrenze angepaßt, während auf dem 2. Agg. die maximale Ausbringungsmenge gefertigt wird.

$t_{1\,max} = 10$

$4,12 \leq x_1 \leq 8$

$41,2 \leq M_1 \leq 80$

$M_2 = 80$

$121,2 \leq M \leq 160$

$30,2 \leq GK \leq 504$

b)

Es gilt: Grenzpreis = Grenzkosten.

Somit liegt die entsprechende Ausbringungsmenge im 4. Intervall, da die GK genau 30 [GE/ME] betragen müssen. In diesem Intervall werden beide Agg. bei Gleichheit der GK intensitätsmäßig angepaßt. Somit gilt:

$K'_1(x_1) = 30$

$\wedge K'_2(x_2) = 30$

$\Rightarrow x_1 = 4,11 \wedge x_2 = 7,9$

$\Rightarrow M_1 = 41,1 \wedge M_2 = 79$

$\Rightarrow M = 120,1$

Lösung 2.28:

a)

Die Gesamtkostenfunktion besteht aus zwei Intervallen, wobei sich das erste auf den Bereich zeitlicher Anpassung, das zweite auf den Bereich intensitätsmäßiger Anpassung bezieht.

Für die Gesamtkostenfunktion bei intensitätsmäßiger Anpassung gilt unter der Bedingung

$M = x \cdot t_{max}$

$$\Rightarrow K_T^I(x) = 15 \cdot x \cdot t_{max} - \frac{2}{10} \cdot x^2 \cdot t_{max}^2 + \frac{1}{1.000} \cdot x^3 \cdot t_{max}^3$$

Da $K(x) = \dfrac{K_T^I(x)}{t_{max}}$ und $t_{max} = 10$ gilt, ergibt sich für die ZKL:

$$K(x) = 15 \cdot x - 2 \cdot x^2 + \frac{1}{10} \cdot x^3$$

b)

Die Gesamtkostenfunktion gibt an, daß M=150 im Bereich intensitätsmäßiger Anpassung liegt. In diesem Bereich wird mit $t_{max} = 10$ gearbeitet, so daß sich gemäß M=x · t für x ergibt:

$$x = \frac{M}{t_{max}} = 15$$

Die zugehörigen Gesamtkosten ergeben sich aus $K_T(150)$:

$K_T(M) = 1.125$

Die GK im Bereich intensitätsmäßiger Anpassung entsprechen der Ableitung der ZKL nach x:

$K'(15) = 22,5$

Lösung 2.29:

1. Intervall:

Es werden die GK bei zeitlicher Anpassung auf beiden Agg. verglichen, um festzulegen, welches Agg. im ersten Intervall anzupassen ist.

1. Agg.:

$k_1'(x_1) \stackrel{!}{=} 0 \quad \Leftrightarrow \quad x_{1\,opt} = 2,5 \notin D$

Da die optimale Intensität außerhalb des Definitionsbereiches von x liegt, wird im Bereich zeitlicher Anpassung mit x_{min} angepaßt. In diesem Fall gelten GK von:

$k_1(5) = 95$

2. Agg.:

$$k_2'(x_2) \overset{!}{=} 0 \quad \Leftrightarrow \quad x_{2\,opt} = 10 \in D$$

$$\Rightarrow k_2(10) = 24$$

Somit wird zuerst das 2. Agg. zeitlich angepaßt, wobei dort die kostenoptimale Intensität auch die maximale Intensität ist, so daß auf diesem Agg. die intensitätsmäßige Anpassung ausfällt.

$$0 \leq t_2 \leq 10$$

$$x_{2\,opt} = x_{2\,max} = 10$$

$$0 \leq M \leq 100$$

$$GK = 24$$

2. Intervall:

Da man das 2. Agg. nicht intensitätsmäßig anpassen kann, muß für $M \geq 100$ das 1. Agg. hinzugeschaltet werden. Dieses Agg. wird im 2. Intervall zeitlich angepaßt.

$$0 \leq t_1 \leq 10$$

$$x_{2\,min} = 5$$

$$0 \leq M_1 \leq 50$$

$$M_2 = 100$$

$$100 \leq M \leq 150$$

$$GK = 95$$

3. Intervall:

In diesem Bereich wird das 1. Agg. intensitätsmäßig angepaßt, bis es an seine Intensitätsgrenze stößt.

$$t_1 = 10$$

$$5 \leq x_1 \leq 10$$

$$50 \leq M_1 \leq 100$$

$$M_2 = 100$$

$$150 \leq M \leq 200$$

$$95 \leq GK \leq K_1'(10) \quad \Leftrightarrow \quad 95 \leq GK \leq 195$$

b)

M=120 liegt im 2. Intervall, so daß 100 [ME] auf dem 2. Agg. und die verbleibenden 20 [ME] auf dem 1. Agg. hergestellt werden.

Da die 100 [ME] auf Agg. 2 mit konstanten GK von 24 [GE/ME] und die verbleibenden 20 [ME] mit konstanten GK von 95 [GE/ME] hergestellt werden, gilt folglich:

$K_T(120) = 24 \cdot 100 + 95 \cdot 20 = 4.300$

c)

Die nunmehr existierenden Sprungfixen Kosten bewirken, daß nicht mehr anhand der GK, sondern auf Basis der Gesamtkosten entschieden werden muß.

1. Intervall:

In diesem Intervall wird das Agg. zeitlich angepaßt, das die geringeren Gesamtkosten bewirkt:

Der Vergleich der Gesamtkosten kommt zu folgendem Ergebnis:

$K_{T1}{}^z(M) \geq K_{T2}{}^z(M)$

$\Rightarrow 95 \cdot M + 70 \geq 24 \cdot M + 354$

$\Leftrightarrow M \geq 4$

Somit ergibt sich im Umkehrschluß, daß es für M≤4 günstiger ist, das 1. Agg. zeitlich anzupassen.

$x_{1\,min} = 5$

$0 \leq t_1 \leq 0,8$

$0 \leq M \leq 4$

2. Intervall:

Will man dagegen M>4 herstellen, so ist es günstiger, auf die Fertigung auf dem 1. Agg. zu verzichten und stattdessen die Menge ganz auf dem 2. Agg. herzustellen.

$x_{2\,opt} = 10$

$0,4 \leq t_2 \leq 10$

$4 \leq M \leq 100$

3. Intervall:

Da das 2. Agg. nicht weiter intensitätsmäßig anzupassen ist, schaltet man für M>100 Agg. 1 zeitlich hinzu, wobei es zu einem Gesamtkostensprung von 70 [GE] kommt.

$x_{1\,min} = 5$

$0 \leq t_1 \leq 10$

$0 \leq M_1 \leq 50$

$M_2 = 100$

$100 \leq M \leq 150$

Zu beachten ist, daß zwischen dem 1. und 3. Intervall kein Widerspruch besteht. So sind die Intervalle 1 und 2 alternativ zu sehen. Im 1. Intervall setzt man nur das 1. Agg. ein, im 2. Intervall nur das 2. Agg. Daher ist zu Beginn des 3. Intervalls davon auszugehen, daß das 1. Agg. noch gar nicht eingesetzt wird.

4. Intervall:

Hier paßt man das 1. Agg. intensitätsmäßig bis zur Intensitätsgrenze an.

$t_{1\,max} = 10$

$5 \le x_1 \le 10$

$50 \le M_1 \le 100$

$M_2 = 100$

$150 \le M \le 200$

Lösung 2.30:

a)

1. Intervall:

Welches Agg. zuerst angepaßt wird, muß anhand der GK entschieden werden. Auf dem 1. Agg. lassen sich zwei Bereiche unterscheiden: Ein erster Bereich bezieht sich auf Arbeitszeiten zwischen 0 und 8 Stunden. Hier entstehen GK von 20 [GE/ME]. Ein zweiter Bereich (8-10 Stunden) verursacht GK von 25 [GE/ME].

Für das 2. Agg. gilt die herkömmliche Ableitung der GK bei zeitlicher Anpassung:

$k_2{}'(x_2) \overset{!}{=} 0$

$\Rightarrow x_{2\,opt} = 8$

$\Rightarrow k_2(8) = 25$

Somit wird zuerst das 1. Agg. zeitlich im Bereich der "normalen Arbeitszeit" angepaßt.

$x_1 = 10$

$0 \le t_1 \le 8$

$0 \le M \le 80$

2. Intervall:

Da sowohl das 1. Agg. im Überstundenbereich als auch das 2. Agg. im Bereich zeitlicher Anpassung die gleichen GK verursachen, ist es kostenmäßig unerheblich, ob Agg. 1 oder Agg. 2 weiter zeitlich angepaßt werden (hier: Agg.1).

$x_1 = 10$

$8 \le t_1 \le 10$

$80 \le M \le 100$

3. Intervall:

Hier wird nun das Agg. 2 zugeschaltet und zeitlich angepaßt.

$x_{2\,opt} = 8$

$0 \le t_2 \le 8$

$0 \le M_2 \le 64$

$M_1 = 100$

$100 \le M \le 164$

4. Intervall:

Agg. 2 wird nun intensitätsmäßig angepaßt; auf Agg. 1 wird weiterhin die max. Ausbringungsmenge hergestellt.

$t_2 = 8$

$8 \le x_2 \le 10$

$64 \le M_2 \le 80$

$M_1 = 100$

$164 \le M \le 180$

b)

Eine Menge von 170 [ME] wird wie folgt hergestellt:

M_1=80 werden während der normalen Arbeitszeit zu GK von 20 [GE/ME] hergestellt;

M_1=20 werden während der Überstundenzeit zu GK von 25 [GE/ME] produziert;

M_2=70 werden durch intensitätsmäßige Anpassung auf dem 2. Agg. hergestellt.

Zu berechnen sind die Gesamtkosten für M_2=70. Die Gesamtkostenfunktion errechnet sich wie folgt:

$K_{T2}(x_2) = k_2(x_2) \cdot x_2 \cdot t_{2\,max}$

$\Rightarrow K_{T2}(M_2) = k_2(\dfrac{M_2}{t_{2\,max}}) \cdot M_2$

$\Rightarrow K_{T2}(M_2) = \dfrac{1}{128} \cdot M_2^3 - M_2^2 + 57 \cdot M_2$

$\Rightarrow K_{T2}(70) = 1769,6875$

Somit ergibt sich für M=170:

$K_T(170) = 80 \cdot 20 + 20 \cdot 25 + 1.769,6875$

$\Leftrightarrow K_T(170) = 3.869,69$

Lösung 2.31:

Auf jedem der Agg. sind zwei Intervalle zu unterscheiden. In einem ersten wird zeitlich mit der optimalen Intensität angepaßt, im zweiten intensitätsmäßig.

1. Intervall:

Als optimale Intensität ergibt sich für jedes Agg.:

$$k_{1,2}{}'(x) \overset{!}{=} 0$$

$$\Rightarrow x_{opt} = 2,5 \notin D$$

Somit wird zeitlich mit der Minimalintensität angepaßt.

$$x_{min} = 3$$

$$0 \le t \le 10$$

$$0 \le M_{1,2} \le 30$$

$$0 \le M \le 60$$

Die Mengen können dabei beliebig auf die Agg. unter der Bedingung aufgeteilt werden, daß jeweils gilt: $M_1 \le 30$ und $M_2 \le 30$.

2. Intervall:

Die Agg. werden intensitätsmäßig angepaßt.

$$t_1 = t_2 = 10$$

$$3 \le x_{1,2} \le 10$$

$$30 \le M_{1,2} \le 100$$

$$60 \le M \le 200$$

In diesem Intervall ist jedoch eine Gleichheit der GK zu fordern, die sich ergibt bei $M_1 = M_2$.

Lösung 2.32:

a)

1. Intervall:

Es wird das Agg. zeitlich angepaßt, das bei zeitlicher Anpassung die geringeren GK verursacht.

$$k_1{}'(x_1) \overset{!}{=} 0 \quad \Rightarrow x_{1\,opt} = 5 \quad \Rightarrow k_1(5) = 9,75$$

$$k_2{}'(x_2) \overset{!}{=} 0 \quad \Rightarrow x_{2\,opt} = 7,5 \quad \Rightarrow k_2(7,5) = 10,75$$

Somit wird zuerst Agg. 1 zeitlich angepaßt.

$$x_{1\,opt} = 5$$

$$0 \le t_1 \le 10$$

$$0 \le M \le 50$$

2. Intervall:

Agg. 1 wird solange intensitätsmäßig angepaßt, bis die GK bei intensitätsmäßiger Anpassung auf diesem Aggregat den GK bei zeitlicher Anpassung auf dem Agg. 2 entsprechen:

$K_1' (x_1) = 10,75$

$\Rightarrow x_1 = 9,34$

Somit ergibt sich:

$t_{1\ max} = 10$

$5 \leq x_1 \leq 9,34$

$50 \leq M \leq 93,4$

3. Intervall:

Während auf Agg. 1 weiterhin 93,4 [ME] hergestellt werden, wird Agg. 2 zugeschaltet und zeitlich angepaßt.

$x_{2\ opt} = 7,5$

$0 \leq t_2 \leq 10$

$0 \leq M_2 \leq 75$

$M_1 = 93,4$

$93,4 \leq M \leq 168,4$

4. Intervall:

Beide Agg. werden bei Gleichheit der GK intensitätsmäßig angepaßt, bis eines der Agg. an seine Intensitätsgrenze stößt.

$K_1' (x_{1\ max}) = K_1' (20) = 18$

$K_2' (x_{2\ max}) = K_2' (20) = 142$

Somit stößt Agg. 1 zuerst an seine Intensitätsgrenze (erhöht man bei Gleichheit der GK sukzessive die Intensität, so ist dies nur bis zu GK von 18 [GE/ME] möglich, weil Agg. 1 hier seine Intensitätsgrenze erreicht hat).

$K_2' (x_2) = 18 \Rightarrow x_2 = 9,28$

Das Agg. 2 erreicht GK von 18 [GE/ME] bei einer Intensität von 9,28 [ME/ZE].

Somit ergibt sich:

$t_{1\ max} = t_{2\ max} = 10$

$9,34 \leq x_1 \leq 20$

$7,5 \leq x_2 \leq 9,28$

$93,4 \leq M_1 \leq 200$

$75 \leq M_2 \leq 92,8$

$168,4 \leq M \leq 292,8$

5. Intervall:

Während man auf dem Agg. 1 die max. Ausbringungsmenge fertigt, wird Agg. 2 bis zu seiner Intensitätsgrenze angepaßt.

$t_{2\,max} = 10$

$9,28 \leq x_2 \leq 20$

$92,8 \leq M_2 \leq 200$

$M_1 = 200$

$292,8 \leq M \leq 400$

b)

Die Preis-Absatz-Funktion ist allein für $0 \leq M \leq 50$ definiert. Somit liegt die gesuchte Produktions- und Absatzmenge in jedem Fall im 1. Intervall der Aufgabe a). Eingesetzt wird somit allein das Agg. 1, das GK von 9,34 [GE/ME] verursacht.

Gemäß U'=K' ist nun die Menge zu suchen, bei der ein Grenzerlös von 9,34 [GE/ME] am Markt erzielt wird.

$$U(M) = p(M) \cdot M = 200 \cdot M - 4 \cdot M^2$$

$$\Rightarrow U'(M) = 200 - 8 \cdot M \overset{!}{=} 9,34$$

$$\Rightarrow M = 23,83$$

Als Gewinn ergibt sich:

$$G(M) = p(M) \cdot M - 9,34 \cdot M$$

$$\Rightarrow G(23,83) = 2.271,95$$

Lösung 2.33:

a)

Die Losgröße ist so zu bestimmen, daß die gegenläufigen Kostenentwicklungen für Umrüstung und Lagerung zum Ausgleich gebracht werden.

Für die Umrüstkosten pro Stück gilt:

$$k_U = \frac{Cr}{y}$$

Die Lagerkosten pro Stück lassen sich wie folgt entwickeln:

Am Ende des Produktionszeitraums liegt das um die bereits abgesetzten Mengen reduzierte Los auf Lager:

$$y - \frac{y}{X} \cdot V = y \cdot \left(1 - \frac{V}{X}\right)$$

Als durchschnittlicher Lagerbestand ergibt sich somit:

$$\frac{y}{2} \cdot \left(1 - \frac{V}{X}\right)$$

Die Lagerkosten (insgesamt) ergeben sich durch Multiplikation mit dem Lagerkostensatz und der Länge des Planungszeitraums:

$$K_{TL} = \frac{y}{2} \cdot \left(1 - \frac{V}{X}\right) \cdot Cl \cdot T$$

Dividiert man durch die Nachfrage im Planungszeitraum (T · V), so ergeben sich die Lagerkosten pro Stück:

$$k_L = \frac{y}{2 \cdot V} \cdot \left(1 - \frac{V}{X}\right) \cdot Cl$$

Die Gesamtkostenfunktion lautet somit:

$$k = \frac{Cr}{y} + \frac{y}{2 \cdot V} \cdot \left(1 - \frac{V}{X}\right) \cdot Cl$$

Durch Null-Setzen der ersten Ableitung erhält man die optimale Losgröße:

$$y_{opt} = \sqrt{\frac{2 \cdot V \cdot Cr}{\left(1 - \frac{V}{X}\right) \cdot Cl}}$$

b)

Die klassische Losgrößenformel gilt unter folgenden Prämissen:

- Der Lagerkostensatz ist konstant.

- Die Umrüstkosten sind unabhängig von der Sortenreihenfolge.

- Die Produktion ist einstufig.

- Die Produktion findet auf einer Anlage und nicht auf mehreren parallelen Anlagen statt.

- Es liegt kein Maschinenbelegungsproblem vor.

- Es muß ausreichend Lagerraum zur Verfügung stehen.

c)

Es gilt:

X = 10.000 [ME/ZE]

V = 2.000 [ME/ZE]

CL = 0,1 [GE/ME]

Cr = 320 [GE]

- Bestimmung der optimalen Losgröße sowie der zugehörigen Stückkosten:

y_{opt} = 4.000

$\Rightarrow$ k(4.000) = 0,16

- Bestimmung der mit y = 3.000 einhergehenden Stückkosten:

k(3.000) = 0,1$\overline{6}$

Somit können durch die Umstellung der Losgröße von 3.000 auf 4.000 [ME] die Kosten um genau 4% gesenkt werden.

Lösung 2.34:

Sowohl bei der Losgrößen- als auch bei der Bestellmengenplanung gilt es, gegenläufige Kostenentwicklungen durch die Bestimmung der optimalen Größe zum Ausgleich zu bringen. Steigt so bei der Losgrößenplanung (Bestellmengenplanung) die Losgröße (Bestellmenge), führt dies zu höheren Lagerkosten, jedoch geringeren Umrüstkosten (bestellfixen Kosten). Sinkende Größen bedeuten hingegen zurückgehende Lagerkosten, aber erhöhte Umrüstkosten (bestellfixe Kosten).

Lösung 2.35:

Entschieden wird anhand eines Kostenvergleichs:

Brecht KG:

K(120.000)= 120.000 · 0,1= 12.000 [GE]

Kister AG:

Die Gesamtkosten bestehen aus den Bestandteilen der variablen Kosten, den Lagerkosten und den bestellfixen Kosten. Zuerst ist die optimale Bestellmenge zu bestimmen.

$K(y) = Kv + K_L + K_{bestell}$

mit:

$Kv = 0,08 \cdot 120.000$

$K_L = \dfrac{y}{2} \cdot \dfrac{0,08 \cdot 20}{100}$

$K_{bestell} = \dfrac{120.000}{y} \cdot 60$

$\Rightarrow K(y) = 9.600 + 0,008 \cdot y + \dfrac{7.200.000}{y}$

$\Rightarrow K'(y) = 0,008 - \dfrac{7.200.000}{y^2} \overset{!}{=} 0$

$\Rightarrow y_{opt} = 30.000$

Somit ergeben sich folgende Gesamtkosten:

$K(30.000) = 10.080$

Daher ist <u>kein</u> Lieferantenwechsel vorzunehmen.

Lösung 2.36:

a)

<u>gesamte Lagerkosten = gesamte Rüstkosten?</u>

Für die optimale Losgröße gilt (vgl. Lösung 2.32)), da von einer Gleichheit des Produktions- und Absatzbeginns ausgegangen werden kann (./. - Zeichen in Kostenfunktion!):

$$y_{opt} = \sqrt{\dfrac{2 \cdot V \cdot Cr}{\left(1 - \dfrac{V}{X}\right) \cdot Cl}}$$

Laut Aufgabenstellung soll im Optimum nun gelten:

$K_L = K_{Rüst}$

$$\Rightarrow \frac{y}{2} \cdot \left(1 - \frac{V}{X}\right) \cdot Cl \cdot T = \frac{Cr \cdot V \cdot T}{y}$$

Setzt man nun $y = y_{opt}$ und vereinfacht die Gleichung, so erhält man letztlich:

$1 = 1$

Somit gilt im Optimum die Gleichheit der gesamten Rüst- und Lagerkosten.

<u>Grenzlagerkosten = Grenzrüstkosten?</u>

$$K_L'(y) = \frac{1}{2} \cdot \left(1 - \frac{V}{X}\right) \cdot Cl \cdot T$$

$$K_{Rüst}'(y) = -\frac{Cr \cdot V \cdot T}{y^2}$$

$$\Rightarrow K_L' = K_{Rüst}'$$

$$\Rightarrow \frac{1}{2} \cdot \left(1 - \frac{V}{X}\right) \cdot Cl \cdot T = -\frac{Cr \cdot V \cdot T}{y^2}$$

Setzt man nun $y = y_{opt}$ und vereinfacht die Gleichung, so erhält man letztlich:

$1 = -1$

Absolut sind im Optimum also Grenzlager- und Grenzrüstkosten gleich. Allein die Steigung der Kostenfunktionen ist entgegengesetzt.

b)

$$y_{opt}^{neu} = \sqrt{\frac{2 \cdot V \cdot 4 \cdot Cr}{\left(1 - \frac{V}{X}\right) \cdot Cl}}$$

$$\Rightarrow y_{opt}^{neu} = 2 \cdot \sqrt{\frac{2 \cdot V \cdot Cr}{\left(1 - \frac{V}{X}\right) \cdot Cl}} = 2 \cdot y_{opt}^{alt}$$

Somit verdoppelt sich die optimale Losgröße.

<u>**Lösung 2.37:**</u>

a)

Beginnt der Verkauf eines Loses erst nach Fertigstellung, so ist davon auszugehen, daß die Fertigung dann beginnt, wenn von dem vorhergehenden Los dieser Sorte noch die Menge auf Lager ist, die benötigt wird, die Nachfrage während der Produktionszeit zu befriedigen.

Für diese Menge gilt:

$$\frac{y}{X} \cdot V$$

Der Lagerbestand kann somit minimal eben y/X · V zum Zeitpunkt des Produktionsbeginns des neuen Loses betragen und maximal y zum Zeitpunkt der Fertigstellung des neuen Loses.

Als durchschnittlicher Lagerbestand ergibt sich somit:

$$\frac{1}{2}\left(\frac{y}{X} \cdot V + y\right) = \frac{y}{2}\left(1 + \frac{V}{X}\right)$$

Berechnet man nun analog zur Lösung 2.32 a) die optimale Losgröße, so ergibt sich:

$$y_{opt} = \sqrt{\frac{2 \cdot V \cdot Cr}{\left(1 + \frac{V}{X}\right) \cdot Cl}}$$

b)

Es gilt:

X = 3.000 [ME/ZE]

V = 1.500 [ME/ZE]

Cr = 300 [GE]

Cl = 0,8 [GE/ME/ZE]

Somit ergibt sich:

$$y_{opt} = \sqrt{\frac{2 \cdot V \cdot Cr}{\left(1 - \frac{V}{X}\right) \cdot Cl}}$$

$$\Rightarrow y_{opt} = \sqrt{\frac{2 \cdot 1.500 \cdot 300}{\left(1 - \frac{1.500}{3.000}\right) \cdot 0,8}} = 1.500$$

Lösung 2.38:

Es ist ein Kostenvergleich anzustellen (vgl. auch Lösung 2.35).

Verpackungskosten vor der Umstellung:

$$K_{alt} = m \cdot kv = 12.000.000 \cdot 0,12 = 1.440.000$$

Verpackungskosten nach der Umstellung:

$$K_{neu}(l) = m \cdot kv + \frac{m}{y} \cdot k_{bestell} + \frac{y}{2} \cdot \frac{kv \cdot l}{100} = 1.200.000 + \frac{12 \cdot 10^6}{y} \cdot 50.000 + 0,0005 \cdot y \cdot l$$

Als optimale Bestellmenge ergibt sich:

$$y_{opt} = \sqrt{\frac{m \cdot k_{bestell} \cdot 200}{kv \cdot l}} = \sqrt{\frac{1,2 \cdot 10^{15}}{l}}$$

Setzt man die optimale Bestellmenge in K_{neu} ein und setzt zugleich $K_{alt} = K_{neu}$, so erhält man nach einigen Umformungen den Grenzlagerkostensatz l. Dieser gibt an, bis zu welchem Satz die Umstellung des Preissystems vorteilhaft ist.

$l = 48$.

Solange also kein höherer Lagerkostensatz als 48 % vorliegt, ist die Umstellung des Preissystems vorteilhaft.

Lösung 2.39:

a)

Versteht man unter der Durchlaufzeit diejenige Zeitspanne, die ein Auftrag vom Eintritt in die erste Fertigungsstufe bis zum Austritt aus der letzten Stufe benötigt, bezieht sich die Zykluszeit auf ein Programm von Aufträgen. Sie gibt die Zeitspanne an, die zwischen dem Eintritt des ersten Auftrages dieses Programms in die erste Fertigungsstufe und dem Austritt des letzten Auftrages aus der letzten Stufe liegt.

b)

Für vier Aufträge und zwei Arbeitsstationen sollen folgende Angaben gelten:

Auftrag	Station 1			Station 2		
	q_{z1}	l_{z1}	t_{z1}	q_{z2}	l_{z2}	t_{z2}
1	1	14	6	4	3	2
2	3	9	3	3	7	1
3	2	7	5	3	4	4
4	4	15	9	7	8	2

mit:

q_{zs} Transportzeit des Auftrages z zur Arbeitsstation s

l_{zs} Lagerzeit des Auftrages z vor Arbeitsstation s

t_{zs} Bearbeitungszeit des Auftrages z auf Arbeitsstation s

DLZ der Aufträge an den Arbeitsstationen:

$DLZ_{zs} = q_{zs} + l_{zs} + t_{zs}$

Auftrag	Station 1	Station 2
1	21	9
2	15	11
3	14	11
4	28	17

Mittlere DLZ an der Arbeitsstaion s:

$$MDLZ_s = \frac{\sum_z DLZ_{zs}}{z}$$

$$\Rightarrow MDLZ_1 = \frac{21+15+14+28}{4} = 19,5$$

$$\Rightarrow MDLZ_2 = \frac{9+11+11+17}{4} = 12$$

Mittlere gewichtete DLZ an der Arbeitsstation s:

$$MGDLZ_s = \frac{\sum_z t_{zs} \cdot DLZ_{zs}}{\sum_z t_{zs}}$$

$$MGDLZ_1 = \frac{6 \cdot 21 + 3 \cdot 15 + 5 \cdot 14 + 9 \cdot 28}{6+3+5+9} = 21,43$$

$$MGDLZ_2 = \frac{2 \cdot 9 + 1 \cdot 11 + 4 \cdot 11 + 2 \cdot 17}{2+1+4+2} = 11,\overline{8}$$

DLZ der Aufträge:

$$DLZ_z = \sum_s DLZ_{zs}$$

$$\Rightarrow DLZ_1 = 21+9 = 30$$

$$\Rightarrow DLZ_2 = 15+11 = 26$$

$$\Rightarrow DLZ_3 = 14+11 = 25$$

$$\Rightarrow DLZ_4 = 28+17 = 45$$

Mittlere DLZ der Aufträge:

$$MDLZ_z = \frac{DLZ_z}{s}$$

$$\Rightarrow MDLZ_1 = \frac{30}{2} = 15$$

$$\Rightarrow MDLZ_2 = 13$$

$$\Rightarrow MDLZ_3 = 12,5$$

$$\Rightarrow MDLZ_4 = 22,5$$

Mittlere gewichtete DLZ der Aufträge:

$$MGDLZ_z = \frac{\sum_s t_{zs} \cdot DLZ_{zs}}{\sum_s t_{zs}}$$

$$MGDLZ_1 = \frac{6 \cdot 21 + 2 \cdot 9}{6 + 2} = 18$$

$$MGDLZ_2 = 14$$

$$MGDLZ_3 = 12,\overline{6}$$

$$MGDLZ_4 = 26$$

Lösung 2.40:

Die "Kürzeste-Operationszeit-Regel" besagt, daß von den n vor einer Maschine wartenden Aufträgen derjenige zuerst bearbeitet wird, der auf der Maschine die kürzeste Bearbeitungszeit benötigt.

Das folgende Gantt-Diagramm dient der Festlegung eines konkreten Maschinenbelegungsplans.

TAG	16	17	18	19	20	21	22	23	24	25	26	27	28	29	30	1	2	3	4	5	6	7	8
Stufe 1	D	C	C	A	A	A	B	B	B	B	B	B											
Stufe 2			C	C	D	D	D	A	A			B	B	B	B	B	B						
Stufe 3						C	C	C	C	C	A	D	D	D	D	D	D	D	B	B	B		

Lösung 2.41:

a)

Die Verfahren der Fertigungssteuerung lassen sich einerseits danach unterteilen, ob die ablaufrelevanten Entscheidungen zentral oder dezentral getroffen werden. Ebenso kann eine Unterteilung der Verfahren in bezug auf die Frage vorgenommen werden, welche Steuerungsdeterminanten (Kapazitätenzuordnung, innerbetriebliche Auftragsgrößen, Auftragsreihenfolgen, Auftragsfreigabe) einbezogen werden. Im einzelnen lassen sich folgende wichtige Steuerungsverfahren nennen:

• Kanban-Prinzip,

• Retrograde Terminierung,

• OPT,

• Belastungsorientierte Auftragsfreigabe,

• PPS-Module.

(Eine weitgehende Wiedergabe der Konzepte findet sich bei *Adam, D.*, 1993a, S. 470 ff.)

b)

Durchlaufzeitensyndrom:

Wird im Rahmen der Ablaufplanung die termingerechte Auftragsfreigabe auf Basis mittlerer DLZ vorgenommen, so tritt häufig die Situation ein, daß Aufträge verspätet fertiggestellt werden. Um bei darauf folgenden Aufträgen eine verbesserte Termintreue zu erhalten, wird mitunter eine frühere Auftragsfreigabe vorgenommen. Dies führt jedoch zu erhöhten Werkstattbeständen, so daß sich die Wartezeiten der Aufträge erhöhen und die Durchlaufzeiten weiter anwachsen. Häufig tritt dabei die groteske Situation ein, daß die Durchlaufzeiten durch Stauphänomene so stark anwachsen, daß diese Erhöhung den Effekt der Vorverlegung der Auftragsfreigabe überkompensiert: Man spricht vom Durchlaufzeitensyndrom.

Dilemma der Ablaufplanung:

Da sich häufig die Kostenwirkungen von Maßnahmen im Rahmen der Ablaufplanung nur schwer quantifizieren lassen, strebt man in der Ablaufplanung folgende untergeordnete, aber operationale Ziele an:

• Durchlaufzeitenverkürzung,

• Stillstandszeitenverkürzung,

• Lagerzeitenverkürzung oder

• Verzugszeitenverkürzung.

Als Problem stellt sich dabei jedoch mitunter die Tatsache dar, daß diese einzelnen untergeordneten Ziele konfliktär zueinander sind. So kann sich zwar die Durchlaufzeit verringern, zugleich jedoch ein Anstieg der Stillstandszeiten zu verzeichnen sein. Diese

Zielkonfliktsituation innerhalb der Ablaufplanung wird auch als Dilemma der Ablaufplanung bezeichnet.

Lösung 2.42:

Die "First-Come-Fist-Serve-Regel" besagt, daß von den n vor einer Arbeitsstation wartenden Aufträgen jeweils derjenige zuerst bearbeitet wird, der die längste Wartezeit aufweist.

Die Überprüfung kann anhand eines Gantt-Diagramms vorgenommen werden.

TAG	16	17	18	19	20	21	22	23	24	25	26	27	28	29	30	31	1	2	3	4	5	6	7
Stufe 1	A	A	A	B	B	B	C	C	C														
Stufe 2				A	A	A	A	A	A	B	B	B	C	C	C								
Stufe 3										A	A	A	A	B	B	B		B	B	C	C	C

Geht man von der FCFS-Regel aus, so können nicht alle Aufträge fristgerecht abgeliefert werden.

Lösung 2.43:

An Möglichkeiten, die zur Durchlaufzeitenverkürzung beitragen, sind u.a. zu nennen:

• Übergangszeitenreduktion

Da die Übergangszeiten z.B. bis zu 95 % der Gesamtdurchlaufzeit bei Werkstattfertigung ausmachen, liegt in der Reduktion dieser Wartezeit das größte Potential zur Durchlaufzeitenverkürzung. Eine Verringerung der Übergangszeiten kann sich dabei auf verschiedene Komponenten beziehen und z.B. durch einen beschleunigten Transport oder durch eine verringerte Wartezeiten vor den Arbeitsstationen zustandekommen. Letztlich führt jedoch z.B. ein beschleunigter Transport nur dann zu einer Verringerung der DLZ, wenn die Transportstrecke Bestandteil des kritischen Pfades ist.

• Lossplitting zur Verkürzung der Bearbeitungszeiten

Die DLZ kann auch durch ein Ansetzen an der Bearbeitungszeit auf den Arbeitsstationen verringert werden. Eine Reduktion der Bearbeitungszeiten kann z.B. durch eine parallele Fertigung von Teilen eines Loses auf verschiedenen funktionsgleichen Aggregaten erreicht werden.

- Verkürzung der Stillstandszeiten

Eine Verringerung von DLZ kommt schließlich auch dadurch zustande, daß die Stillstandszeiten der Aggregate reduziert werden. Dies kann dann durch eine frühzeitige Weiterleitung von Losteilen zur nächsten Fertigungsstufe erreicht werden, wenn es ansonsten auf den Maschinen zu einer allein periodischen Kapazitätsauslastung kommt.

Lösungen Absatz

Lösung 3.1:

Weitverbreitete Definitionen für die Begriffe Absatz(politik) und Marketing finden sich bei *Meffert, H.*(1989, S. 27 u. 31). Hiernach versteht man unter Absatzpolitik die Entwicklung, Abwägung, Auswahl und Durchsetzung der auf den Absatzmarkt gerichteten Handlungs- und Entscheidungsalternativen. Marketing ist dagegen die Planung, Koordination und Kontrolle aller auf aktuelle oder potentielle Märkte ausgerichteten Unternehmensaktivitäten.

Die unterschiedlichen Definitionen machen deutlich, daß ein wesentlicher Unterschied zwischen den Begriffen Absatz und Marketing im Umfang der Bedeutungsinhalte zu sehen ist. Während zur Absatzpolitik so in erster Linie der leistungsverwertungsspezifische Instrumenteneinsatz gezählt wird, ist der Begriff des Marketings umfassender zu sehen. Letztlich bezieht sich das Marketing nicht allein auf den Vertrieb von Gütern und Dienstleistungen, sondern erstreckt sich auf alle Unternehmensfunktionen: Marketing bedeutet so eine Ausrichtung aller Unternehmensfunktionen auf die Bedürfnisse der Nachfrager. Als zentrale Gemeinsamkeit der Begriffe ist dabei die Tatsache anzusehen, daß die Absatzpolitik ein Bestandteil des Marketings bzw. von Marketing-Konzepten ist.

Lösung 3.2:

a)

Nach *Backhaus, K.* (1992, S. 151), umfaßt der relevante Markt alle für Kauf- und Verkaufsentscheidungen bedeutsamen Austauschbeziehungen zwischen Produkten. Eine Abgrenzung des relevanten Marktes kann dabei in räumlicher, sachlicher oder zeitlicher Hinsicht erfolgen.

Beispiel für eine nach räumlichen Kriterien erfolgende Marktabgrenzung:

Werden die Produkte eines Allgäuer-Trachtenherstellers nur im Allgäu nachgefragt, nicht jedoch beispielsweise in Norddeutschland, so erstreckt sich der relevante Markt dieses Herstellers allein auf das Allgäu.

Beispiel für eine nach sachlichen Kriterien erfolgende Marktabgrenzung:

Sehen Nachfrager alkoholfreies Bier und Mineralwasser als mögliche Alternativen an, so muß ein Hersteller von alkoholfreiem Bier Mineralwasseranbieter als Konkurrenten beachten.

Beispiel für eine nach zeitlichen Kriterien erfolgende Marktabgrenzung:

Bewirkt die Liberalisierung des europäischen Telekommunikationsmarktes, daß ausländische Post- und Telefongesellschaften ihre Leistungen auch in Deutschland anbieten dürfen, so hat die frühere Marktabgrenzung keinen Bestand mehr. Die DBP Telekom muß ausländische Anbieter als zukünftige Konkurrenten in Betracht ziehen.

b)

Folgende Konzepte zur sachlichen Abgrenzung des relevanten Marktes werden in der Literatur diskutiert (wiedergegeben nach *Backhaus, K.* (1992, S. 153)):

Konzept	Zentrale Aussage
Datenkranzkonzept (*Cournot*)	Der Markt ist eine vorgegebene Größe. Er gehört zum Datenkranz einer Unternehmung.
Elementarmarktkonzept (*Stackelberg*)	Jede Produktart definiert einen Monopolmarkt. Es gibt keine Austauschbeziehungen zwischen verschiedenen Produktarten.
Konzept der physisch-technischen Ähnlichkeit (*Marshall*)	Zum relevanten Markt gehören alle Produkte, die sich stofflich oder herstellungstechnisch gleichen.
Konzept der Kreuzpreiselastizität (*Triffin*)	Die Produkte gehören zu einem relevanten Markt, die sich durch eine hohe Kreuzpreiselastizität auszeichnen.
Konzept der funktionalen Ähnlichkeit (*Abbott* bzw. *Arndt*)	Alle Produkte gehören zu einem relevanten Markt, die die gleiche Funktion bzw. das gleiche Grundbedürfnis erfüllen.
Konzept der konjekturalen Konkurrenzreaktion (*Schneider*)	Zum relevanten Markt gehören die Produkte, die von Anbietern bei ihren Planungen berücksichtigt werden.
Konzept der verwendungsorientierten, subjektiven Ähnlichkeit (*Dichtl u.a.*)	Der relevante Markt umfaßt die Produkte, die Nachfrager als austauschbar ansehen.

Wenn sich der relevante Markt durch kauf- und verkaufentscheidungsspezifische Austauschbeziehungen abgrenzen läßt, so sind allein die Konzepte anwendbar, die auf von Nachfragern wahrgenommene Substitutionsbeziehungen zurückgreifen. Ein solcher Rückgriff ist aber nur bei dem von *Dichtl u.a.* (1983) formulierten Konzept der verwendungsorientierten, subjektiven Ähnlichkeit der Fall. Alle übrigen Konzepte erklären die Austauschbeziehungen gar nicht oder unter teilweiser Ausgrenzung der Nachfragervorstellungen.

c)

Eine fehlerhafte Abgrenzung des relevanten Marktes kann in einer zu engen oder zu weiten Definition begründet sein. Bezug nehmend auf die Beispiele aus dem Aufgabenteil a) sind folgende Beispiele und unternehmerische Folgen denkbar.

<u>zu enge Definition:</u>

Der Hersteller alkoholfreien Biers sieht den eigenen relevanten Markt ausschließlich im Biermarkt. Er verschenkt große Marktpotentiale, da er z.B. den Versuch vernachlässigt, Nicht-Bier-Trinker von den Vorteilen alkoholfreien Biers zu überzeugen.

<u>zu weite Definition:</u>

Der Allgäuer-Trachtenhersteller faßt die gesamte Bundesrepublik Deutschland als seinen relevanten Markt auf. Er engagiert sich daher auch in Norddeutschland kommunikationspolitisch. So verschwendet er wichtige eigene Ressourcen, da kein Norddeutscher Allgäuer-Trachten kaufen wird (zumindest nicht in Norddeutschland).

d)

Aufgabe der Marktforschung ist es, Informationen über alle Marktparteien (Nachfrager und Konkurrenten) zu sammeln, zu strukturieren und zu interpretieren. Da die Abgrenzung des relevanten Marktes Kenntnisse über wahrgenommene Austauschbeziehungen voraussetzt, müssen ihr Marktforschungsaktivitäten vorangehen. Andererseits verlangt eine zielgerichtete Marktforschung einen eingeschränkten konkurrenz- und nachfragebezogenen Fokus. Daher muß tiefgehenden Marktforschungstätigkeiten eine Abgrenzung des relevanten Marktes vorausgehen. Somit sind die Begriffe in keine chronologische Reihenfolge zu bringen: Sie sollten parallel ablaufen.

<u>Lösung 3.3:</u>

a)

Unter einer Marktsegmentierung versteht man die Aufteilung eines Gesamtmarktes in bezüglich des Kaufverhaltens homogene Käufergruppen. Während die Abgrenzung des relevanten Marktes also dazu dient, den Gesamtmarkt einer Leistung festzulegen, ist es die Aufgabe der Marktsegmentierung, diesen Gesamtmarkt zu strukturieren. Die möglichen Abnehmer eines Produktes können so unterschiedliche Bedürfnisse und Verhaltensweisen aufweisen, woraus sich für ein Unternehmen die Notwendigkeit ergeben kann, eine käufergruppenspezifische Absatzpolitik zu betreiben.

b)

Marktsegmentierungskriterien müssen

- meßbar,

- zeitstabil und

- kaufverhaltensrelevant

sein. Die identifizierten Marktsegmente müssen darüber hinaus eine ausreichende Größe aufweisen und zudem für die Unternehmung auch erreichbar sein. Allein tragfähige Segmente erlauben so eine segmentspezifische Ausgestaltung der Absatzinstrumente (für zu kleine Segmente sind die Kosten eines differenzierten Mix-Einsatzes gemessen an den erwartbaren Erlösen zu hoch).

c)

Die von Herrn Müller entwickelte Segmentierung bezieht allein die Kriterien

• Vertriebsregionen und

• Produktarten

ein. Es ist dabei zweifelhaft, ob diese Art der Marktunterteilung für den Vorstand aufschlußreich ist. So ist kritisch anzumerken, daß die von Herrn Müller gewählten Kriterien zwar meßbar und evtl. auch zeitstabil sind, jedoch kaum Aussagen über Kaufverhaltensweisen zulassen. Eine Berücksichtigung des Kriteriums "Vertriebsregion" beispielsweise ist nur dann gerechtfertigt, wenn sich nachweisbare Unterschiede im Bedarf und dem Kaufverhalten zwischen den Regionen ergeben. Sollten solche Unterschiede vorhanden sein, stellt sich die Frage, warum die Segmentierung nicht auf Basis dieser Verhaltensdimensionen durchgeführt wurde. Auch die Aufnahme des Kriteriums "Produkte" muß kritisiert werden. Zwar kann aus dem Kauf z.B. einer CNC-Drehmaschine ein "Dreh-Bedarf" abgeleitet werden, unklar bleibt jedoch, wie die Absatzpolitik ausgestaltet sein muß, um den potentiellen "Dreh-Kunden" anzusprechen.

Als Fazit kann festgehalten werden, daß diese Segmentierung allein aufzeigt, wo und mit welchen Produkten die Dorn GmbH 1993 ihre Umsätze erzielt hat. Zukünftige Strategien und darauf aufbauender Instrumenteneinsatz können jedoch nicht auf Basis dieses Charts abgeleitet werden.

Lösung 3.4:

a)   Die Aussage ist falsch!

Da beim Fishbein-Modell allein psychologische Erklärungsvariablen (nämlich Einstellungen) berücksichtigt werden, handelt es sich um ein Partialmodell, nicht aber um ein Totalmodell.

b)   Die Aussage ist richtig!

Beim Einstellungsmodell von Trommsdorf wird die Einstellung einer Person über die Differenzen zwischen Idealbild und Realeindruck in bezug auf wesentliche Kriterien gemessen. Es handelt sich somit um ein Partialmodell, da es allein an psychologischen Determinanten ausgerichtet ist.

c)   Die Aussage ist falsch!

Von einem Impulskauf spricht man immer dann, wenn ein Kaufprozeß nicht geplant und somit durch abgewägtes Verhalten (Kognition) gesteuert ist, sondern vielmehr den "Eingebungen des Augenblicks" folgt. Der Impuls wird somit nicht von kognitivem Verhalten geprägt, sondern ist emotionaler Natur.

d) Die Aussage ist richtig!

Marktforschungstätigkeiten gehen der Abgrenzung des relevanten Marktes voraus, um nachfragerseitig wahrgenommene Subsititutionsbeziehungen, die die Basis der Marktabgrenzung bilden, zu eruieren.

e) Die Aussage ist richtig!

Unter demographischen Beschreibungsmerkmalen von Nachfragern sind solche Variablen zu verstehen, die objektiv nachvollziehbar sind. Hierzu gehören auch die angegebenen Variablen wie Alter, Geschlecht usw.

f) Die Aussage ist richtig!

Einstellungen oder Verhaltensweisen, die zu den psychographischen Merkmalen gehören, werden mitunter durch das Alter, den Ausbildungsstand oder das Einkommen und somit durch Ausprägungen demographischer Merkmale geprägt. Als einfaches Beispiel kann die Einstellung gegenüber verschiedenen Medien angeführt werden: Tendenziell wird die Einstellung gegenüber verschiedenen Print-Medien (z.B. Tageszeitungen) durch den Ausbildungsstand von Nachfragern determiniert.

g) Die Aussage ist (meistens) richtig!

Eine allein auf Basis demographischer Merkmale vorgenommene Segmentierung führt i.d.R. zu keinen homogenen Segmenten bezüglich des Kaufverhaltens. Dies ist nur dann der Fall, wenn eine hohe Korrelation zwischen Kaufverhalten und demographischen Merkmalen vorliegt.

h) Die Aussage ist (strenggenommen) falsch!

Unterschiede zwischen den Begriffen lassen sich in bezug auf das Aggregationsniveau feststellen. Der Begriff "Kaufverhalten" bezieht sich so strenggenommen auf einzelne Nachfrager und einen einzelnen Beschaffungsprozeß, wohingegen der Begriff "Käuferverhalten" ein höheres Aggregationsniveau aufweist. Von Käuferverhalten spricht man so in bezug auf die Gesamtheit der Nachfrager eines Produktes.

i) Die Aussage ist richtig!

Die Unterscheidung in sekundäres und primäres Datenmaterial orientiert sich an der Frage der Erhebung. Während man von Primärmaterial dann spricht, wenn es eigens erhoben wird, verwendet man bei sekundärem Material bereits vorhandene Daten, die innerhalb oder außerhalb des Unternehmens zu einem anderen Zeitpunkt und/oder Zweck erhoben worden sind.

k)   Die Aussage ist falsch!

Die Frage, ob eine Stichprobe ausreicht oder ob die Grundgesamtheit untersucht werden muß, hängt allein von der Fragestellung ab, nicht aber von der Methode der Informationsgewinnung. Die Entscheidung über die Stichprobengröße wird so im Spannungsfeld von Aussagevalidität und Erhebungskosten getroffen. Sowohl bei Befragungen als auch bei Beobachtungen sind Situationen denkbar, wo sich das "Ziehen" einer Stichprobe verbietet (z.b. bei einer sehr kleinen, heterogenen Grundgesamtheit) und eine Vollerhebung gemacht werden muß.

l)   Die Aussage ist richtig!

Vollkommen homogene Segmente erhält man nur dann, wenn jeder Nachfrager ein eigenes Segment darstellt. Sobald zwei Nachfrager zu einem Segment zusammengefaßt werden, ist Heterogenität zu verzeichnen, da die Nachfrager zwar ein ähnliches, kaum jedoch ein identisches Kaufverhalten aufweisen. Die an Marktsegmente zu stellende Anforderung, ausreichend groß zu sein, wird also durch die mit großen Segmenten einhergehende Heterogenität (innerhalb der Segmente) begrenzt.

m)   Die Aussage ist falsch!

Unter einem Einzelhandelspanel versteht man den Zusammenschluß von Einzelhandelsgeschäften zu einer wiederholt an einer Befragung teilnehmenden Gruppe. Im Gegensatz dazu gehören zu einem Verbraucherpanel allein Endkonsumenten, nicht jedoch Handelsunternehmen.

n)   Die Aussage ist falsch!

Wesentlicher Unterschied zwischen dem Konsumgüter- und Investitionsgütermarketing ist die Art der Nachfrage. Während man von Konsumgütermarketing dann spricht, wenn der Endkonsument im Mittelpunkt der absatzpolitischen Anstrengungen steht, liegt im Investitionsgütermarketing eine abgeleitete Nachfrage vor. Die Nachfrager von Investitionsgütern sind so Unternehmen, deren Nachfrage sich daraus ergibt, daß sie wiederum Nachfrage nach mit Hilfe der Investitionsgütern erstellten Gütern und Leistungen vermuten.

Nicht nur Unternehmen sind dabei durch in Gruppen gefällte Kaufentscheidungen gekennzeichnet. Durch "Buying Center" getroffene Entscheidungen sind auch auf Endkonsumentenebene möglich: Familienentscheidungen bspw. zeichnen den Kaufprozeß vieler Konsumgüter (z.B. Bau eines Hauses) aus.

o)   Die Aussage (eigentlich) falsch!

Unter dem Potential eines Marktes versteht man das realistische, zukünftig für möglich gehaltene Marktvolumen. Anzunehmen, daß ein Gut oder eine Leistung in der Zukunft in der Lage ist, alle am Markt angebotenen anderen Leistungen zu verdrängen, um die gesamte Nachfrage (BSP) auf sich zu vereinen, ist wenig realistisch.

Lösung 3.5:

a)

Nach Trommsdorf ergibt sich die Einstellung (E) einer Person (i) zu einem Produkt (j) aus den aufaddierten Differenzen zwischen kriterienspezifischen (Kriterium k) Idealvorstellungen (I) und Realeindrücken (B).

$$E_{ij} = \sum_{k=1}^{w} \left| B_{ijk} - I_{ik} \right|$$

Im Beispiel kann die Einstellung von Einzelpersonen nicht mehr nachvollzogen werden, da allein Durchschnittswerte vorliegen. Für das Modell "Greta" errechnet sich nun folgender durchschnittlicher Einstellungswert der Zielgruppe (Stichprobe).

$$E(\text{Greta}) = \left|5-2\right| + \left|2-3\right| + \left|6-5\right| + \left|2-4\right| + \left|2-2\right| + \left|4-2\right| + \left|5-6\right| = 10$$

Dabei ist anzumerken, daß die Einstellung umso positiver ist, je geringer die Abweichungen zwischen Idealwert und Realeindruck sind.

Für "Delta" ergibt sich:

$$E(\text{Delta}) = 9$$

Da E(Delta) < E(Greta) gilt, sollte Delta eingeführt werden, da die Abweichungen hier geringer ausfallen.

b)

Im wesentlichen sind drei kritische Fragen zu stellen:

• Inwieweit sind die von der Marktforschungsunternehmung vorgegebenen Kriterien zentral?

    Das Ergebnis ist nur dann vertretbar, wenn keine für die Nachfragereinstellung zentralen Dimensionen vergessen worden sind.

• Inwieweit sind die von der Marktforschungsunternehmung abgefragten Kriterien überschneidungsfrei?

    Sollten Überschneidungen zwischen einzelnen abgefragten Kriterien vorliegen, so geht die eigentlich hinter beiden Kriterien stehende Dimension mit doppeltem Gewicht in die Einstellungsmessung ein. Hierdurch kann es zu verzerrten Ergebnissen kommen.

    Im Beispiel ist so zu vermuten, daß zwischen "auffällig - unauffällig" und "verspielt - schlicht" hohe Korrelationen bestehen, da schlichte Möbelstücke häufiger unauffällig wirken als auffällig.

• Inwieweit sind starke Unterschiede bei einem einzelnen Kriterium zu tolerieren?

Zwar weist das Modell Delta in der Summe über alle Kriterien geringere Abweichungen auf, eine extreme Differenz ergibt sich aber beim "Geselligkeitskriterium". Während die Nachfragerzielgruppe "Junge Familie" eher gesellige Küchentische präferiert, wird Delta als eher ungesellig wahrgenommen. Zu überprüfen ist somit, ob das Kriterium aufgrund der großen wahrgenommenen Einstellungsdifferenz die übrigen "besseren" Kriterien nicht dominiert.

Lösung 3.6:

Die Produktpolitik eines Unternehmens zielt auf das Zentrum unternehmerischen Handelns, nämlich auf die quantitative und qualitative Zusammensetzung des eigenen Angebotes. Die Ziele der Produktpolitik reichen dabei beispielsweise von der Verbesserung der Wettbewerbssituation, über die Maximierung von Deckungsbeiträgen und Rentabilitäten zur Realisierung und Sicherung von Wachstumspotentialen. Die unter diesen Vorgaben zu diskutierenden Aktivitäten sind neben der Entwicklung von Neuprodukten (Produktinnovation) die Änderung von Produkteigenschaften (Produktvariation), die Selektion von Produkten (Produkteliminierung) sowie die gleichzeitige Suche nach Neuprodukten und neuen Märkten (horizontale, vertikale und laterale Diversifikation).

Insbesondere im Rahmen der Neuproduktplanung, wo auf die Akzeptanz und Attraktivität der zu variierenden bzw. neu zu produzierenden Güter abgestellt wird, ist die Unterscheidung der Ebenen der Produktgestaltung von hoher Bedeutung. Dabei finden bisweilen unterschiedliche Systematisierungshierarchien Anwendung. Gebräuchlich ist eine Unterscheidung in die Ebenen Kernprodukt, formales Produkt und erweitertes Produkt. Die folgende Abbildung zeigt eine Zuordnung der Parameter der Produktgestaltung zu den o.g. Kategorien.

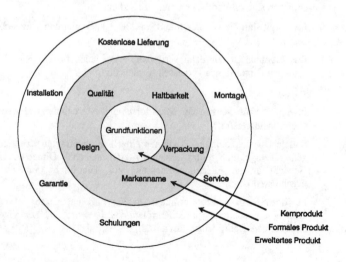

Zur Schaffung von Wettbewerbsvorteilen bewegt sich das Unternehmen im Umfeld der oben gezeigten Gestaltungselemente, wobei traditionell insbesondere das Kernprodukt als wichtigste Komponente bei der Suche nach Konkurrenzvorteilen herangezogen wird. Aber auch die übrigen Produktbestandteile erfüllen wesentliche Funktionen bei der Strategieumsetzung und damit bei der Erzeugung von Wettbewerbsvorteilen. So entwickelte sich bereits vor längerer Zeit der Umsatzanteil von Schulungen (erweitertes Produkt) und Beratungen auf dem PC - Markt zu einem maßgeblichen Differenzierungs- und Kaufkriterium. Weiterhin werden auch die Elemente des sogenannten formalen Produktes wie beispielsweise Verpackung, Design oder Markenname als Qualitätsbestandteil und als Medium der Verkaufsförderung regelmäßig offensiv eingesetzt. Erst jüngst betonte ein Unternehmen aus dem Lebensmittelbereich im Rahmen einer vielfach ausgestralten Fernsehwerbung ausschließlich den nun besonders umweltschonenden Charakter der neuen recycelbaren Verpackung aus Pappe (zuvor wurde Plastik verwendet), ohne auch nur am Rande auf das Kernprodukt selbst einzugehen und dessen Vorteile hervorzuheben. Damit wird deutlich, daß heute eine Vielzahl von Gestaltungsparametern und -instrumenten selbstverständlicher Gegenstand der Kommunikation von Produktvorteilen sind und damit zu dessen Erscheinungsbild und seiner Attraktivität wesentlich beitragen können.

Lösung 3.7:

a) (Vgl. ausführlich Lösung 1.25)

• Vorliegen eines Engpasses?

Selbst bei Realisierung des gesamten Absatzvolumens kommt es zu keiner Engpaßsituation (470 RE < 500 RE). Produziert wird demnach, falls der Preis die variablen Stückkosten übersteigt und somit positive Deckungsspannen existieren.

Typ	Sport	Elegant	Modern
Deckungsspanne (DS) [GE/ME]	100	120	200
Absatzmengen (x) [ME]	200	120	150
Deckungsbeitrag (DS · x) [GE]	20.000	14.400	30.000
Periodenfixkosten [GE]		70.750	
Periodenergebnis [GE]		$\sum DB - K_f = -6350$	

Das Unternehmen sollte kurzfristig weiterproduzieren, um einen höheren Verlust durch die Remanenz nicht abbaubarer Fixkosten zu vermeiden. Bei langfristig möglicher Abbaubarkeit der Fixkosten sollte eine Elimination des Profit-Center erwogen werden. Parallel dazu sollten jedoch Überlegungen zur Fixkostensenkung und zur Veränderung der Preissetzungsspielräume sowie ein höherer Mengenabsatz im Mittelpunkt der Bemühungen stehen. Ziel ist dabei die Verlustreduzierung bzw. Gewinnerzielung.

b)

• Engpaß?

Durch die Einschränkung der Rahmenzulieferung ergibt sich ein Materialengpaß!

• Entscheidungskriterium: Relative Deckungsspannen
Da bei sämtlichen Produkten der Produktionskoeffizient 1 ist, entsprechen die relativen Deckungsspannen den absoluten DS.

• Ermittlung des Absatzprogramms:

Typ	Sport	Elegant	Modern
Deckungsspanne (DS) [GE/ME]	100	120	200
Absatzmengen (x) [ME]	-	110	150
Deckungsbeitrag (DS · x) [GE]	-	13.200	30.000
Periodenfixkosten [GE]	70.750		
Periodenergebnis [GE]	$\sum DB - K_f = -27.550$		

Alternativ dazu könnte mit der Halbierung der Kapazität ein für diesen Teil fixkostendeckender Mietzins erzielt werden. Aufgrund der damit verbundenen notwendigen Einschränkung der Fertigungsmöglichkeiten, ergäbe sich folgender Gesamterlös:

DB: 120 (ME von Modern) · 200 (DS)   26.000 GE

- 0,6 · 70.750 (=Fixkosten)   - 42.450 GE

=Jahresfehlbetrag   =- 16.450 GE

c)

Da eine Umsatzrestriktion (max. Umsatz = 146.500 DM) gegeben ist, muß als Entscheidungs- und Rangfolgekriterium die relative DS in Bezug auf den Umsatz (DS je DM Umsatz) herangezogen werden.

Typ	Sport	Elegant	Modern
rel. DS (DS/GE Umsatz) [GE/FE]	0,1429	0,1237	0,3077
Rangfolge	2	3	1
Absatzmenge [ME]	70	-	150
Deckungsbeiträge [GE]	7.000	-	30.000

$$G = \text{Erlös} - \sum k_{vi} \cdot x_i - K_f$$

$$\Rightarrow G = 37.000 - 70.750 = -33.750$$

d)

- Erforderliche Kapazität?

160 Rahmen ·

- Preisuntergrenze (PUG) = Grenzkosten (GK) + Opportunitätskosten (OK)

GK = 850 GE

OK = Deckungsbeitragsverzicht

Es werden zunächst die Produkte mit der geringeren DS je ZE eliminiert.

$\Rightarrow$ Marke Elegant: 110 (ME) · 120 (DS)   = 13.200 GE

+Marke Modern: 50 (ME)· 200 (DS)   = <u>21.800 GE</u>

                                                        = 23.200 GE

$$PUG = 850,- + \frac{23.200}{160} = 995 \left[GE / ME \right]$$

Neben der kostenorientierten Diskussion müssen beispielsweise folgende Kriterien bei der Entscheidung über die Annahme des Zusatzauftrags Berücksichtigung finden:

- Verbundeffekte (Absatz, Beschaffung)

- Imageeffekte

- Lieferverpflichtungen

- Abhängigkeiten

- Kooperationspartner

usw.

Lösung 3.8:

Ziel der Neuproduktplanung ist die Entwicklung von Produktalternativen unter vorhergehender Berücksichtigung von Chancen und Risiken. Der Prozeß der Entwicklung von an den Markterfordernissen ausgerichteten Neuprodukten verläuft dabei in den Stufen Ideengewinnung, Ideenprüfung und Ideenverwirklichung.

- Die <u>Ideengewinnung</u> stellt auf das Zusammentragen von Ideen über das Heranziehen unternehmensexterner und unternehmensinterner Quellen ab.

• Die Ideenprüfung beinhaltet die Teilbereiche Grobauswahl und Wirtschaftlichkeitsanalyse. Die zuerst genannte Aufgabe erfolgt in der Regel durch die Anwendung von Punktbewertungsmodellen (z. Bsp. O'Meara, Hart usw.), bei denen auf Grundlage zuvor festgelegter Bewertungskriterien (z.B. Lebensdauer, Wachstumspotential) Punkte einer Rangskala vergeben werden. Je nach Verfahren werden die Bewertungskriterien mittels einer Gewichtung in ihrer Bedeutung für den Produkterfolg beurteilt. Die nicht im Rahmen dieser Grobauswahl selektierten Produktideen werden daraufhin einer Wirtschaftlichkeitsanalyse (Break-Even-Methode usw,) unterzogen. Probleme ergeben sich hier bezüglich der Zuverlässigkeit der Schätzungen der Umsatz- und Kostendaten sowie der Auswahl des geeigneten Verfahrens.

• Die Ideenverwirklichung ist eine weitere Schritt in dem durch vielerlei Rückkoppelungen bestimmten Prozeß der Neuproduktplanung. In diesem Zusammenhang werden neben der technischen Entwicklung Produkt- und Markttests durchgeführt, sowie die Markteinführung des Produktes vorbereitet.

Lösung 3.9:

Nach *Meffert* (1989, S. 361) sind im Rahmen der optimalen Programmgestaltung die generellen Dimensionen des Leistungsprogramms festzulegen. Im Vordergrund stehen dabei die Fragen der artmäßigen, quantitativen und terminlichen Gestaltung des Produktprogramms (Sortiment). Das Sortiment gilt demnach als das in einem bestimmten Zeitraum angebotene Leistungsprogramm und ist durch eine unternehmensspezifische Tiefe und Breite gekennzeichnet.

Während die Sortimentstiefe abstellt auf die Zahl der Artikel innerhalb einer Produktlinie (=Produktgruppe, die in enger Beziehung zueinander steht), kennzeichnet die Sortimentsbreite die Anzahl der geführten Produktlinien. Bei der Wahl von Sortimentstiefe und Sortimentsbreite müssen unternehmensstrategische Überlegungen angestellt werden, die das Spannungsfeld von möglichst hoher Vollständigkeit einer Produktlinie (Sortimentstiefe) und der mit zunehmender Sortimentsbreite ständig steigenden Risikostreuung (-ausgleich) berühren. Ziele eines Sortimentsangebotes können dabei u.a. in der Ausnutzung von Verbundeffekten und Beschaffungssynergien sowohl im Hinblick auf den Zeitpunktbezug (Mengenverbund, Einkaufsverbund usw.) wie auch hinsichtlich des Zeitraumbezugs (Markentreue, Kundenbindung usw.) liegen.

Die grundsätzlichen Entscheidungsalternativen im Zusammenhang mit der Sortimentspolitik sind auf die Grundüberlegungen "Variation", "Ausweitung" und "Eingrenzung" zurückzuführen. Dabei besteht ein Konsens über die folgende Zuordnung der sortimentspolitischen Gestaltungsparameter.

• Variation des Sortiments

   - Verlagerung der Gewichtung

   - Produktvariation

- • Sortimentsausweitung
  - Produktdifferenzierung (technisch, distributiv usw.)
  - vertikale Differenzierung (Vorwärts- und Rückwärtsintegration)
  - horizontale Differenzierung
  - laterale Differenzierung

- • Eingrenzung des Sortiments (Spezialisierung)
  - Eingrenzung des Produktionsprogramms
  - Eingrenzung des Vertriebsprogramms

Lösung 3.10:

a)

Nach *Meffert, H.* (1989, S. 399) entstehen Partizipationseffekte und Substitutionseffekte dann, wenn bei Einführung einer neuen Variante das bisherige Produkt beibehalten wird. Danach kommt es zu Substitutionseffekten, wenn das neue Produkt von Nachfragern erworben wird, die bereits zuvor Kunden der Unternehmung waren und ein anderes Produkt kauften. Im Gegensatz dazu beschreibt der Partizipationseffekt die durch die Produktdifferenzierung erreichte "Zugewinnung" von Käufern, die bisher noch nicht Kunde des Unternehmens waren, jedoch durch die Produktvariante aktiviert werden können bei diesem Unternehmen zu kaufen. Vor diesem Hintergrund ist die Maßnahme der Produktdifferenzierung in ihrem Erfolg insbesondere mit einer zuvor exakt durchgeführten Marktsegmentierung verbunden.

Als Entscheidungskriterium der hier aufgezeigten gegenläufigen "Erlöseffekte" kann für den angenommenen Fall zweier Produkte das folgende Entscheidungskriterium zur Ermittlung des durch die Produktdifferenzierung erreichten saldierten Bruttogewinns formuliert werden:

$$G_B = x_F \cdot g_F - x^\circ_F \cdot (g_S - g_F) \geq 0$$

mit:

G_B	= Bruttogewinn
x_F	= Partizipationseffekt
x°_F	= Substitutionseffekt
g_F	= Deckungsspanne des Neuproduktes "Flink"
g_S	= Deckungsspanne des herkömmlichen Produktes "Freizeitsandale"

b)

Für das erste Jahr ergibt sich durch Einsetzen in die Formel

$$G_B = 320 \cdot 14 - 120 \cdot (15 - 14) \overset{!}{\geq} 0$$

$$G_B = 4360 > 0$$

Für die Jahre 1 - 4 ergeben sich somit die folgenden Bruttogewinne:

Periode	Bruttogewinne
1. Jahr	4.360
2. Jahr	4.880
3. Jahr	2.640
4. Jahr	- 300

Nach den vorliegenden Ergebnissen ist der über die Jahre kumulierte Bruttogewinn deutlich positiv und somit ein Argument für die Einführung des Produktes "Flink". Hierbei ist jedoch die im Zeitablauf klar rückläufige Tendenz auffällig. Hintergrund dafür könnte beispielsweise ein sehr kurzer Produktlebenszyklus und somit ein typischer Modewechsel bei diesem Produkt sein. Weiterhin ist eine nicht ausreichende Kundenbindung hinsichtlich dieses Produktes zu befürchten. Zusammenfassend muß also insbesondere hinsichtlich zukünftiger Perioden mit erheblichen Einbußen bei Realisierung der Produktvariante gerechnet werden.

c)

Problematisch scheint eine Entscheidungsfindung, die sich ausschließlich auf die hier ermittelten Ergebnisse beruft. Zum einen werden bei diesem Entscheidungskalkül keine Fixkosten (z.B. Entwicklungskosten für die Produktvariante) berücksichtigt, was jedoch bei noch möglicher Disposition über die Kosten erforderlich wäre. Darüber hinaus müßten weitere Entscheidungskriterien (Kapazitätsbeanspruchung, Lebensdauer usw.) beispielsweise durch den Einsatz von Punktbewertungsverfahren Berücksichtigung finden. Schließlich sind die zugrunde gelegten Daten auf Vollständigkeit hin zu diskutieren.

Lösung 3.11:

a)

Aus der folgenden Übersicht gehen die gewichteten Punktsummen hervor:

Kriterien/Erfolgsfaktoren	gewichtete Bewertung			Gewicht
	A	S	T	
Auswirkungen auf bestehende Produkte	12	20	8	4
Investitionsbedarf	6	4	10	2
Absatzerwartungen	25	25	10	5
Konkurrenzfähigkeit	18	24	30	6
Kapazitätsbeanspruchung	4	4	2	1
Punktwerte der Produkte	65	77	60	

Gemäß der vorgegebenen Bewertungs- und Gewichtungsdaten ist Produkt T (Tourenski) klar zu präferieren.

b)

- Vorteile des Punktbewertungsverfahrens

Neben einer leicht verständlichen Konzeption ist ein weiterer Vorteil die Erzielung klarer Ergebnisse und die Möglichkeit, qualitative Zielgrößen zu berücksichtigen.

- Nachteile des Punktbewertungsverfahrens

Als großes Problem zeigt sich die Subjektivität bei Punktezuordnung, Kriteriengewichtung und Kriterienauswahl. Dabei ist zu hinterfragen, ob das aufgenommene Spektrum an Beurteilungskriterien eine ausreichende Informationsübersicht erlaubt. Es fehlen beispielsweise die folgenden Kriterien: Erwarteter Lebenszyklus, Akzeptanz beim Handel, Materialbezug usw.). Ein weiteres Problem ist die Überschneidung von Beurteilungskriterien. Durch eine daraus resultierende Überbetonung von bestimmten, nicht überschneidungsfreien Kriterien sind die Ergebnisse nicht mehr exakt interpretierbar und zurechenbar. Schließlich fällt es auf, daß trotz weit in die Zukunft reichender Datenschätzungen bzw. -einschätzungen keine Berücksichtigung des damit verbundenen Risikos erfolgt.

Die von der Schlaumüller-Consulting angenommene Punktegrenze (k.o.-Kriterium) ist offensichtlich willkürlich und auf diesem niedrigen Niveau nicht aussagekräftig. Ein Alternativvorschlag wäre die Vorgabe, daß jeweils zumindest eine durchschnittliche Einzelkriteriengewichtung (hier: 54 Punkte) erreicht werden muß.

Lösung 3.12:

(vgl. Lösung 1.28)

• Festlegung des Entscheidungskriteriums und des Produktionsprogramms

In einer durch Absatzengpässe (hinsichtlich der verkauften Stückzahl) bestimmten Entscheidungssituation ist die Deckungsspanne der zur Auswahl stehenden Produkte das maßgebliche Kriterium für die Programmplanung.

Typ	Schlaf-mütze	Mond-schein	Wolke 7	Junges Glück
DSP	450,-	400,-	620,-	210,-
Rangfolge	2	3	1	4
Absatzhöchstmengen	100	190	80	120
Produktionsmengen	100	120	80	-
Verbrauch an Rohstoffeinheiten	500	600	320	-

Rohstoffverbrauch: 1.420 RE
$\Rightarrow$ kein Rohstoffengpaß

• Ermittlung des Periodengewinns

$$G = \sum x_i \cdot DS_i - K_f \quad \Rightarrow \quad G = 80 \cdot 620 + 100 \cdot 450 + 120 \cdot 400 - 197.000 = -54.400$$

b)

Eine vollständige Realisierung des Absatz- und Produktionsprogramms (Erfordernis von 2130 RE) ist aufgrund beschränkter Rohstoffkapazitäten (1520 RE sind verfügbar) nicht möglich.

Somit liegt hier ein potentieller Rohstoffengpaß vor. Das relevante Entscheidungskriterium ist daher die relative Deckungsspanne der Produkte in Bezug auf die eingesetzten Rohstoffeinheiten. Bei der Zusammenstellung des optimalen Produktionsprogramms ist dabei das von der Schlafschön GmbH zugekaufte Produkt Premiere hinsichtlich des Stückdeckungsbeitrags von DM 360,- anteilig (d.h. mit 25%) bei der Beurteilung des Produktes "Junges Glück" zu berücksichtigen.

Produkt	DS	RE/ME	rel. DS	Rang	ME	RE	DB
Wolke 7	620	4	**155**	1	80	320	49.600
Mondschein	400	5	**80**	4	68	340	27.200
Schlafmütze	450	5	**90**	3	100	500	45.000
Junges Glück Premiere	210 360	3	$\dfrac{210+(0,25\cdot 360)}{3}=100$	2	120	360	36.000
Σ		-				1.520	157.800

c)

• Erforderliche Kapazität für den Zusatzauftrag:

200 ME (Mondschein)·5 RE/ME =1.000 RE

• Preisuntergrenze (PUG) für den Zusatzauftrag:

PUG = Grenzkosten (GK)+Opportunitätskosten (OK)

GK = 1.600,-

Die mit der Annahme des Zusatzauftrags verbundenen Opportunitätskosten (Deckungsbeitragsverzicht) ermitteln sich wie folgt:

Produkt	ME	RE	DB-Verzicht
Verzicht auf "Mondschein"	68	340	27.200
Verzicht auf "Schlafmütze"	100	500	45.000
Verzicht auf Verbundprodukt "Junges Glück"("Premiere")	53,33 (13,3)	160	16.000
Σ		1.000	88.200

Für die Preisuntergrenze ergeben sich somit:

$$1.600+\frac{88.200}{200}=2.041 \text{ DM}$$

d)

Bei der Diskussion um die Annahme des Zusatzauftrages müssen über die kurzfristigen Preis- und Kostenaspekte hinausgehende Gesichtspunkte Berücksichtigung finden. Dazu gehören beispielsweise die folgenden Kriterien:

• Kundenbindungschancen

• Verzicht auf Absatz- und damit Risikostreuung bei Bevorzugung des Großauftrages

• Probleme in den Absatzkanälen, wenn die oben gezeigte Einschränkung des sonstigen Produktionsprogramms eintritt

• Imagewirkungen bei sonstigen Abnehmern, falls das Produkt kurzfristig nicht verfügbar ist

• Beschaffungs- und Fertigungsverbundeffekte

• Eventuell werden werden sonstige Absatzverbundeffekte außer Acht gelassen

• usw.

Lösung 3.13:

An <u>quantitativen Größen</u> sind bei der Grundsatzentscheidung zwischen direktem und indirektem Vertrieb u.a. folgende zu nennen.

• Transportkosten

• Kosten für Verkaufspersonal

• Vertragskosten

• Abschreibungen, Mieten etc. bei direktem Vertrieb

• Handelsmargen bei indirektem Vertrieb

• ...

Von großer Bedeutung sind aber auch <u>qualitative Kriterien</u>. Zu nennen sind in diesem Zusammenhang:

• Durchsetzung der Marketingstrategie

• einheitliche Produktpolitik (Aufmachung, Dienstleistungen etc.)

• Preisdisziplin

• Lieferantentreue

• Image des Vertriebskanals

• Marktpenetration

• Gewinnung von Kundeninformationen

• ...

Lösung 3.14:

Da der Fachgroßhandel (FGH) Bestandteil beider Vertriebsalternativen ist, hat er keinen Einfluß auf die Entscheidung. Es sind also allein die Gewinne, die sich bei einem Vertrieb über den Facheinzelhandel (FEH) oder über Warenhäuser (WH) einstellen, zu vergleichen.

FEH:

Für den Gewinn gilt: $G_{FEH} = U_{FEH} - K_{FEH}$

mit $\qquad\qquad U_{FEH} = p_H \cdot x_{FEH}$

Der anzusetzende Herstellerpreis (p_H) richtet sich bei einem geplanten Einheitspreis am Markt nach der handelsseitig geforderten Marge. Um einen Marktpreis von 600 [GE/Stück] zu erzielen, muß gelten:

$p_H + a \cdot p_H = 600$

wobei a die Handelsmarge darstellt.

Für den FEH gilt somit:

$p_H + 0,3 \cdot p_H = 600$

$$\Leftrightarrow p_H = \frac{600}{1,3} = 461,54$$

Es ergibt sich:

$U_{FEH} = 461,54 \cdot 250 \cdot 21 = 2.423.085$

Die Kosten setzen sich aus den Herstellungskosten und den Transportkosten zusammen:

$K_{FEH} = K_{Herstell} + K_{Trans}$

$\Rightarrow K_{FEH} = k_{Herstell} \cdot x_{FEH} + k_{Trans} \cdot x_{FEH}$

$\Rightarrow K_{FEH} = 390 \cdot 250 \cdot 21 + 10,3 \cdot 250 \cdot 21 = 2.101.575$

Für den Gewinn ergibt sich: $G_{FEH} = 2.423.085 - 2.101.575 = 321.510$

WH:

In Analogie zum FEH ergeben sich folgende Rechenschritte:

$$p_H = \frac{600}{1,1} = 545,45$$

$$U_{WH} = p_H \cdot x_{WH} = 545,45 \cdot 20 \cdot 132 = 1.439.988$$

An Kosten sind zusätzlich die Kommunikationskosten zu beachten :

$$K_{WH} = K_{Herstell} + K_{Trans} + K_{Komm}$$

$$\Rightarrow K_{WH} = 390 \cdot 20 \cdot 132 + 5,4 \cdot 20 \cdot 132 + 20 \cdot 10.000 = 1.243.856$$

$$G_{WH} = 1.439.988 - 1.243.856 = 196.132$$

Somit sollte der Konzern sich für einen Vertrieb über den Facheinzel- und Fachgroßhandel entscheiden.

Lösung 3.15:

a)

Da alle Mitglieder der Geschäftsführung gleichberechtigt sind und ihre Meinungen somit auch gleichbedeutend sind, können durchschnittliche Gewichtungen und Beurteilungen gebildet werden:

Kriterium i	Gewicht p_i	Benotung Händler A q_{iA}	Benotung Händler B q_{iB}
Vertriebserfahrung	0,24	2,5	3
Absatzwegekosten	0,31	3,25	3,25
Strategieübernahme	0,29	3,75	1,75
Image	0,16	3,25	3

Die Gesamtnote der Händler ergibt sich nun aus:

$$N_j = \sum_{i=1}^{m} (p_i \cdot q_{ij})$$

Somit ergibt sich für die Großhändler A und B:

$$N_A = 3,22$$

$$N_B = 2,72$$

Auf Basis der Ergebnisse dieses Punktbewertungsverfahrens wird der Großhändler B in Zukunft die Aufgaben von Großhändler A übernehmen.

b)

Aus methodischer Sicht ist das von Herrn Bauer vorgeschlagene Verfahren bedenklich. So läuft man bei einer Durchschnittsbildung für Gewichte und Beurteilungen Gefahr, daß die Mitglieder der Geschäftsführung bereits im Vorfeld zu strategischem Verhalten neigen. Herr Kleinewiese beispielsweise wird dazu tendieren, die Kriterien, die für Großhändler A sprechen unterzubewerten und andere, die tendenziell für B sprechen, unverhältnismäßig zu betonen. Letztlich wird in dem vorliegenden Fall die Entscheidung für B dadurch erklärt, daß zwei Herren (Herr Kleinewiese und Herr Pieper) strategisch zu B neigen, aber nur einer zu A (Herr Fischer).

Sinnvoller wäre es so, die Gewichtung und Benotung demjenigen zu überlassen, der sich nicht bereits im Vorfeld entschieden zu haben scheint. Hätte man die Punktbewertungen Herrn Bauer überlassen, so hätten sich jeweilige Durchschnittsnoten von 2,8 ergeben, was nichts anderes bedeutet, als daß auf Basis der ausgewählten Kriterien keine Entscheidung über den Absatzkanal erfolgen kann.

Lösung 3.16:

a)

Der wesentliche Unterschied liegt in der rechtlichen Beziehung zwischen dem Unternehmen und dem Absatzmittler. Während ein Handelsvertreter ein selbständiger Gewerbetreibender ist, der Tätigkeit und Arbeitszeit nach eigenem Ermessen gestaltet, handelt es sich bei einem Reisenden um einen Angestellten des Unternehmens, der somit den Weisungen des Unternehmens zu folgen hat. Bei Handelsvertretern überwiegt zumeist die erfolgsabhängige Entlohnung, wohingegen Reisende i.d.R. nur begrenzt am Erfolg ihrer Tätigkeit partizipieren.

b)

Die Entscheidung kann sowohl auf Basis eines Gewinnvergleichs (hier verwendet) als auch anhand von Opportunitätskosten und Opportunitätserlösen vorgenommen werden.

Gewinn bei Einsatz von Handelsvertretern:

$$G_H = U_H - K_H$$

mit:

$$U_H = p \cdot x_H = 6 \cdot 2 \cdot 5.000 = 60.000$$

$$K_H = K_{Herstell} + K_{Handel}$$

$$\Rightarrow K_H = k_{Herstell} \cdot x_H + U_H \cdot a$$

wobei a der Provision des Handelsvertreters entspricht.

$$\Rightarrow K_H = 3,5 \cdot 2 \cdot 5.000 + 60.000 \cdot 0,2 = 47.000$$

Somit ergibt sich als Gewinn: $\quad G_H = 60.000 - 47.000 = 13.000$

Gewinn bei Einsatz von Reisenden:

$G_R = U_R - K_R$

mit:

$U_H = p \cdot x_R = 6 \cdot 4 \cdot 1.800 = 43.200$

$K_R = K_{Herstell} + K_{Reisende}$

$\Rightarrow K_R = k_{Herstell} \cdot x_R + U_R \cdot b + R$

wobei b der Provision des Reisenden und R der festen Entlohnung entspricht .

$\Rightarrow K_R = 3,5 \cdot 4 \cdot 1.800 + 43.200 \cdot 0,03 + 4 \cdot 2.000 = 34.496$

Somit ergibt sich als Gewinn: $G_R = 43.200 - 34.496 = 8.704$

Da $G_H > G_R$ ist, sollten Handelsvertreter eingesetzt werden.

c)

Besonders wichtig sind zusätzlich folgende qualitative Faktoren:

- Sortiment

    Zu fragen ist dabei, ob der Handelsvertreter allein das oder die Produkte eines Unternehmens vertreibt oder ob er zusätzlich die Erzeugnisse anderer Hersteller in seinem Sortiment hält. In letzterem Fall ist zu klären, ob es sich gegebenenfalls um Konkurrenzprodukte handelt.

- Steuerbarkeit

    Zu prüfen ist, ob der Handelsvertreter bereit ist, marktstrategische Positionierungen und Umpositionierungen mitzutragen.

- Beratungsqualität

    Neben kosten- und gewinnorientierten Kriterien sind gerade bei erklärungsbedürftigen Produkten Reisende und Handelsvertreter in bezug auf ihre Beratungsqualität zu vergleichen.

- Übernahme zusätzlicher absatzpolitischer Aufgaben

    Ist es das Ziel, Informationen über Kunden und Konkurrenten durch den Vertrieb zu erlangen, so sind Reisende und Handelsvertreter hierauf zu untersuchen.

Während so häufig Kostenargumente für Handelsvertreter sprechen, zwingen qualitative Kriterien Unternehmen zum Einsatz von Reisenden, weil der hier verbesserten Einflußnahmemöglichkeit große Bedeutung beigemessen wird.

Lösung 3.17:

Versteht man unter Logistik den physischen Weg eines Produktes vom Hersteller zu dessen Kunden, so steht im Mittelpunkt der Logistik die Transportproblematik. Diese ist jedoch nicht auf die Wahl von Transportmitteln zu beschränken, sondern steht in direktem Zusammenhang mit Standortfragen. Zu hohe Transportkosten können so Unternehmen zwingen, sich in unmittelbarer Nähe ihrer Kunden anzusiedeln. Daneben sind jedoch auch Lagerhaltungsentscheidungen Teil der betrieblichen Logistik, da z.B. ein diskontinuierlicher Kundenbedarf Unternehmen veranlaßt, Transportmittel oder im Extremfall Standortentscheidungen unter Berücksichtigung der Auswirkungen auf die Lagerhaltung zu fällen. Seit geraumer Zeit fordern Kunden dabei verstärkt einen weitgehenden Logistikservice. So wird im Automobilbereich zunehmend von vorgelagerten Wertschöpfungsstufen verlangt, daß diese Leistungen produktionssynchron (Just-in-time) anliefern. Eine solche Just-in-time-Anlieferung bedeutet dabei für die Logistik, daß die richtige Ware zur richtigen Zeit in der richtigen Menge, in der richtigen Qualität am richtigen Ort verfügbar sein muß. Angesichts dieser neuen Erfordernisse sind Standort-, Lagerhaltungs- und Transportmittelentscheidungen neu zu fällen.

Lösung 3.18:

Die Entscheidung über die Annahme des Auftrages, über die evtl. notwendige Errichtung eines Zweigwerkes bzw. über das auszuwählende Transportmittel soll anhand eines Gewinnvergleichs getroffen werden.

<u>Möglichkeit 1:</u> Produktion in Bremen, Transport Bahn

Für diesen Fall ergibt sich eine Deckungsspanne von

$DSP_{Bahn} = 12 - 6 = 6$ [GE/ME].

Geht man nun desweiteren davon aus, daß Jahresgewinne jeweils zu einem Zinssatz von 8% p.a. bei der Bremer Investbank angelegt werden und die Ein- und Auszahlungen am Ende der Jahre getätigt werden, so errechnet sich der auftragsbezogene Gewinn der Lohmann AG bei dieser Alternative wie folgt:

Jahr	1995	1996	1997	1998	1999
Menge [ME]	150.000	270.000	300.000	300.000	300.000
Auftrags-gewinn [GE]	150.000 · 6 = 900.000	1.620.000	1.800.000	1.800.000	1.800.000
Kontostand am Beginn des Jahres [GE]	0	900.000	2.592.000	4.599.360	6.767.308,8
Zinsen [GE/Jahr]	0	72.000	207.360	367.948,8	541.384,7
Kontostand am Ende des Jahres [GE]	900.000	2.592.000	4.599.360	6.767.308,8	**9.108.693,5**

<u>Möglichkeit 2:</u> Produktion in Bremen, Transport Spedition

Für diesen Fall ergibt sich in 1995 und 1996, wo die Gesamtabsatzmenge unter 300.000 [ME] liegt, eine Deckungsspanne von

$$DSP_{LKW} = 12 - 6 = 6 \ [GE/ME].$$

Für die Jahre 1997 bis 1999 gilt hingegen (Absatzmenge genau 300.000 [ME]):

$$DSP_{LKW} = 12 - 5 = 7 \ [GE/ME].$$

Geht man nun des weiteren davon aus, daß Jahresgewinne wiederum jeweils zu einem Zinssatz von 8% p.a. bei der Bremer Investbank angelegt werden und die Ein- und Auszahlungen am Ende der Jahre getätigt werden, so errechnet sich der auftragsbezogene Gewinn in diesem Fall wie folgt:

Jahr	1995	1996	1997	1998	1999
Menge [ME]	150.000	270.000	300.000	300.000	300.000
Deckungs-beitrag [GE]	150.000 · 6 = 900.000	270.000 · 6 = 1.620.000	300.000 · 7= 2.100.000	2.100.000	2.100.000
Fixe Spedi-tionskosten [GE]	100.000	100.000	100.000	100.000	100.000
Auftrags-gewinn [GE]	800.000	1.520.000	2.000.000	2.000.000	2.000.000
Kontostand am Beginn des Jahres [GE]	0	800.000	2.384.000	4.574.720	6.940.697,6
Zinsen [GE/Jahr]	0	64.000	190.720	365.977,6	555.255,81
Kontostand am Ende des Jahres [GE]	800.000	2.384.000	4.574.720	6.940.697,6	**9.495.953,4**

<u>Möglichkeit 3:</u> Produktion in Stuttgart, kein Transport.

Für diesen Fall ergibt sich eine Deckungsspanne von

$$DSP_{Zweig} = 12 \ [GE/ME].$$

Ist nun davon auszugehen, daß die jährlichen auftragsbezogenen Gewinne zur Finanzierung des Zweigwerkes verwendet werden bzw. nach Kredittilgung bei der Bremer Investbank zu 8% p.a. angelegt werden, so ergibt sich:

Jahr	1995	1996	1997	1998	1999
Menge [ME]	150.000	270.000	300.000	300.000	300.000
Auftrags-gewinn [GE]	150.000 · 12 = 1.800.000	3.240.000	3.600.000	3.600.000	3.600.000
Zusatzerlös [GE]	0	0	0	0	1.300.000
Kontostand am Beginn des Jahres [GE]	-7.000.000	-5.760.000	-2.980.800	380.736	4.011.194,88
Zinsen [GE/Jahr]	-560.000	-460.800	-238.464	30.458,88	320.895,59
Kontostand am Ende des Jahres [GE]	-5.760.000	-2.980.800	380.736	4.011.194,88	9.232.090,47

Da der größte Gewinn bei Fertigung des Auftrages im Bremer Hauptwerk und einem Transport mit Hilfe des Speditionsunternehmens zu erzielen ist, sollte diese Möglichkeit gewählt werden.

Lösung 3.19:

a)

Soll zuerst Werk A seinen Bedarf decken, so wird dieses Werk soviel Abfall wie möglich in das nächst entfernt liegende Lager transportieren. Für den Fall, das die Aufnahmekapazität dieses Lagers nicht ausreicht, wird das Werk A den Rest an das dann nächst liegende Lager liefern. Hierdurch werden die Möglichkeiten der Werke B und C begrenzt. Ebenso verfährt das Werk B, das wiederum die Möglichkeiten des Werkes C einschränkt. Werk C schließlich muß seine Abfälle in die Lager transportieren, die noch freie Kapazitäten aufweisen.

Zusammenfassend ergibt sich bei einem solchen Vorgehen folgende Verteilung zwischen Werken und Endlagern:

	Lager 1 (34 t)		Lager 2 (100 t)		Lager 3 (20 t)		Lager 4 (86 t)	
Werk A (76 t)		(340 km)	56 t	(220 km)	20 t	(200 km)		(240 km)
Werk B (104 t)	34 t	(360 km)	44 t	(400 km)		(380 km)	26 t	(600 km)
Werk C (60 t)		(130 km)		(500 km)		(300 km)	60 t	(540 km)

Die so zurückzulegende Wegstrecke ergibt sich aus:

$$\text{Strecke} = \sum_i \sum_j \frac{\text{Transportmenge vom Werk i zum Lager j}}{\text{Beförderungskapazität eines LKWs}} \cdot \text{Transportweg zwischen i und j}$$

$$\Rightarrow \text{Strecke} = 10 \cdot 200 + 28 \cdot 220 + 17 \cdot 360 + 22 \cdot 400 + 13 \cdot 600$$
$$+ 30 \cdot 540 = 47.080$$

Daß es sich bei einer solchen Verteilung der Abfälle auf die Lager um die minimale Wegstrecke handelt, ist unwahrscheinlich und nur im aller günstigsten Fall gegeben (evtl. zufällig).

So kann es beispielsweise sein, daß die mit einem Verzicht von Werk A auf die optimale Wegstrecke einhergehende Verlängerung der Wegstrecke dadurch überkompensiert wird, daß es hierdurch bei Werk B oder C zu einer deutlichen Verringerung der Strecke kommt. Ein Optimum stellt sich also nur dann ein, wenn man das gesamte Tableau und somit alle Wegstrecken betrachtet. Eine solche Vorgehensweise ist nur dann gegeben, wenn man einen Ansatz der Linearen Programmierung verfolgt.

b)

Variablen:

x_{ij} → Anzahl der Transporte von Werk i zu Lager j

(Beispiel: x_{A1} → Anzahl der Transporte von Werk A zu Lager 1)

Zielfunktion:

Es ist die Gesamtwegstrecke (W) zu minimieren, die sich als Summe über die Produkte aus Transportanzahl (x_{ij}) und jeweiliger Wegstrecke (s_{ij}) ergibt:

$$W = \sum x_{ij} \cdot s_{ij} = \quad 340 \cdot x_{A1} + 220 \cdot x_{A2} + 200 \cdot x_{A3} + 240 \cdot x_{A4}$$
$$+ 360 \cdot x_{B1} + 400 \cdot x_{B2} + 380 \cdot x_{B3} + 600 \cdot x_{B4}$$
$$+ 130 \cdot x_{C1} + 500 \cdot x_{C2} + 300 \cdot x_{C3} + 540 \cdot x_{C4} \quad \Leftarrow \min!$$

Nebenbedingungen:

Die Nebenbedingungen ergeben sich einerseits daraus, daß die Lager jeweils nur eine bestimmte Anzahl von Transporten aufnehmen können, und zum anderen dadurch, daß die Werke ihre Abfallmengen vollständig beseitigen müssen.

Lagerrestriktionen:

[Lager 1] $x_{A1} + x_{B1} + x_{C1} \leq 17$

[Lager 2] $x_{A2} + x_{B2} + x_{C2} \leq 50$

[Lager 3] $x_{A3} + x_{B3} + x_{C3} \leq 10$

[Lager 4] $x_{A4} + x_{B4} + x_{C4} \leq 43$

Werksrestriktionen:

[Werk A] $x_{A1} + x_{A2} + x_{A3} + x_{A4} = 76$

[Werk B] $x_{B1} + x_{B2} + x_{B3} + x_{B4} = 104$

[Werk C] $x_{C1} + x_{C2} + x_{C3} + x_{C4} = 60$

Nichtnegativitätsbedingung:

Zusätzlich muß sichergestellt werden, daß keine "negativen" Transporte durchgeführt werden.

$x_{ij} \geq 0$

Lösung 3.20:

a)   Die Aussage ist falsch!

Nachfragefunktionen bzw. Preisabsatzfunktionen zeigen die Auswirkungen von Preisänderungen auf die Absatzmenge des jeweiligen Anbieters. Die auf einer konkreten Preis-Absatz-Funktion dargestellten Preis-Mengen-Kombinationen sind durch den Einsatz einer spezifischen Kombination des Absatzinstrumenteneinsatzes und der Existenz bestimmter Rahmenbedingungen und deren Konstellationen (Umwelt, konkurrierende Unternehmen, Gesetzgebung usw.) determiniert. Veränderungen bestimmter Komponenten und ihres Zusammenwirkens können somit durchaus zu der Modifikation von Preis-Absatz-Funktionen führen. Derartige Veränderungen der Rahmenbedingungen werden nicht zuletzt auch von der Art und der Intensität des Einsatzes der weiteren Absatzinstrumente "Distribution", "Kommunikation" und "Programm-" bzw. "Sortimentspolitik" induziert und/oder unterstützt. Somit kann die Preis-Absatz- bzw. Nachfragefunktion nicht unabhängig von dem Einsatz der Absatzinstrumente sein, es liegt sogar eine maßgebliche Beeinflussung vor.

b)   Die Aussage ist richtig!

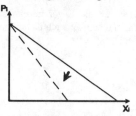

Die Abbildung zeigt, daß bei konstanter Gesamtnachfrage auf dem betrachteten Markt die auf einen Anbieter entfallende Gesamtnachfrage reduziert wird. Grafisch führt diese Entwicklung zu einer Drehung um den Prohibitivpreis, woraus letztlich eine Verringerung der Sättigungsmenge und eine im Vergleich zur Ausgangssituation geringere Nachfrage bei dem jeweiligen Preis resultiert.

c)   Die Aussage ist falsch!

Polypolistische Märkte sind durch eine unüberschaubare Anzahl an Marktteilnehmern gekennzeichnet, wobei einzelne Unternehmen regelmäßig einen relativ kleinen Marktanteil auf sich vereinen können. Der eigene Preissetzungsspielraum wird hier jedoch nicht (nur) durch die individuelle Kostensituation und die Form der angestrebten Marktbearbeitung, sondern vielmehr durch das von der Konkurrenz aufgespannte preispolitische Umfeld determiniert. Im Gegensatz zum Monopolisten, der eine Marktbearbeitung als Mengen- oder Preisanpasser anstreben kann, ist der Unternehmer auf polypolistischen Märkten ein Mengenanpasser ohne (weite) preispolitische Spielräume.

d)   Die Aussage ist richtig!

Neben dem zweifelsohne wichtigen, wenn nicht wichtigsten kontrahierungspolitischen Instrument der Preispolitik sind die folgenden konditionenpolitischen Instrumente zu nennen:

• Rabattpolitik,

• Absatzkreditpolitik und

• Gestaltung der Lieferungs- und Zahlungsbedingungen.

e)   Die Aussage ist nur bedingt richtig!

Die Aussage gilt ceteris paribus nur bei Gütern, die der Verbraucher vor dem Hintergrund seines Bedürfnisspektrums tatsächlich im Falle eines höheren verfügbaren Einkommens nachfragt. Einschränkungen ergeben sich hier neben der volkswirtschaftlichen Frage nach der Sparquote aus der zugrunde liegenden Güterart. So werden inferiore Güter, also solche, deren Nachfrage i.d.R. mit im

Rahmen der Grundbedürfniserfüllung erschöpft ist, mit steigendem Einkommen nicht verstärkt nachgefragt. Es kann hier in Umkehrung diese Sachverhalts sogar zu einer mit steigendem Einkommen rückläufigen Nachfrage kommen. So nimmt beispielsweise der Konsum von Schweinefleisch mit steigendem Realeinkommen (Wohlstand) zugunsten von teurerem Rindfleisch oder kostspieligen Luxusfischen ab.

Lösung 3.21:

a)

Die Preiselastizität gibt an, welche Mengenänderung durch eine Preisänderung um 1% induziert wird.

$$\Rightarrow \quad \text{Preiselastizität} = \frac{\text{relative Mengenänderung in \%}}{\text{relative Preisänderung in \%}}$$

$$\Rightarrow \quad e = - \frac{\frac{dx}{x}}{\frac{dp}{p}} = - \frac{dx}{dp} \cdot \frac{p}{x}$$

b)

• Aufstellen der Preis-Absatz-Funktion:

$$p = a - b \cdot x$$

$$b = - \frac{p_1 - p_2}{x_1 - x_2} = - \frac{90 - 80}{600 - 800} = 0,05$$

$$a = p + bx \quad \text{mit} \quad p_1 = 90 \, / \, x_1 = 600$$

$$a = 90 + 0,05 \cdot 600 = 120$$

$$\Rightarrow p = 120 - 0,05 \cdot x$$

Für die umsatzmaximale Menge gilt allgemein:

$U = p \cdot x(p) \to \max!$

$$\frac{dU}{dp} = x(p) + p \cdot \frac{dx(p)}{dp} = 0$$

$$x = - p \cdot \frac{dx}{dp}; \quad x(p) = x$$

$$e = - \frac{dx}{dp} \cdot \frac{p}{x}$$

$$\Rightarrow - \frac{dx}{dp} \cdot \frac{p}{- p \cdot \frac{dx}{dp}}$$

$$\Rightarrow - \frac{dx}{dp} \cdot \frac{-1}{\frac{dx}{dp}} = 1$$

Damit ist gezeigt worden, daß die umsatzmaximale Absatzmenge bei einer Nachfrageelastizität von 1 erreicht wird.

• Berechnung des umsatzmaximalen Preises

$$e = - \frac{dx}{dp} \cdot \frac{p}{x} = -20 \cdot \frac{p}{2400 - 20 \cdot p} = -1$$

$$\Rightarrow \frac{p}{-120 + p} = -1$$

$$p = 60$$

Somit ergibt sich ein Gesamtumsatz in Höhe von $60 \cdot 1200 = 72.000 \, \text{GE}$

c)

Für die Wahl des optimalen Preises bzw. der anzuwendenden Preisstrategie sind beispielsweise die folgenden weiterführenden Überlegungen von Relevanz:

• Verhalten der Einzel- und Großhändler

• Abbau von Lagerbindungskosten

• Ziel der Marktanteilssteigerung offensiv verfolgen

• Realisierung von Erfahrungskurveneffekten, die eine Senkung von wertschöpfungs-abhängigen Kostenbestandteilen in Abhängigkeit von den kumulierten Mengeneinheiten bewirken.

• Strategien der Diversifikation oder Markterweiterung

• Senkung der auftragsabhängigen Kosten

• Kostensenkungspotentiale durch "Preisreduzierung bei Vorlieferanten"

• usw.

d)

Hierbei handelt es sich um die Bestimmung der langfristigen Preisuntergrenze, die erreicht ist, wenn der erzielbare Preis langfristig gerade zu einer Deckung der Vollkosten führt.

$$K = 50 + 2 \cdot x$$

$$\text{Durchschnittskosten} = \frac{K}{x} = \frac{50}{x} + 2$$

$$\text{Preis} \overset{!}{=} \text{Durchschnittskosten}$$

$$p = \frac{K}{x} \Rightarrow 120 - 0,05 \cdot x = \frac{50}{x} + 2$$

$$\Rightarrow x^2 - 2360 \cdot x + 1000 \overset{!}{=} 0$$

$$x_{1/2} = \frac{2360}{2} \pm \sqrt{(\frac{2360}{2})^2 - 1.000}$$

nach Auflösen der quadratischen Gleichung ergibt sich:

$$x_1 = 0,42$$

$$x_2 = 2.359,6$$

Durch Einsetzen der höheren Zahl in die Preis – Absatz – Funktion ergibt sich eine PUG in Höhe von 2, 02 GE.

Dieser Preis hat für einen Monopolisten jedoch faktisch keine Bedeutung, da der Monopolist eigenständig Preise festlegen kann und somit sowohl die Rolle des Mengen- als auch die des Preisanpassers wählen kann.

Lösung 3.22:

a)

Der Triffinsche Koeffizient (T) gibt Antwort auf die Frage, wie sich ceteris paribus die absetzbare Menge des eigenen Unternehmens (A) ändert, wenn das Konkurrenzunternehmen (B) seinen Preis erhöht oder senkt. Somit kann der Triffinsche Koeffizient geschrieben werden als

$$T = \frac{\text{relative Mengenänderung des B in } \%}{\text{relative Preisänderung des A in } \%} \Rightarrow T = \frac{\frac{dx_B}{x_B}}{\frac{dp_A}{p_A}}$$

Grundsätzlich können daraus folgende Erkenntnisse über die jeweilige Marktsituation abgeleitet werden:

- $T = 0$ $\Rightarrow$ Die Preisveränderungen des Unternehmens bewirken keine Konkurrenzreaktion. (keine Konkurrenz)

- $0 < T < \infty$ $\Rightarrow$ Die Konkurrenz ist in ihrer Reaktion uneinheitlich (heterogene Konkurrenz)

- $T = \infty$ $\Rightarrow$ Die Konkurrenzreaktion führt zu einer vollständigen Abwanderung der Nachfrage (vollkommene bzw. homogene Konkurrenz)

b)

$T = 4$, d.h.,daß mit einer Preiserhöhung um 1% die Nachfrage des Konkurrenten um 4% zunimmt.

Durch den aggressiven Einsatz der Preispolitik (Preissenkungen) soll zukünftig eine geplante Absatzmenge von 26.800 Mengeneinheiten, also 800 zusätzliche Mengeneinheiten, realisiert werden. Damit ergeben sich gemäß Triffinschen Koeffizienten die folgenden Konsequenzen:

Urspr. Absatzmenge des Konkurrenzunternehmens (x_B): 40.000 - 26.000 = 14.000 ME

Neue Absatzmenge des Konkurrenzunternehmens (x_B): 14.000 - 800 = 13.200 ME

Urspr. Preis der F. Sippel GmbH (p_A): $26.000 \cdot p_A = 6.500.000 \Rightarrow p_A = 250$ GE

$$T = \frac{\dfrac{800}{14.000}}{\dfrac{dp_A}{250}} = 4$$

$dp_A = 3,57$ GE

Die F. Sippel GmbH muß den aktuellen Preis um 3,57 GE auf 246,43 GE senken, um die gewünschte Erhöhung der Absatzmenge um 800 ME auf jetzt 26.800 ME zu erhöhen

c)

Maximal tolerierbarer Marktanteilsverlust in Höhe von 20% des bisherigen MA (65%) bedeutet einen absoluten Rückgang der Absatzmenge um

$0,2 \cdot 26.800 = 5.360$ ME

auf

$26.800 - 5.360 = 21.440$ ME.

bzw. eine Erhöhung der Absatzmenge der Konkurrenz auf:

$13.200 + 5360 = 18.560$ ME

$$T = \frac{\frac{5.360}{13.200}}{\frac{dp_A}{250}} = 4$$

$dp_A = 25,38\ GE$

Die F. Sippel GmbH könnte den Preis für die angebotene Standardfensterlade um 25,38 auf 246,43 + 25,38 = 271,81 GE erhöhen.

d)

Die preispolitische Entscheidungsfindung auf Grundlage des Triffinschen Koeffizienten setzt eine exakte und konsistente Definition des relevanten Marktes voraus. Problematisch scheint hierbei die Frage nach der richtigen Berücksichtigung von Produktvarianten und Differenzierungsvorhaben. Die Entscheidungsfindung auf Basis des Triffinschen Koeffizienten müßte beispielsweise um die folgenden Überlegungen ergänzt werden:

- Verbundbeziehungen hinsichtlich Beschaffung und Vertrieb

- Möglichkeiten der Differenzierung

- Aufbau von Bindungseffekten und Marktbarrieren

- Imagewirkungen von preispolitischen Entscheidungen

- Kapazitäts- und Liquiditätsrestriktionen

- usw.

Lösung 3.23:

a)

(vgl. Lösung 3.21)

$p = 600 - 0,02 \cdot x \Rightarrow x = 30.000 - 50 \cdot p$

Für die Umsatzmaximierung ist eine Nachfrageelastizität von 1 anzustreben.

$$\Rightarrow e = -\frac{\frac{dx}{x}}{\frac{dp}{p}} = -\frac{dx}{dp} \cdot \frac{p}{x} \overset{!}{=} 1$$

$$\Rightarrow 50 \cdot \frac{600 - 0,02 \cdot x}{x} = 1$$

$\Rightarrow x = 15.000; \ p = 300$

Der Periodenumsatz des Unternehmens beträgt somit 4.500.000 GE.

b)

$G = p \cdot x - K$

$K = k_v \cdot x + K_f$

$K = 150 \cdot x + 62.000$

$\Rightarrow G = 300 \cdot x - 0,02 \cdot x^2 - 150 \cdot x - 62.000$

Das Gewinnmaximum des Herstellers ergibt sich bei Identität von Grenzkosten und Grenzerlösen

$E' \overset{!}{=} K' \Rightarrow G' \overset{!}{=} 0$

$\Rightarrow G' = 150 - 0,04 \cdot x = 0$

$x_{opt} = 3.750; \ p_{opt} = 225,-$

$G = 219.250,-$

c)

Der Kapitaleinsatz je erzeugter Mengeneinheit beträgt 50 GE.

$\Rightarrow C = 50 \cdot x$

Die Rendite der Geschäftstätigkeit kann wie folgt ermittelt werden:

$$R = \frac{G(x)}{C(x)} \Rightarrow R = \frac{300 \cdot x - 0,02 \cdot x^2 - 150 \cdot x - 62.000}{50 \cdot x}$$

Für die Ermittlung des Renditemaximums ist die erste Ableitung der folgenden Rentabilitätsfunktion gleich Null zu setzen.

$$\frac{dR}{dx} = \frac{C \cdot G' - C' \cdot G}{C^2}$$

$$\Rightarrow R = \frac{50 \cdot x \cdot (150 - 0,04 \cdot x) - 50 \cdot (150 \cdot x - 0,02 \cdot x^2 - 62.000)}{2.500 \cdot x^2}$$

$$R' = \frac{-x^2 + 3.100.000}{2500 \cdot x^2}$$

Bei der Berechnung des Renditemaximums kann der Nenner des oben abgeleiteten Ausdrucks ignoriert werden.

$3.100.000 = x^2$

$x_R = 1.761; \ p_R = 565,-$

d)

Die Unternehmung muß in Abhängigkeit von der Wahl der Preispolitik und dem damit verbundenen Unternehmensziel unter anderen folgende Rahmenbedingungen berücksichtigen:

• Kapazitätsrestriktionen,

• Liquiditätsrestriktionen,

• Imageeffekte,

• langfristige Kostenwirkungen,

• Entwicklung des Produktlebenszyklusses,

• Erkenntnisse der erfahrungskurvenbedingten Kostenreduktion,

• Sortiments- und Verbundwirkungen,

• Gesellschaftlicher Bedürfniswandel.

Für das Verhältnis der unter a) bis c) diskutierten preispolitischen Ausrichtungen sind folgende Grundaussagen ableitbar. Die in frühen Phasen des Produktlebenszyklus generierten Absatz- und Produktionsmengen implizieren die Möglichkeit zur Realisierung erheblicher Erfahrungskurveneffekte, die empirisch belegt bei der Verdoppelung der kumulierten Mengeneinheiten zu einer Reduzierung der wertschöpfungsabhängigen Kosten von ca. 20-30% führen. Diese Strategie dient demnach zur Erringung der Position eines Kostenführers und schafft Spielraum für die in späteren Phasen des PLZ ggf. notwendigen Preissenkungen. Somit scheint die gewählte Abfolge preispolitischer Optionen grundsätzlich konsistent. Die hier für eine spätere Gewinnmaximierung angestellten Überlegungen sind analog auf die unter c) diskutierte Gewinnmaximierung übertragbar.

Lösung 3.24:

Die Preise sind für den Polypolisten ein festes Datum. Der Anbieter - in der Regel gibt es bei dieser Marktform eine Vielzahl von Anbietern - hat bei Homogenität der angebotenen Produkte ausschließlich die Möglichkeit, durch die Wahl der anzustrebenden Absatzmenge (bis zu einer vom Markt bestimmten maximalen Nachfrage) zu agieren. Ein preispolitischer Spielraum kann bei Existenz eines Polypols lediglich über Differenzierungsstrategien gewonnen werden, da ansonsten die bisher von diesem Anbieter bedienten Nachfrager zu den zum herkömmlichen Preis anbietenden Wettbewerbern abwandern. Zusammenfassend stellt hier Preispolitik ceteris paribus kein probates Mittel dar, um gewinn- und/oder umsatzorientierte unternehmerische Zielvorgaben zu erreichen.

Die oligopolistische Marktform ist durch eine relativ kleine Zahl von Anbietern gekennzeichnet, die regelmäßig einen relativ großen Marktanteil auf sich vereinen. Gewöhnlich wird eine zweigeteilte Reaktion des typischen Oligoopolisten bei Nachfrageänderungen angenommen. Im Hinblick darauf ist die zweigeteilte Preis-Absatz-Funktion des Oligopolisten für den Fall einer Preiserhöhung wegen der dadurch induzierten Abwanderung von Nachfragern elastisch, während eine Preissenkung aufgrund der erwartbaren egalisierenden Konkurrenzsituation kaum zu einer Steigerung des Absatzvolumens beitragen kann.

Eine besondere Situation stellt der monopolistische Markt dar. Wenn das Produkt lediglich von einem Unternehmen angeboten wird, stehen dem Anbieter sowohl mengenmäßige als auch preismäßige Optionen offen. Die zuerst genannten Mengenveränderungen sind relevant, wenn das Unternehmen den Markt als sogenannter Mengenanpasser bedient, also die anzubietenden Mengeneinheiten als unabhängige Variable begreift. Im anderen Fall kann das Unternehmen als sogenannter Preisanpasser durch die Wahl eines Preises agieren. Die daraus resultierenden mengenmäßigen Konsequenzen stellen sich dann in Abhängigkeit von der vorliegenden Preis-Absatz-Funktion ein. Somit kann der Monopolist unter zusätzlichem Einsatz des Absatzinstrumentariums und hier speziell durch die Wahl der entsprechenden Preis-Mengen-Kombinationen Ziele wie beispielsweise Rentabilitäts-, Gewinn- oder Umsatzmaximierung realisieren.

Lösung 3.25:

a)

- Gewinnfunktion des Herstellers

Der Händler erhält eine Marge in Höhe von 40% vom jeweiligen Endverbraucherpreis, der durch folgenden Ausdruck gekennzeichnet ist:

$$p_E = 1.200 - 6 \cdot x$$

$\Rightarrow$ Für den Hersteller, der in Kenntnis der Kalkulationsmethode des Händlers

(Kosten - Plus - Methode) ist, verbleiben somit:

$$0,6 \cdot p = 0,6 \cdot (1.200 - 6 \cdot x)$$

- Gewinnerzielung durch Hersteller (HE) und Händler (HÄ)

$$G_{HE} = p_E \cdot 0,6 = 720 \cdot x - 3,6 \cdot x^2 - 20 \cdot x - 12.000$$

Das Gewinnmaximum des Herstellers ergibt sich bei Identität
von Grenzkosten und Grenzerlösen:

$$E' \overset{!}{=} K' \Rightarrow G' \overset{!}{=} 0$$
$$\Rightarrow 700 - 7,2 \cdot x = 0$$
$$x_{opt,HE} = 97,22$$
$$p_{opt,HE} = 370,-$$

Der Gewinn des Händlers ermittelt sich wie folgt:

$$G_{HÄ} = 1.200 \cdot 97,22 - 6 \cdot 97,22^2 - 30 \cdot 97,22 - 9.000 - 370 \cdot 97,22$$

$$G_{HÄ} = 12.066 \text{ GE}$$

Der Gewinn des Herstellers beläuft sich damit auf jährlich 22.028 GE, während der Händler einen Periodengewinn in Höhe von ca. 12.066 GE realisiert. Somit aggregiert sich der Periodengewinn von Hersteller und Händler auf 34.094 GE.

b)

$G_{HÄ} = 1.200 \cdot x - 6 \cdot x^2 - p_{HE} \cdot x - 30 \cdot x - 9.000$

$G'_{HÄ} = 1.200 - 12 \cdot x - 30 - p_{HE} \overset{!}{=} 0$

$p_{HE} = 1.170 - 12 \cdot x$

$G_{HE} = 1.170 \cdot x - 12 \cdot x^2 - 20 \cdot x - 12.000$

$G'_{HE} = 1.170 - 24 \cdot x$

$x_{opt} \approx 48 \text{ ME}$

$p_{HE} = 1.150 - 12 \cdot 48 = 594 \text{ GE}$

$G_{HE} = 15.552 \text{ GE}$

$G_{HÄ} = 4.824 \text{ GE}$

Der aggregierte Periodengewinn von Hersteller und Händler liegt hier mit 20.376 deutlich unter dem in Aufgabe a) ermittelten Ergebnis.

c)

Gesamtgewinn (G_G) von Hersteller (HE) und Händler (HÄ) ist zu maximieren.

$G_G = G_{HE} + G_{HÄ} \rightarrow \max!$

$G_G = p_{HE} \cdot x - 20 \cdot x - 12.000 + 1.200 \cdot x - 6 \cdot x^2 - 30 \cdot x - 9.000 - p_{HE} \cdot x$

$G_G = 1.150 \cdot x - 6 \cdot x^2 - 21.000$

$G'_G = 1.150 - 12 \cdot x \overset{!}{=} 0$

$x_{opt} \approx 96 \text{ ME}$

$\Rightarrow p_{opt} = 625 \text{ GE}$

$G_G = 34.104 \text{ GE}$

Die jeweilige Gewinnaufteilung zwischen den vertikalen Marktpartnern Händler und Hersteller ist von der individuellen Machtposition der Beteiligten abhängig.

Lösung 3.26:

a)

Unter Werbung versteht man den bewußten Versuch, Menschen durch den Einsatz kommunikationspolitischer Mittel zu einem bestimmten, absatzwirtschaftlichen Zwecken dienenden Verhalten zu bewegen. Die Werbung richtet sich dabei an aktuelle oder potentielle Nachfrager; sie wirkt i.d.R. mittelfristig.

Ziel der Verkaufsförderung dagegen ist es, kurzfristig Einfluß auf die Absatzmenge zu nehmen. Sie kann sich an Konsumenten, den Handel oder das unternehmenseigene Verkaufspersonal richten.

Bei der Öffentlichkeitsarbeit steht nicht die Beeinflußung der Absatzmenge, sondern vielmehr der Unternehmensumwelt im Vordergrund. Durch gezielte Maßnahmen soll z.B. das Unternehmensimage verbessert werden. Die Öffentlichkeitsarbeit verfolgt dabei häufig langfristige Ziele.

b)

Ist es das Ziel, mit Hilfe der Werbung den Umsatz eines Unternehmens zu beeinflussen, so kann der Umsatz andererseits nicht die Höhe des Werbeetats bestimmen. Die mitunter gefährlichen Auswirkungen einer solchen Berechnungsmethode lassen sich an einem einfachen Beispiel nachvollziehen: Geht man davon aus, daß ein Unternehmen den Werbeetat des Jahres t als festen Prozentsatz des Umsatzes des Jahres t-1 festmacht, so bewirkt ein gesunkener Umsatz im Jahr t ein reduziertes Werbebudget für das Jahr t+1. Weniger Werbung im Jahr t+1 führt jedoch wiederum zu sinkenden Umsätzen in diesem Jahr, so daß im Folgejahr t+2 das Werbebudget nochmals zurückgefahren wird. Auf diese Weise wird die Aufgabe der Werbung, den Umsatz mittelfristig zu beeinflussen, unmöglich gemacht.

c)

Die Zuordnung der Begriffe ist der Abbildung auf Seite 239 zu entnehmen.

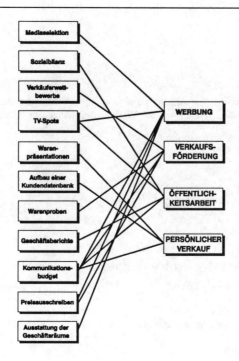

d)

Die Aussage ist nur zum Teil richtig. So ist zwar die Aufgabe der Verkaufsförderung, durch geeignete Maßnahmen kurzfristig den Absatz zu erhöhen, dies kann jedoch nicht allein durch auf Endkonsumenten gerichtete Maßnahmen erreicht werden. Daneben kann auch der Handel oder das eigene Verkaufspersonal Zielgruppe von Verkaufsförderungsmaßnahmen sein.

e)

Während die Werbeziele strategischer oder taktischer Natur sind und damit mittel- oder langfristig angelegt sind, kann die Werbebotschaft als die operationale und an den Werbezielgruppen ausgerichtete Umsetzung der Werbeziele angesehen werden. Ist es beispielsweise das Ziel, eine Absatzpreiserhöhung zu kommunizieren, so kann die zentrale Werbebotschaft beinhalten, zusätzliche Leistungskomponenten des Produktes zu kommunizieren, um die Preiserhöhung verständlich zu machen.

Lösung 3.27:

Gesucht wird der gewinnmaximale Werbeaufwand. Der Gewinn errechnet sich aus:

$G(x) = U(x) - K_{Gesamt}(x)$

wobei:

$U(x) = 5 \cdot x$ und

$K_{Gesamt}(x) = K(x) + W(x)$

Aus der Absatzfunktion in Abhängigkeit von den Werbeauswirkungen kann die Umkehrfunktion gebildet werden, die die Werbeaufwendungen in Abhängigkeit von der Absatzmenge angibt:

$x(W) = 100 \cdot \sqrt{W} + 20.000$

$\Leftrightarrow \dfrac{1}{100} \cdot x - 200 = \sqrt{W}$

$\Rightarrow W(x) = \dfrac{1}{10.000} \cdot x^2 - 4 \cdot x + 40.000$

Somit ergibt sich:

$G(x) = 5 \cdot x - 0,002 \cdot x^2 + 35 \cdot x - 180.000 - 0,0001 \cdot x^2 + 4 \cdot x - 40.000$

$\Leftrightarrow G(x) = 44 \cdot x - 0,0021 \cdot x^2 - 220.000$

Als gewinnmaximale Absatzmenge errechnet sich:

$\dfrac{dG}{dx} = 44 - 0,0042 \cdot x \overset{!}{=} 0$

$\Leftrightarrow x_{opt} = 10.476$

Für diese optimale Ausbringungsmenge ist folgender Werbeaufwand notwendig:

$W(10.476) = 9.070,66$

Lösung 3.28:

Über die Frage, welche Anzahl von Werbeanzeigen geschaltet werden soll, muß anhand eines Gewinnvergleichs zwischen den verschiedenen Situationen entschieden werden.

Situation 1: keine Werbung

Es gilt:

$G(x_1) = U(x_1) - K_{Gesamt}(x_1)$

wobei:

$U(x_1) = -\dfrac{1}{10.000} \cdot x_1^2 + 5 \cdot x_1$ und

$K_{Gesamt}(x_1) = K(x_1) + W$ (W ist hier 0)

$$\Rightarrow G(x_1) = -0{,}0001 \cdot x_1{}^2 + 5 \cdot x_1 - 0{,}01 \cdot x_1{}^2 + 40 \cdot x_1 - 10.000$$

$$\Rightarrow \frac{dG}{dx_1} = -0{,}0202 \cdot x_1 + 45 \overset{!}{=} 0$$
$$\Rightarrow x_{1opt} = 2.228$$

Somit ergibt sich hier ein Gewinn von
$$G(2.228) = 40.124$$

Situation 2: eine Anzeige im Magazin
Es gilt:
$$G(x_2) = U(x_2) - K_{Gesamt}(x_2)$$
wobei:
$$U(x_2) = -\frac{1}{10.000} \cdot x_2{}^2 + 8 \cdot x_2 \quad \text{und}$$
$$K_{Gesamt}(x_2) = K(x_2) + W \qquad \text{(W ist hier 8.000)}$$
$$\Rightarrow G(x_2) = -0{,}0001 \cdot x_2{}^2 + 8 \cdot x_2 - 0{,}01 \cdot x_2{}^2 + 40 \cdot x_2 - 10.000 - 8.000$$

$$\Rightarrow \frac{dG}{dx_2} = -0{,}0202 \cdot x_1 + 48 \overset{!}{=} 0$$
$$\Rightarrow x_{2opt} = 2.376$$
Somit ergibt sich hier ein Gewinn von
$$G(2.376) = 39.030$$

Situation 3: zwei Anzeigen im Magazin
Es gilt:
$$G(x_3) = U(x_3) - K_{Gesamt}(x_3)$$
wobei:
$$U(x_3) = -\frac{1}{10.000} \cdot x_3{}^2 + 10 \cdot x_3 \qquad \text{und}$$
$$K_{Gesamt}(x_3) = K(x_3) + W \qquad \text{(W ist hier 11.000)}$$
$$\Rightarrow G(x_3) = -0{,}0001 \cdot x_3{}^2 + 10 \cdot x_3 - 0{,}01 \cdot x_3{}^2 + 40 \cdot x_3 - 10.000 - 11.000$$

$$\Rightarrow \frac{dG}{dx_3} = -0{,}0202 \cdot x_3 + 50 \overset{!}{=} 0$$
$$\Rightarrow x_{3opt} = 2.475$$

Somit ergibt sich hier ein Gewinn von
$G(2.475) = 40.881$

Situation 4: drei Anzeigen im Magazin
Es gilt:
$G(x_4) = U(x_4) - K_{Gesamt}(x_4)$
wobei:

$$U(x_4) = -\frac{1}{10.000} \cdot x_4^2 + 11 \cdot x_4 \qquad \text{und}$$
$K_{Gesamt}(x_4) = K(x_4) + W \qquad \text{(W ist hier 14.000)}$

$$\Rightarrow G(x_4) = -0,0001 \cdot x_4^2 + 11 \cdot x_4 - 0,01 \cdot x_4^2 + 40 \cdot x_4 - 10.000 - 14.000$$

$$\Rightarrow \frac{dG}{dx_4} = -0,0202 \cdot x_4 + 51 \overset{!}{=} 0$$
$$\Rightarrow x_{4opt} = 2.525$$

Somit ergibt sich hier ein Gewinn von
$G(2.525) = 40.381$

Da der Gewinn in Situation 3 am größten ist, sollten zwei Anzeigen im Gesundheitsmagazin geschaltet werden.

Lösung 3.29:

a)

Die Werbewirkung wird u.a beeinflußt von folgenden Faktoren:

- Anzahl der geschalteten Werbungen (x) (Je häufiger bspw. Anzeigen geschaltet werden, desto größer ist die Werbewirkung. Im vorliegenden Fall wird von einem linearen Zusammenhang ausgegangen.)

- Größe der Leserschaft (l) (Anzeigen in Medien mit geringer Leserschaft erreichen die Zielgruppe weniger als Werbung in Medien mit großer Leserschaft.)

- Gewicht der Zielgruppe an der Leserschaft (g) (Eine große Leserschaft besagt nicht, daß die anvisierte Zielgruppe auch Bestandteil dieser Leserschaft ist.)

- Kontaktwahrscheinlichkeit (k) (Die Zielgruppe erwartet nicht in jedem Werbeträger eine Anzeige des betrachteten Unternehmens.)

Zusammengefaßt ergibt sich hier die Werbewirkung (W) aus:

$$W = \sum_{i=1}^{n} l_i \cdot g_i \cdot k_i \cdot x_i$$

wobei i den jeweiligen Werbeträger bestimmt.

b)

Variablen:

x_i → Anzahl der geschalteten Werbungen im Werbeträger i

l_i → Leserschaft des Werbeträgers i

g_i → Zielgruppengewicht im Werbeträger i

k_i → Kontaktwahrscheinlichkeit im Werbeträger i

W → Werbewirkung

Zielfunktion:

Die Werbewirkung ist zu maximieren:

$$W = \sum_{i=1}^{n} l_i \cdot g_i \cdot k_i \cdot x_i \quad \Leftarrow max!$$

Nebenbedingungen:

Es sind Budget- und Auflagenrestriktionen sowie die Nichtnegativitätsbedingung zu beachten:

[Budget] $\qquad 8.000 \cdot x_{Woche} + 5.000 \cdot x_{Brennpunkt} + 4.000 \cdot x_{Merkur} \leq 1.000.000$

[Auflage "Die Woche"] $\qquad x_{Woche} \leq 52$

[Auflage "Brennpunkt"] $\qquad x_{Brennpunkt} \leq 52$

[Auflage "Merkur"] $\qquad x_{Merkur} \leq 12$

[Nichtnegativität] $\qquad x_i \geq 0$

c)

Die unter a) aufgestellten Beziehungen sind zu erweitern bzw. zu relativieren:

- Die Qualität der Werbeträgergattungen ist zu berücksichtigen. So sind häufig Hörfunk-Werbespots in ihrer Qualität begrenzt, da hier Visualisierungen naturgemäß ausscheiden.

- Die Linearität der Werbewirkung ist kritisch zu überprüfen. Die grundlegende Frage ist so, ob z.B. drei geschaltete Werbungen in einem Medium tatsächlich die dreifache Wirkung im Vergleich zu einer geschalteten Werbung besitzen. Häufig ist eher ein überproportionaler Anstieg der Wirkung bei vermehrten Schaltungen zu beobachten.

Lösung 3.30:

Die gestellte Aufgabe läßt sich in drei Teilfragen zerlegen:

- Was ist das Ziel der kommunikationspolitischen Maßnahmen?

- Welche Zielgruppen sollen angesprochen werden?

- Mit welcher Werbebotschaft bzw. welchen kommunikationspolitischen Maßnahmen sollen die Zielgruppen erreicht werden?

Kommunikationsziel

Mittels der angestrebten Produktdifferenzierung (das alkoholarme Weizenbier soll zusätzlich zum bereits angebotenen Original-Weizenbier im Markt eingeführt werden) soll ein neuer Markt erschlossen werden. Ziel der Kommunikationspolitik muß es daher sein, diese Markterschließung zu unterstützen und zu ermöglichen.

Daneben muß es jedoch auch Ziel der Kommunikationspolitik sein, Substitutionseffekte zu vermeiden bzw. zu begrenzen. So steht zu erwarten, daß eine erfolgreiche Markteinführung nicht nur zu Umsatzreduktionen in anderen Getränkebereichen führt, sondern auch im (Original-) Weizenbier-Markt.

Konkretere Ziele lassen sich aus den angegebenen Daten nicht ablesen und müssen zudem zielgruppenspezifisch formuliert werden.

Zielgruppen

Die zugrundeliegende Fragestellung ist letztlich, auf welche im Rahmen der Marktstudie erhobenen Marktsegmente man sich im Rahmen der Kommunikationspolitik konzentrieren soll. Hierzu sind die identifizierten Segmente separat zu überprüfen.

"Pils-Trinker":   Zum einen stehen Pils-Trinker alkoholfreien oder -armen Biersorten recht skeptisch gegenüber. Andererseits sehen sie jedoch bei Weizenbier keineswegs die Tatsache als Hauptproblem an, daß Weizenbier allein aus 0,5 l-Gläsern getrunken werden muß. Somit lehnen sie Weizenbier wohl eher aus geschmacklichen Gründen ab.

    Da Pils-Trinker sowohl Weizen- als auch alkoholarmes Bier ablehnen, scheiden sie als mögliche Zielgruppe aus.

"Alt-Trinker":   Das Altbier-Segment trinkt Bier in erster Linie in Gesellschaft. Daneben stehen sie alkoholarmem Bier neutral gegenüber, sehen aber als Hauptproblem bei Weizenbier die notwendige Glasgröße an. Dieses Segment kann möglicherweise erschlossen werden.

"Weizen-Trinker":   Bei diesem Segment steht die Gemütlichkeit im Vordergrund. Es kann vermutet werden, daß man alkoholarmem Weizenbier ebenfalls neutral gegenübersteht.

Auch hier lassen sich Marktumsätze erzielen, wobei diese jedoch zum Teil zu Lasten der Umsätze für Original-Weizenbier gehen.

"Nichtbier-Trinker":   Sie trinken Alkohol eigentlich nur in Gesellschaft und sind alkoholarmen Biersorten gegenüber aufgeschlossen. Auch die Nichtbier-Trinker sehen das Glasproblem als wichtig an.

Das Segment bietet sich in jedem Fall zur Marktbearbeitung an.

"Wein-Trinker":   Da auch hier geschmackliche Gründe gegen Weizenbier sprechen (vgl. Pils-Trinker) scheidet dieses Segment aus.

Zusammenfassend sollte sich die Sailer AG also auf Altbier-, Weizen- und Nichtbiertrinker konzentrieren.

<u>Botschaft und Maßnahmen:</u>

"Altbier-Trinker":   Werbebotschaften für dieses Segment müssen zweierlei ausdrücken: Zum einen muß der geselligkeitsfördernde Aspekt von Weizenbier im allgemeinen herausgestellt werden und zum anderen auf die geschmackliche Alternative von Sailer Spezial gegenüber herkömmlichen alkoholarmen Pilsbieren hingewiesen werden.

Da die Zielgruppe scheinbar nur selten über 0,5 l Gläser verfügt, sollte in der Einführungsphase zu jedem Kasten Sailer Spezial ein 0,5 l-Glas als Geschenk hinzugegeben werden.

"Weizen-Trinker":   Hier handelt es sich um die echte Differenzierungsgruppe (bei allen anderen Segmenten ist es eher eine Markterschließung). Somit sollte auf den im Vergleich zum Original-Weizenbier identischen Geschmack hingewiesen werden und "Einsatzgebiete" von alkoholarmem Weizenbier in den Vordergrund gestellt werden. Slogans wie "Endlich Weizenbier und Autofahren" könnten in Erwägung gezogen werden.

"Nichtbier-Trinker": Hier sollte der geringe Alkoholgehalt herausgestellt werden und zudem die auch für Altbier-Trinker vorgeschlagene Verkaufsförderungsmaßnahme ergriffen werden.

Lösung 3.31:

a)

Da ein linearer Zusammenhang zwischen Preis (p), Qualitätindex (Q) und Werbeaufwand (W) auf der einen und der Absatzmenge (x) auf der anderen Seite besteht und zusätzlich von einer fixen Absatzmenge von 1.500 [ME] ausgegangen werden kann, folgt die Absatzfunktion folgender Gleichung:

$$x(p,Q,W) = 1.500 + a \cdot p + b \cdot Q + c \cdot W$$

Zu bestimmen sind nun die Koeffizienten a, b und c. Setzt man nun die Daten der Jahre 1992 - 1994 ein, so erhält man ein System von 3 Gleichungen mit 3 Unbekannten:

$[1992]\quad 20.130 = 1.500 + 150 \cdot a + 20 \cdot b + 6\ \text{Mio} \cdot c$

$[1993]\quad 18.375 = 1.500 + 200 \cdot a + 50 \cdot b + 6\ \text{Mio} \cdot c$

$[1994]\quad 6.820 = 1.500 + 300 \cdot a + 80 \cdot b + 4\ \text{Mio} \cdot c$

Löst man dieses System auf, so erhält man als Koeffizienten a, b und c:

$a = -36$

$b = 1,5$

$c = 0,004$

Somit lautet die Absatzfunktion:

$$x(p,Q,W) = 1.500 - 36 \cdot p + 1,5 \cdot Q + 0,004 \cdot W$$

b)

Für die Gewinnfunktion gilt:

$G = U - K$

mit:

$U = p \cdot x(p,Q,W)$

$\Rightarrow U(p,Q,W) = 1.500 \cdot p - 36 \cdot p^2 + 1,5 \cdot p \cdot Q + 0,004 \cdot p \cdot W$

und mit:

$K = K_{Prod} + K_{Qualität} + W$

$\Rightarrow K(p,Q,W) = 10 \cdot x(p,Q,W) + 4 \cdot Q^2 + W$

$\Rightarrow K(p,Q,W) = 15.000 - 360 \cdot p + 15 \cdot Q + 0,04 \cdot W + 4 \cdot Q^2 + W$

Somit gilt zusammengefaßt für die Gewinnfunktion:

$G(p,Q,W) = 1.860 \cdot p - 36 \cdot p^2 + 1,5 \cdot p \cdot Q + 0,004 \cdot p \cdot W - 1,04 \cdot W - 15 \cdot Q - 4 \cdot Q^2 - 15.000$

Das Optimum des Mix ist dort erreicht, wo die partiellen Ableitungen der Gewinnfunktion Null sind:

$$\frac{dG}{dp} = 1.860 - 72 \cdot p + 1,5 \cdot Q + 0,004 \cdot W \overset{!}{=} 0$$

$$\frac{dG}{dQ} = 1,5 \cdot p - 15 - 8 \cdot Q \overset{!}{=} 0$$

$$\frac{dG}{dW} = 0,004 \cdot p - 1,04 \overset{!}{=} 0 \Leftrightarrow p = 260$$

$$\Rightarrow Q = 46,875$$

$$\Rightarrow W = 4.197.421,88$$

Somit ist es gewinnmaximal einen Preis von 260 [GE/ME] zu fordern, mit einem Qualitätsindex von ca. 47 zu produzieren und ungefähr 4,2 Mio [GE] für Werbung aufzuwenden.

Hierdurch kann eine Absatzmenge von $x = 9.000$ [ME] erzielt werden. Trotz der optimalen Gestaltung der Mix-Instrumente ist jedoch ein Verlust von 1,9562 Mio [GE] zu verzeichnen.

Lösung 3.32:

a)

Für die Break-Even-Menge gilt allgemein:

$$x_{BEM} = \frac{K_{fix}}{p - k_v}$$

Sie gibt dabei diejenige Absatzmenge an, die notwendig ist, um die durch ein Produkt verursachten oder auf dieses entfallenden Fixkosten zu decken.

Im vorliegenden Fall gilt somit:

$$X_{BEM} = \frac{K_{fix}^{Prod} + \text{Werbung}(W) + \text{Distribution}(D)}{p - k_v}$$

$$\Rightarrow X_{BEM} = \frac{100 \text{ Mio} + W + D}{p - 13.500}$$

Somit ergibt sich für die möglichen Mix-Kombinationen:

Mix-Nr.	Preis [GE/PKW]	Absatzmenge [PKW]	Break-Even-Menge [PKW]	Gewinn für prog. Absatzmenge [GE]
1	15.000	80.000	$\frac{100 \text{ Mio} + 1,5 \text{ Mio} + 0,25 \text{ Mio}}{15.000 - 13.500} = 67.833$	18,25 Mio
2	15.000	125.000	68.333	85 Mio
3	15.000	50.000	67.167	-25,75 Mio
4	15.000	65.000	67.667	-4 Mio
5	20.000	21.000	15.654	34,75 Mio
6	20.000	26.000	15.769	66,5 Mio
7	20.000	12.000	15.500	-22,75 Mio
8	20.000	19.000	15.615	22 Mio

Entscheidet man anhand des Break-Even-Kriteriums, so ist diejenige Alternative zu wählen, die die geringste Break-Even-Menge besitzt und bei der zudem die Break-Even-Menge kleiner ist als die prognostizierte maximale Absatzmenge. Im vorliegenden Fall ist dies die Alternative 8. Das Break-Even-Kriterium ist im vorliegenden Fall jedoch nicht sinnvoll anzuwenden, weil die Fixkosten von einem nicht steuerbaren Kriterium dominiert werden. So spielen Distributions- und Werbeaufwendungen im Vergleich zu 100 Mio [GE] Produktionsfixkosten kaum eine Rolle. Den größten Gewinn versprechen die Kombinationen, die auch in den beiden Preisbereichen die höchsten Break-Even-Mengen aufweisen (Nr. 2 und 6).

b)

Als wesentliche, allgemeine Kritikpunkte, die der Break-Even-Analyse entgegengebracht werden müssen, sind in erster Linie zu nennen:

• Die Break-Even-Analyse ist statischer Natur. Zeitliche Unterschiede im Anfall von Ein- und Auszahlungen werden nicht berücksichtigt.

• Es werden alle Arten von Verbundeffekten zwischen Produkten vernachläßigt.

• Ebenso wird die Konkurrenz aus der Betrachtung ausgeschlossen.

Literaturverzeichnis

ADAM, DIETRICH (1993a): Produktionsmanagement, 7. Aufl., Wiesbaden 1993.

ADAM, DIETRICH (1993b): Planung und Entscheidung: Modelle, Ziele, Methoden, 3. Aufl., Wiesbaden 1993.

AHLERT, DIETER/ FRANZ, KLAUS-PETER/ KÄFER, WOLFGANG (1991): Grundlagen und Grundbegriffe der Betriebswirtschaftslehre, 6. Aufl., Düsseldorf 1991.

AHLERT, DIETER (1991a): Distributionspolitik: Das Management des Absatzkanals, 2. Aufl., Stuttgart 1991.

AHLERT, DIETER/ FRANZ, KLAUS-PETER (1992), Industrielle Kostenrechnung: Betriebswirtschaftslehre für Ingenieure, 5. Aufl., Düsseldorf 1992.

BACKHAUS, KLAUS (1992): Investitionsgütermarketing, 3. Aufl., München 1992.

BACKHAUS, KLAUS/ WEIBER, ROLF (1989): Entwicklung einer Marketing-Konzeption mit SPSS/PC+, Berlin-Heidelberg 1989.

BROCKHOFF, KLAUS (1993) Produktpolitik, 3. Aufl., Stuttgart 1993.

BUSSE VON COLBE, WALTHER (1994): Rechnungswesen, in: Busse von Colbe, Walther (Hrsg.), Lexikon des Rechnungswesens, 3. Aufl., München 1994, S. 522 - 525.

COENENBERG, ADOLG G. (1992): Kostenrechnung und Kostenanalyse, Landsberg am Lech, 1992.

DICHTL, ERWIN u.a.(1983): Die Entscheidung kleiner und mittlerer Unternehmen für die Aufnahme einer Exporttätigkeit, in: ZfB, 53 Jhg. (1983), S. 428 - 444.

GROB, HEINZ L. (1993): Leistungs- und Kostenrechnung, Münster 1993.

GROB, HEINZ L. (1993a): Fallstudien zur Betriebswirtschaftslehre, Düsseldorf 1993.

GUTENBERG, ERICH (1983): Grundlagen der Betriebswirtschaftslehre, Bd. I, Die Produktion, 23. Aufl., Berlin u.a. 1983.

HABERSTOCK, LOTHAR (1987): Kostenrechnung I, 8. Aufl., Hamburg 1987.

MEFFERT, HERIBERT (1989): Marketing, Grundlagen der Absatzpolitik, 7. Aufl., Wiesbaden 1989.

NIESCHLAG, ROBERT/ DICHTL, ERWIN/ HÖRSCHGEN, HANS (1993): Marketing, 18. Aufl., Berlin 1993.

PERRIDON, LOUIS/ STEINER, MANFRED (1993): Finanzwirtschaft der Unternehmung, 7.Aufl., München 1993.

PINNEKAMP, HEINZ-JÜRGEN (1993): Kosten- und Leistungsrechnung: Einführung in die interne Erfolgsrechnung, München u.a. 1993.

PLAUT, HANS-GEORG (1971): Grenzplankostenrechnung und Datenverarbeitung, 2. Aufl., München 1971.

SABEL, HERMANN (1971): Produktpolitik in absatzwirtschaftlicher Sicht, Grundlagen und Entscheidungsmodelle, Wiesbaden 1971.

SCHIERENBECK, HENNER (1993): Grundzüge der Betriebswirtschaftslehre, 11. Aufl., München u.a. 1993.

SCHWEITZER, MARCELL/ KÜPPER, HANS-ULRICH (1991): Systeme der Kostenrechnung, 5. Aufl., Lansberg am Lech 1991.

SÜCHTING, JOACHIM (1989): Finanzmanagement: Theorie und Politik der Unternehmensfinanzierung, 5. Aufl., Wiesbaden 1989.

ZIMMERMANN, GEBHARD (1992): Grundzüge der Kostenrechnung, 4. Aufl., München u.a. 1992.

Stichwortverzeichnis

U
Umrüstungen 60f., 188ff.
Umsatzkostenverfahren 19, 26, 114f., 121f.
Unternehmensplanung 2

V
Verbraucherpanel 202
Verbrauchsabweichungen 10, 14, 17, 19, 21, 23, 27, 98, 103, 108, 112f., 116, 123f.
Verbrauchsfunktion
- ökonomische 43, 140f.
- technische 43, 140f.
Verbund 56, 174f., 209f.
Verkaufsförderung 67, 71
Vertriebskanal 215ff.
Vertriebswege 67
Vollerhebung 201
Vollkostenrechnung 13

W
Werbung 67, 71, 224ff.
Wettbewerbsvorteil 204
Wirtschaftlichkeitskontrolle 11
Wirtschaftlichkeitsrechnung 3

Z
Zahlungsreihe 4
Zeit-Kosten-Leistungsfunktion 44ff., 144ff.
Zeitliche Produktionsplanung 40
Zusatzauftrag 207f., 214f.
Zuschlagskalkulation 14, 98
Zykluszeit 62, 192